PRAXIS-Schriftenreihe · Abteilung Biologie · Band 35
Herausgeber: Studiendirektor Dr. Wolfgang Jungbauer, Gunzenhausen

50 neue Abituraufgaben Biologie

Von

StD. ELISABETH VON FALKENHAUSEN
Hannover

StD. Dr. RAINER DÖRING
Peine

OStR. ANNE-ROSE OTTO
Lüneburg

StD. HELGA TREINIES
Braunschweig

3. unveränderte Auflage

AULIS VERLAG DEUBNER & CO KG
Köln

Die Deutsche Bibliothek - CIP-Einheitsaufnahme

50 neue Abituraufgaben Biologie / von Elisabeth von Falkenhausen ... – 3., unveränd. Aufl. – Köln : Aulis-Verl. Deubner, 1992
(Praxis Schriftenreihe : Abteilung Biologie ; Bd. 35)
ISBN 3-7614-1345-9
NE: Falkenhausen, Elisabeth von; Fünfzig neue Abituraufgaben Biologie; Praxis-Schriftenreihe / Abteilung Biologie

Folgende Kolleginnen und Kollegen steuerten Aufgaben zu dieser Sammlung bei. Ihnen und auch einigen ungenannten Kollegen sei an dieser Stelle herzlich gedankt:

Frau StR. *Dins,* Ratsgymnasium, Peine
Frau StR. *Eckert,* Ina-Seidel-Schule, Braunschweig
Frau StR. *Eckhoff,* Christian-v.-Dohm-Schule, Goslar
Fachgruppe Biologie, Integrierte Gesamtschule, Braunschweig
Frau *Fistera,* Gymnasium, Bad Gandersheim
Herr OStR. Dr. *Füllekrug,* Gymnasium, Bad Gandersheim
Herr OStR. *Funke,* Gymnasium, Uslar
Frau OStR. *Lotze,* Julianum, Helmstedt
Frau OStR. *Keutel,* Theodor-Heuss-Gymnasium, Göttingen
Frau StD. *Kohne,* Gymnasium, Bersenbrück
Frau OStR. Dr. *Möller,* Max-Planck-Gymnasium, Göttingen
Herr StR. *Müller,* Paul-Gerhardt-Schule, Dassel
Frau StR. *Münzner,* Ratsgymnasium, Peine
Frau StR. *Spieß,* Theodor-Heuss-Gymnasium, Wolfenbüttel
Herr OStR. *Wagenhoff*, Felix-Klein-Gymnasium, Göttingen
Frau StR. *Weil,* Gymnasium am Bötschenberg, Helmstedt
Frau StR. *Warns-Loges,* Goetheschule, Einbeck

Best.-Nr. 1434

Printed in Hungary
ISBN 3-7614-1345-9

Inhaltsverzeichnis

1 Einleitung

Diese Aufgabensammlung soll dem Lehrer Hilfen und Anregungen für eigene Abituraufgaben bringen. Sie beschränkt sich deshalb auf Fragen des schriftlichen und mündlichen Abiturs und gibt nur gelegentlich kurze Hinweise zu Klausuraufgaben. Andere Möglichkeiten der Leistungsmessung im Biologieunterricht, wie z.B. Tests (*von Falkenhausen* 1981, *Hasselberg*, *Meyer* 1978, *Mostler*, *Meyer* u. *Krummwiede* 1979, *Schrooten* 1971, *Eschenhagen*, *Kattmann* u. *Rodi* 1985) bleiben in diesem begrenzten Rahmen undiskutiert.
Um dem Leser die Eigenart der hier veröffentlichten Abituraufgaben deutlich zu machen und ihm Beurteilungskriterien für solche Aufgaben an die Hand zu geben, werden vorab Abituraufgaben verschiedener Länder verglichen.
Die dann folgende Sammlung von Abiturvorschlägen repräsentiert fast alle im Oberstufenunterricht behandelten Themenbereiche der Biologie und spiegelt in der Eigenart der Aufgabenstellung ein möglichst weit gefächertes Spektrum verschiedener Denkansätze wider.
Jeder Vorschlag besteht, den Niedersächsischen Vorstellungen folgend (Niedersächsischer Kultusminister 1984), aus einer zusammenhängenden Aufgabe, die in mehrere Teilaufgaben untergliedert ist und zusammen mit dem Material - Abbildungen, Texte, Versuchsanleitungen - einen präzisen Arbeitsauftrag ergibt. Die jedem Vorschlag angefügte erwartete Lösung skizziert die Lösung in groben Umrissen.
Die anschließenden Seiten zeigen, wie Abituraufgaben erstellt, korrigiert und bewertet werden können. Hier wird auch erörtert, welche Aufgaben klare Bewertung und Differenzierung erlauben und welche Unterschiede zwischen Aufgaben für Grund- und Leistungskurse bestehen.
Der letzte Abschnitt bringt Aufgaben für das mündliche Abitur und Überlegungen, welche Anforderungen an solche Aufgaben gestellt werden sollten.

Jeder Aufgabenvorschlag ist mit einer Erwarteten Lösung ausgestattet. Hier werden stichwortartig Lösungsvorschläge angeboten, die eine Grundlage für die präzisierte Musterlösung darstellen. In manchen Fällen sind alternative Lösungen möglich, die nicht eigens aufgeführt sind, jedoch vom Lehrer angemessen beurteilt werden müssen.
Manches sprach dafür, den Teilaufgaben in den Aufgabenvorschlägen bzw. den Erwarteten Lösungen Lernzielstufen zuzuordnen. Beispielsweise zeigen die Lernzielstufen, wie der Erfinder der Aufgabe seine Abiturarbeit vorbereitet, d.h. was er durchnimmt und wo er von vornherein Lücken in der Schülerinformation einplant. Da aber in Abhängigkeit vom Unterricht einzelne Lerngruppen dieselben Aufgaben ganz unterschiedlich bewältigen, wurde in diesem Buch auf Lernzielstufen verzichtet.

2 Abituraufgaben im Vergleich

2.1 *Vorüberlegungen*

Fast alle hier vorgelegten Abituraufgaben stammen aus Niedersachsen. Unterscheiden sich diese Aufgaben von denen anderer Bundesländer? Worin liegen die Unterschiede? Entsprechen die hier veröffentlichten Aufgaben den Einheitlichen Prüfungsanforderungen in der Abiturprüfung (EPA) (Kultusministerkonferenz 1982), die ja auf Angleichung des Anspruchsniveaus bzw. der Schwierigkeit von Abituraufgaben der einzelnen Länder abzielen? Um diese Frage beantworten zu können, stelle ich im folgenden Prüfungsaufgaben für Biologie als Grundkursfach aus Niedersachsen, Berlin, Bayern, Baden-Württemberg und aus den EPA vor und diskutiere diese Aufgaben anhand der Einheitlichen Prüfungsanforderungen sowie anhand eines von mir entwickelten Kriterienkataloges (*von Falkenhausen* 1983, *von Falkenhausen* u.a. 1983). Dabei nutze ich für Berlin und Niedersachsen Abituraufgaben, die im Rahmen der Umsetzung von Bundes-EPA auf Länderebene veröffentlicht wurden (Niedersächsischer Kultusminister 1984, Pädagogisches Zentrum 1985). Für die Länder Bayern und Baden-Württemberg ziehe ich deren landeseinheitliche Prüfungsarbeiten von 1986 heran (Bayerisches Staatsinstitut für Bildungsforschung 1986, Baden-Württemberg, Ministerium für Kultus und Sport 1986).

2.2 *Schwierigkeit und Anspruchsniveau*

Die beim Vergleich von Abituraufgaben zentralen Begriffe Schwierigkeit und Anspruchsniveau habe ich bereits an anderer Stelle (*von Falkenhausen* 1983, *von Falkenhausen* u.a. 1983), erörtert: Schwierigkeit: Der Schwierigkeitsgrad von Testaufgaben wird durch praktische Erprobung an einer Probandengruppe ermittelt (*Ingenkamp* 1973). Bei diesem Vorgehen vernachlässigen die an den Problemen des Intelligenztests orientierten Testtheoretiker die

Schwierigkeit, die in der Aufgabe selbst steckt. Auf diese Schwierigkeit kommt es beim Abitur aber in erster Linie an. Aus diesem Grunde beurteile ich die Schwierigkeit von Aufgaben nicht anhand von Lösungen, die die Schüler erbringen, sondern anhand der der einzelnen Aufgabe innewohnenden Schwierigkeit. So komme ich zur *objektiven Schwierigkeit*, die in der Aufgabe selbst steckt, und unterscheide sie von der *subjektiven Schwierigkeit*, die die Bearbeitung von Aufgaben dem Schüler je nach seinen individuellen Voraussetzungen bereitet.
Diese objektive Schwierigkeit liegt einerseits in dem von der Aufgabe geforderten Schülerverhalten, wie Reproduktion, Reorganisation, Transfer oder problemlösendes Denken, zum anderen in der Eigenart der in der Aufgabe behandelten Inhalte.

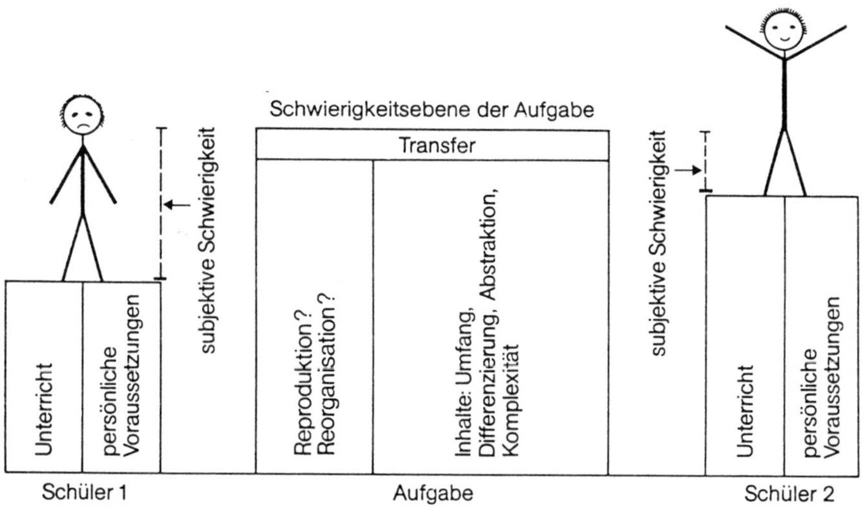

Abb. 1: Je nach Unterricht und persönlichen Voraussetzungen ist die subjektive Schwierigkeit derselben Aufgabe für Schüler 1 und Schüler 2 unterschiedlich. Der Transferanteil der Aufgabe legt einen Teil der subjektiven Schwierigkeit fest, denn er begrenzt die Vorbereitung im Unterricht.
(aus *von Falkenhausen* u.a. 1983)

Diese Inhalte beurteile ich nach den Kriterien Umfang, Differenzierung, Präzision, Abstraktion und Komplexität.
Umfang meint: Wieviel Wissen wird verlangt?

Präzision/Differenzierung fragt: Wie genau muß die Lösung sein? Abstraktion berücksichtigt: Wie weit sind die geforderten Lösungen vom unmittelbar Anschaulichen entfernt?
Komplexität meint: Wie groß ist die Menge der notwendigen gedanklichen Verknüpfungen?
Beim Vergleich von Abituraufgaben kommt es vor allem auf die objektive Schwierigkeit an. Sie beruht, wie eben ausgeführt, auf den in den Aufgaben verlangten Inhalten und dem intendierten Schülerverhalten. Dabei legt der in der Aufgabe geforderte Transfer einen Teil der subjektiven Schwierigkeit fest, denn die Vorbereitung im Unterricht wird hier begrenzt.
Noch ein anderer Gesichtspunkt ist in diesem Zusammenhang wichtig: Testpsychologen wollen in der Regel eine möglichst gute Streuung der Ergebnisse erzielen. Die Leistungsmessung in der Schule prüft hingegen, wie weit Schüler die Lehrziele erreichten (*Dumke* 1973, *Ingenkamp* 1977, *Kutscher* 1977). Ziel des Unterrichtes, das hat *Bloom* überzeugend dargestellt (*Bloom* 1971), ist die Note sehr gut für alle Schüler und keinesfalls die *Gauß*sche Verteilungskurve der Noten.
In Aufgaben unterschiedlicher Schwierigkeit, die den unterschiedlichen Fähigkeiten von Schülern entsprechen, prüft der Lehrer, ob und wie weit die Schüler seine Lehrziele erreicht haben. Dieser Ansatz führt zu einer sinnvollen Streuung von Noten. Orientierte sich die Leistungsmessung dagegen an der Schülergruppe, so wären mittelmäßig begabte Schüler in einer besonders gut begabten und hervorragend unterrichteten Schülergruppe benachteiligt. Denn um eine Notenverteilung entsprechend der *Gauß*schen Verteilungskurve zu bekommen, würde nun die den Aufgaben innewohnende Schwierigkeit gesteigert, bis auch hier wieder einige Schüler im Aus landen (*Ingenkamp* 1980, S. 187 ff.).
Anspruchsniveau: Die Begriffe Schwierigkeit und Anspruchsniveau treten nebeneinander auf und haben unterschiedliche Bedeutung. Deshalb präzisiere ich auch den Begriff Anspruchsniveau: Anspruchsniveau hat etwas mit Weltverständnis und Bildung zu tun. Zweifellos ein schwieriges Gebiet! Jedoch kann von besserem Weltverständnis nur dann die Rede sein, wenn größere Zusammenhänge bedacht werden. Deshalb beziehe ich in die Beurteilung des Anspruchsniveaus einer Aufgabe neben der objektiven Schwierigkeit die Frage

mit ein, ob der Schüler größere Zusammenhänge beachten soll bzw. einen Sachverhalt von mehreren Aspekten her betrachten muß, s.Abb.2.

- Anspruchsniveau
  - Schwierigkeitsniveau
    - Verhaltenskomponente
    - Inhaltliche Komponente
  - Vielseitigkeit der Aspekte
    - biologische Aspekte
    - Aspekte aus anderen Fachgebieten

Abb. 2: Schematische Darstellung der Beziehung zwischen Schwierigkeit und Anspruchsniveau

2.3 *Abituraufgaben verschiedener Bundesländer*

2.3.1 *Abituraufgaben aus den Einheitlichen Prüfungsanforderungen*

ETHOLOGIE

Experimente zum Lernen
- Grundkursfach - (90 Minuten)

Aufgabe a

1 Aufgabenstellung
"Zebrafinken und Mövchen"

1.1 Fassen Sie die wichtigsten Beobachtungen der Versuche 1 - 5 im Arbeitsmaterial zusammen (Abb. 1 - 5).

1.2 Deuten Sie diese Befunde, und entwickeln Sie Problemstellungen, die durch diese Experimente geprüft werden.

1.3 Erörtern Sie daraus resultierende Hypothesen, schlagen Sie außerdem Ergänzungen und weiterführende Versuche vor.

2 Material

Abb. 1: Von japanischen Mövchen aufgezogener Zebrafink (links), rechts Mövchen-Weibchen. Das Männchen sträubt die Federn des Hinterkopfes, der Kopfseiten und der Körperunterseite und hebt die Flügel an. Dadurch werden alle Farbabzeichen des Männchens dem Weibchen deutlich dargeboten. In dieser Stellung hüpft das Männchen singend auf das Weibchen zu.

Abb. 2: Links Mövchen-Attrappe (♀), rechts Zebrafink

Abb. 3: Links Zebrafink-Attrappe (♀), Mitte Zebrafink, rechts Mövchen-Attrappe (♀)

Abb. 4: Männlicher Zebrafink, von Menschenhand aufgezogen. Rechts die Hand seines Pflegers

(Alle Abbildungen nach *K. Immelmann*: Das Phänomen der Prägung; Biologie in unserer Zeit 1 (1971) S. 35 - 42, Abb. 3, 4, 5, 6)

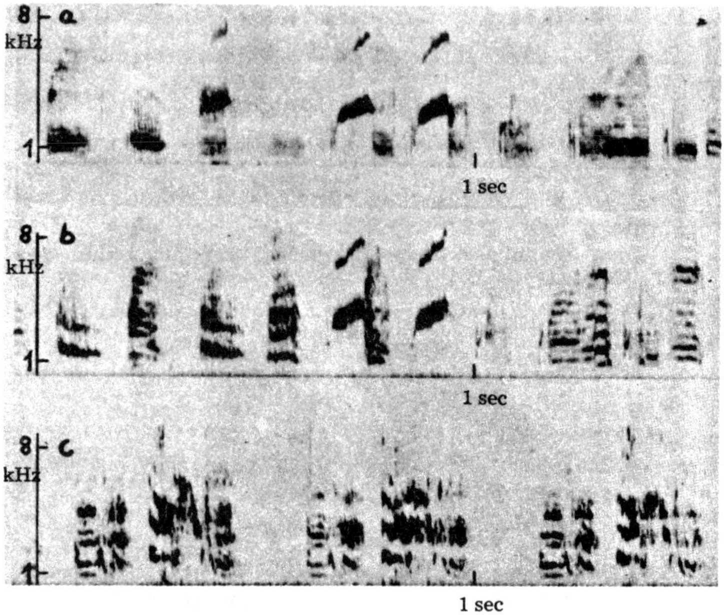

Abb. 5: Klangspektrogramme: a) eines japanischen Mövchens, b) eines von a aufgezogenen Zebrafinkens, c) eines normal aufgewachsenen Zebrafinkens (natürlicher Vater von b)

Ordinate: Frequenzspektrum in kHz, Abszisse: Zeit in sec.
(nach *Eibl-Eibesfeldt*: Grundriß der vergleichenden Verhaltensforschung, München 1972³, S. 277)

(Hinweis: Der Mövchengesang wurde dargeboten bzw. gehört, noch bevor der Zebrafink selbst zu singen anfing.
Ergänzung: Auch Zebrafinken, die die ersten 35 Lebenstage nur Mövchengesang hören und danach immer nur Artgenossen, singen wie im Klangspektrogramm b.)

Aufgabe b

1 Aufgabenstellung

1.1 Stellen Sie die generelle Aussage des Textes graphisch dar, und schreiben Sie hierzu eine Legende. - (Ausfüllen der Säule Abb. 1)

1.2 Beschreiben Sie die in Abb. 2 dargestellten Sachverhalte zur Entstehung von Arten.

1.3 Legen Sie begründend dar, welche Evolutionsfaktoren die Artbildung auf dem Archipel - im Vergleich zur isolierten Insel (Text) - bewirken.

2 Material

Text

Es besteht kein Grund, warum die Evolution nicht unbegrenzt zur Abänderung einer Art von Generation zu Generation führen sollte, ohne daß eine zweite zeitgenössische Art entstanden sein müßte. Der Ursprung einer zweiten Art wird durch Kreuzung verhindert. Solange das Verbreitungsgebiet der Art zusammenhängt und nicht zu groß ist, z.B. eine isolierte Insel, werden die dauernden Paarungen die vererbten und übertragbaren Änderungen über die Rasse oder Art verteilen ... Jede Art neigt dazu zu variieren ..., die Variationen sind erblich und sammeln sich an, so daß die Evolution stetig, obwohl langsam, von Generation zu Generation verläuft.

Quelle: *Mayr, Ernst*, Artbegriff und Evolution, Paul Parey, Hamburg 1967, S. 338

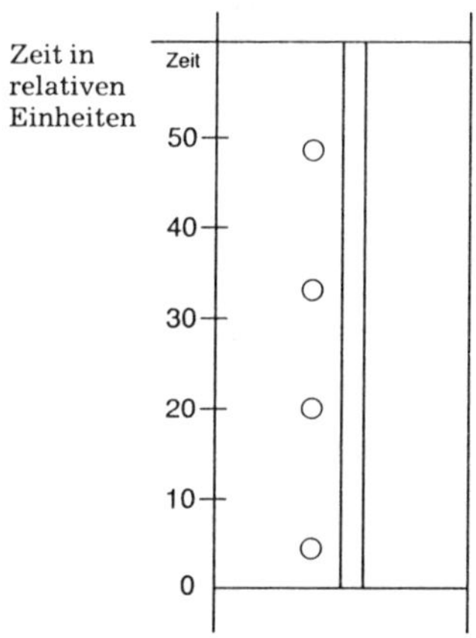

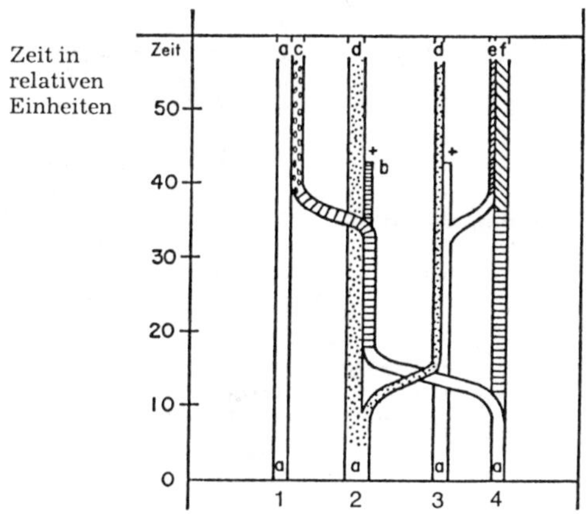

Abb. 1 (links): Vorstrukturierte graphische Darstellung

Abb. 2 (rechts): Artneubildungen auf einem aus vier Inseln bestehenden Archipel

(Abb. 1 und 2 nach *Mayr, Ernst*: Artbegriff und Evolution, Paul Parey, Hamburg 1967, S. 338)

Zu Aufgabe a		
Teilaufgabe	Beschreibung der erwarteten Schülerleistung	Anforderungsbereich vorwiegend
1.1	Von Mövchen aufgezogene Zebrafinken-♂ balzen später Mövchen-♀, weibliche Mövchenattrappen, aber nicht Zebrafinken-♀ an. Sie singen mövchenähnlich und zebrafinkenunähnlich. Vom Menschen aufgezogene Zebrafinken-♂ balzen den Menschen an.	I
1.2	Anbalzen der Mövchen, Mövchenattrappen und der Menschenhand ist Objektprägung/sexuelle Prägung, da Kenntnis des zukünftigen Geschlechtspartners durch frühkindliche Erfahrung festgelegt. Das Hervorbringen von Mövchengesang durch Zebrafinken, die von Mövchen aufgezogen wurden, kann keine sexuelle Prägung sein, da für die Männchen der (Stief-) Vater das Vorbild war, also keine Prägung auf den späteren Geschlechtspartner. Eine Nachlaufprägung kann es auch nicht sein, da zeitliche Diskrepanz zwischen Erwerbung und Anwendung zu groß ist. Es muß sich also um eine neue, bisher unbekannte Form der Prägung handeln, wenn die Voraussetzungen (Nachweis der Existenz einer sensiblen Phase und Irreversibilität) zutreffen.	II
	Problemstellungen (Beispiele): Balzverhalten genetisch determiniert oder durch Erfahrung erworben? Frühkindlicher Lernvorgang oder Lernen auch in späteren Lebensabschnitten? Handelt es sich bei allen Komponenten des Balzverhaltens der Männchen um das Ergebnis sexueller Prägung, kann Nachlaufprägung ausgeschlossen werden?	III
1.3	Kenntnis des Geschlechtspartners wird vermutlich erworben, sie ist nicht erfahrungsunabhängig. Nachsingen der Gesänge des (mit-) aufziehenden Männchens durch männliche Jungvögel (zu einem späteren Zeitpunkt) ist keine sexuelle Prägung. Vorschläge für weitere Untersuchungen (Beispiele): Genauere Untersuchung der sensiblen Phase (Dauer? Scharfe Begrenzung? Prägung innerhalb der sensiblen Phase oder die gesamte sensible Phase umfassend?), Prägung bei Weibchen?	II

Zu Aufgabe b

1.1	Artwandel durch geeignete Symbole - Übergang (!) - in vorbereitete Säule einzeichnen und erläutern. Zweitbesiedlung der einzelnen Inseln von den Nachbarinseln aus Aufspaltung der Art in neue Arten Aussterben einzelner Arten	I
1.2	Entstehen der neuen Arten nach Invasion Aufspaltung der Population in Einzelpopulationen bzw. geschlossene Population	II
1.3	Unterbrechung des Genflusses zwischen den Einzelpopulationen bzw. ständiger Genaustausch innerhalb der Population Isolation und Annidation als Evolutionsfaktoren bei der Artaufspaltung bzw. keine Isolation (und Annidation)	

Quelle: Kultusministerkonferenz: Einheitliche Prüfungsanforderungen in der Abiturprüfung Biologie. Luchterhand-Verlag, Neuwied 1982

2.3.2 *Ein Vorschlag aus Niedersachsen*

HOMOLOGIE UND HOMOIOLOGIE

Aufgabenstellung

1. Erklären Sie die Struktur des Cytochrommoleküls, und erläutern Sie die Funktion der Cytochrome bei der Zellatmung.
2. Zeigen Sie anhand von Abb. 1, wie es zu Abwandlungen des Cytochroms c kommt, und begründen Sie, weshalb diese Abwandlungen relativ geringfügig bleiben.
3. Erläutern Sie anhand von Abb. 1 und 2 den Homologiebegriff und die Homologiekriterien.
4. Zeigen Sie an dem Ihnen bekannten Balzverhalten verschiedener Entenarten, daß es auch im Bereich des Verhaltens Homologien gibt. Klären Sie in diesem Zusammenhang auch den Begriff Ritualisierung.
5. Neben dem Homologiebegriff benutzen Fachleute auch den Begriff Homoiologie. Homoiologie bedeutet aus homologen Systemen unabhängig voneinander entstandene Ähnlichkeiten. Verdeutlichen Sie diesen Homoiologiebegriff an Abb. 2.
6. Stellen Sie in einer Skizze (mit Zeitangaben) die Verwandtschaft von Mensch, Schimpanse, Pavian und Entenvögeln dar. Überlegen Sie unter Benutzung Ihrer Stammbaum-

skizze, ob das in Abb. 3 dargestellte Verhalten von Mensch und Schimpanse als homologes, homoiologes oder analoges Verhalten zu deuten ist.
Welche Befunde könnten zur Klärung dieser Frage beitragen?

7. Überlegen Sie abschließend, weshalb die Anwendung des Homologiebegriffes in der Verhaltenslehre Schwierigkeiten bereitet.

Materialien

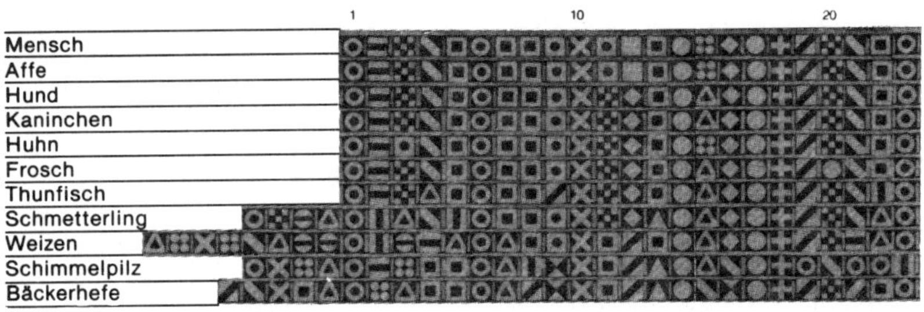

Abb. 1: Schematisierte Ausschnitte der Aminosäurenfolge im Cytochrom c verschiedener Organismen

(aus: *Hoimar von Ditfurth*, Wir sind nicht nur von dieser Welt (C) Hoffmann und Campe Verlag, Hamburg 1981)

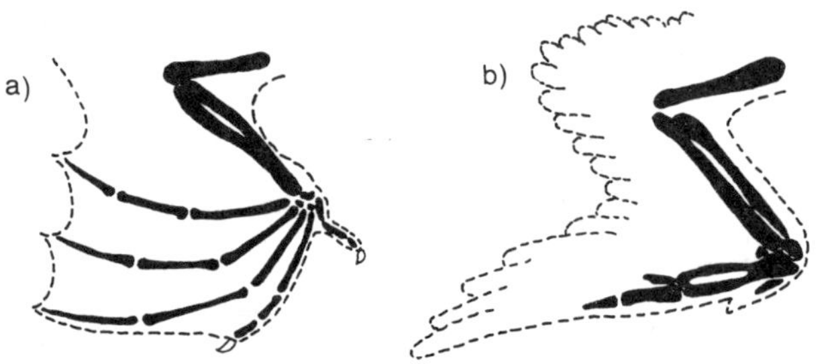

Abb. 2: Flügelskelette. a) der Fledermaus; b) des Vogels

(nach: *Linder*, Biologie, Metzler, 1967)

a) b)

Abb. 3: Handgeben. a) beim Schimpansen, Weibchen begrüßt altes Männchen; b) bei den Numa (Obervolta), Stadthäuptling wird von hockendem hohen Beamten begrüßt.

(aus: *G. Tembrock*, Biokommunikation. Vieweg, 1971)

Erwartete Leistungen, Anforderungsbereiche und vorgesehene Gewichtung

Teilaufgabe	Erwartete Leistungen	Anforderungsbereiche I	II	III
1.	Darstellung der Proteinstruktur (Primärstruktur, Sekundärstruktur, Tertiärstruktur; Porphyrinring mit Fe^{++}/ Fe^{+++})	10		
	Erläuterung der Bedeutung der Cytochrome für den Elektronentransport in der Atmungskette	5		
2.	Nachweis von Veränderungen der Aminosäurenfolge (Abb. 1) aufgrund von Veränderungen in der Basensequenz der DNS; starke Veränderungen würden die Funktion des sehr spezifisch wirkenden Moleküls verändern und in der Regel verschlechtern.		10	

3.	Darstellung der Homologie als Abstammungsgleichheit; Anwendung aller drei Homologiekriterien auf Abb. 2; auf Abb. 1 nur Lage im Gefüge und spezifische Qualität	15		
4.	Nachweis von Homologie als - abgestufte Ähnlichkeit z.B. beim Kurz-hoch-werden verschiedener Entenarten - Lage im Gefüge: In der zeitlichen Folge behält das Kurz-hoch-werden seine Lage. - spezifische Struktur: Details der Bewegung entsprechen einander. Ritualisierung wird als stammesgeschichtlicher Vorgang dargestellt, bei dem eine Verhaltensweise Signalfunktion übernimmt und dabei deutlicher (prägnanter) ausgeformt wird.		15	
5.	Homologes System hier Folge von Oberarm, Unterarm, Handwurzelknochen usw.; daraus unabhängige also homoiologe Entwicklung zum Flügel		10	
6.	Stammbaumskizze zeigt: gemeinsame Vorform von Entenvögeln und Primaten unter den Reptilien des späten Erdaltertums vor etwa 270 Mill. Jahren, Aufspaltung Tieraffen - Menschenaffen vor etwa 45 Mill. Jahren, Mensch - Schimpanse vor etwa 12 Mill. Jahren		10	
	Offene Frage: Erörterung erfaßt alle drei Möglichkeiten; zur Lösung nutzbare Befunde wären Zwischenglieder; da jedoch Verhalten nicht fossil nachweisbar ist, kämen vor allem Untersuchungen in Frage, die klären, ob alle Menschen und alle Schimpansen entsprechendes Verhalten zeigen.			15
7.	Hinweis darauf, daß Verhalten häufig sowohl von Lernprozessen wie von genetischen Faktoren bestimmt ist; damit sind Homologien schlecht erkennbar; Verhalten wird außerdem in der Stammesgeschichte relativ schnell abgewandelt, dadurch sind Homologien selten			10
		30	45	25

Quelle: Niedersächsischer Kultusminister: Einheitliche Prüfungsanforderungen in der Abiturprüfung Biologie im Lande Niedersachsen. Berenberg-Verlag, Hannover 1984

2.3.3 *Ein Vorschlag aus Berlin*

1. Aufgabe

Die folgenden Textbeispiele geben Erklärungsmodelle der Aggression.

A) *Florian* war 28 Monate alt, als ein Schwesterchen geboren wurde. Man hatte ihn gut auf dieses neue Ereignis vorbereitet. Als die Mutter nach einer für *Florian* unendlich langen Woche Klinikaufenthalt nach Hause kam, zeigte er sich angesichts der kleinen Schwester recht enttäuscht. Dennoch gab er sich in den ersten Wochen große Mühe: Er half den Erwachsenen, die das Baby liebevoll versorgten. Manchmal aber, wenn er das Baby an sich drückte, geschah dies allzu heftig. In Situationen, in denen der kleinen Schwester besondere Zuneigung entgegengebracht wurde, gewann die Aggression die Überhand: Er kniff oder schlug seine kleine Schwester oder kam mit dem Stock drohend auf sie zu.

Quelle: Abgeändert aus 'Psychologie heute', H. 5/1975

B) *D.J. Hicks* führte 1965 an Kindern im Durchschnittsalter von 5 Jahren folgendes Experiment durch: Er zeigte ihnen Filme, in denen verschiedene Aggressionen demonstriert wurden, von denen man annehmen durfte, daß sie den Kindern unbekannt waren. In einem Film z.B. schlug der "Filmheld" mit einem Plastikhammer auf eine große Puppe ein.
Anschließend wurden die Kinder allein gelassen und bekamen zur Unterhaltung neben verschiedenen Spielsachen auch eine Puppe und einen Kunststoffhammer. Während die übrigen Spielsachen keine Beachtung fanden, wurde die Puppe mit dem Hammer völlig demoliert. Eine Kontrollgruppe, die einen Film ohne aggressiven Inhalt zu sehen bekam, reagierte danach auf Puppe und Hammer ohne Aggressionen.

Quelle: *Bunk, B./Tausch, J.*: Grundlagen der Verhaltenslehre. Braunschweig: Westermann 1980^{6}, S. 172, abgeändert.

C) "In der guten alten Zeit, da die Donaumonarchie noch bestand und es noch Dienstmädchen gab, habe ich an meiner verwitweten Tante folgendes beobachtet. Sie hatte ein Dienstmädchen nie länger als acht bis zehn Monate. Von der neu eingestellten Hausgehilfin war sie regelmäßig aufs höchste entzückt, lobte sie in allen Tönen als sogenannte Perle und schwor, jetzt endlich die Richtige gefunden zu haben. Im Laufe der nächsten Monate kühlte ihr Urteil ab, sie fand erst kleine Mängel, dann Tadelnswertes und gegen Ende der erwähnten Periode ausgesprochen hassenswerte Eigenschaften an dem armen Mädchen, das dann schließlich regelmäßig unter ganz großem Krach fristlos entlassen wurde. Nach dieser Entlassung war die alte Dame bereit, in dem nächsten Dienstmädchen wieder einen wahren Engel zu erblicken."

Quelle: *Lorenz, K.*: Das sogenannte Böse. Zur Naturgeschichte der Aggression. Wien: Dr.G.Borotha-Schoeler-Verlag 1968^{22}, S.69, abgeändert.

1.1 Definieren Sie den Begriff "Aggression", und stellen Sie folgende Aggressionsmodelle dar: Instinktmodell, Frustrationsmodell, Lernmodell.

1.2 Analysieren Sie die Textbeispiele, und ordnen Sie sie begründet einem Aggressionsmodell zu.

1.3 Erläutern Sie den biologischen Sinn des von *Lorenz* aufgestellten Triebmodells der Aggression.

1.4 Erörtern Sie die Problematik, die sich aus der Übertragung des *Lorenz*'schen Instinktmodells der Aggression auf den Menschen ergibt. Stellen Sie dazu das ältere "psychohydraulische" Modell zeichnerisch dar (mit ausführlicher Legende), und verwenden Sie es zur Darstellung und Kritik des Aggressionsmodells.

2. Aufgabe

Phagen (Bakterienviren) des Stammes SPP 1 sind auf Bacillus subtilis (Heubazillus) spezialisiert. Sie vermehren sich in diesen Bakterien, indem sie deren Stoffwechsel auf ihren Bedarf einstellen. Sind etwa 200 neue Phagen entstanden, wird von ihnen die Wand des Bakteriums aufgelöst. Die Phagen gelangen ins Außenmedium und befallen neue Bakterien. Auf diese Weise wird eine trübe Kultur von Bacillus subtilis nach einiger Zeit klar, trübt sich aber dann allmählich wieder.

2.1 Finden Sie für diese Beobachtung eine mögliche Erklärung.

2.2 Stellen Sie dazu Hypothesen im Sinne *Lamarck*s und *Darwin*s auf.

2.3 Schlagen Sie einen Versuchsplan vor zur Überprüfung der Hypothesen.

2.4 Welches Ergebnis ist nach Ihren Kenntnissen zu erwarten? Werten Sie es in bezug auf die Hypothesen aus.

Nr. des Aufgabenteils	Erwartete Teilleistung	Vorwiegender Anforderungsbereich (AB)	zugeordnete Bewertungseinheiten (BE)
1.1	Als Aggression gilt (auch im übertragenen Sinne) jede Verhaltenssequenz, die auf Verletzung eines Organismus oder Organismusersatzes abzielt. *Lorenz* beschränkt den Begriff auf intraspezifische Auseinandersetzungen.	I	3
	Instinktmodell (*Lorenz*); Natur der Aggressionen: angeboren, spontan. Aggressionstrieb; Lernprozesse spielen eine Rolle.	I	4

	Frustrationsmodell (*Dollard*); Natur der Aggressionen: erlernt, reaktiv. Biologische Bereitschaft spielt teilweise eine Rolle.	I	4
	Lernmodell (*Scott*); Natur der Aggressionen: ausschließlich erlernt.	I	2
1.2	Textbeispiel A: F-A-Modell; Begründung (Frustrationen verursachen Aggressionen) und Textbelege.	II	6
	Textbeispiel B: Lernmodell; Begründung und Textbelege.	II	6
	Textbeispiel C: Instinktmodell (Triebstaumodell); Begründung und Textbelege.	II	6
1.3	Tiere einer Art verteilen sich so in ihrem Lebensraum, daß Nahrungsquellen optimal genutzt werden können.	I	2
	Rivalenkämpfe bringen die stärksten Tiere zur Weiterzucht und zur Verteidigung.	I	3
	Verteidigung der Brut; das brutpflegende Geschlecht ist das aggressivere.	I	2
	Durch Aggressionen entstehen Rangordnungen, wodurch die Zahl weiterer Kämpfe stark reduziert wird.	I	2
1.4	Zeichnung des älteren "psychohydraulischen" Instinktmodells:	I	4

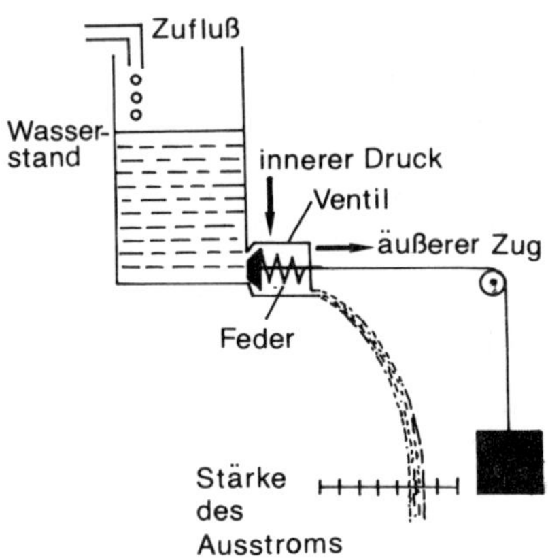

	Ein Trieb staut sich wie Wasser in einem Behälter spontan auf. Dadurch steigt der Druck auf das Ventil. Der von außen kommende Schlüsselreiz zieht wie ein Gewicht daran. Je größer der Druck, desto kleiner das Gewicht; doppelte Quantifizierung der Reaktionsstärke durch äußeren Reiz und innere Bedingung. Der Druck kann so groß werden, daß er allein das Ventil öffent; Leerlaufhandlung (ohne erkennbare Außenreize ablaufende Endhandlung).	I	8
	Aggressionsverhalten wird von *Lorenz* für Tier und Mensch meist analog gesehen, verursacht durch angeborenen Trieb. Appetenzverhalten und Auslösemechanismen sind vorhanden. ZNS produziert aggressionsspezifische Energie, die sich beim Fehlen von Schlüsselreizen staut; die Aggressivität wird gesteigert, die Reizschwelle gesenkt. Wird kein Reiz gefunden, kommt es zur Leerlaufaktion.	II	10
	Kritische Stellungnahme zum *Lorenz*-Modell der Aggression: Spontaneität nicht nachweisbar; Annahme unterschiedlicher Aggressivität von Mann und Frau problematisch, zumindest mit Modell nicht erklärbar. Richtig ist, daß die Neigung zu aggressivem Verhalten angeboren ist, daß Aggressionen stammesgeschichtlich gesehen oft positiv zu bewerten sind und daß die angeborene Aggressionsbereitschaft dem Menschen gefährlich werden kann.	III	10
2.1 (bi-1)	Gegen SPP 1 resistente Bakterien haben sich vermehrt.	II	3
2.2 (bi-2)	Hypothese nach *Lamarck*: Mutationen zur Resistenz gegen SPP 1 entstehen in Kontakt mit den Phagen (Adaptionshypothese).	II	7

	Hypothese nach *Darwin*: Mutationen entstehen spontan. (Sie sind von vornherein in der Bakterienpopulation vorhanden.)	II	7
2.3 (bi-1)	Bacillus-subtilis-Kultur verdünnen und auf Agarplatte hochwachsen lassen, überstempeln auf eine SPP-1-Platte, mit neuem Stempel (gleiche Ausrichtung) von der Ausgangsplatte auf eine zweite SPP-1-Platte überstempeln, entsprechend auf dritte; bebrüten.	II	5
2.4 (bi-1/ bi-2)	Es wachsen an gleichen Stellen auf den drei Platten (innerhalb der Fehlergrenze, s. Stempeleffektivität) Kolonien hoch.	I	3
	Gegen SPP 1 resistente Bakterien müssen schon auf der Ausgangsplatte vorhanden gewesen sein; Mutationen entstehen spontan. Bestätigung der Hypothese nach *Darwin*.	I	3

Übersicht über BE und berücksichtigte Kurse:

AB	I	II	III	bi-3:	72 %
BE in %	40	50	10	bi-1/bi-2:	28 %

Quelle: Pädagogisches Zentrum Berlin (Hrsg.): Biologie Abituraufgaben. Polykopiertes Exemplar

2.3.4 *Abituraufgaben aus Bayern*

I		Bewertungseinheiten = BE
1	Innerhalb des Lebensraumes eines Tieres spielt der Artgenosse in vielen Fällen sowohl die Rolle eines Partners als auch die eines Gegenspielers.	
1.1	Schildern Sie kurz anhand eines selbstgewählten Beispiels mögliche Auswirkungen von sozialem Streß infolge zu hoher Populationsdichte und damit fehlender Ausweichmöglichkeit! Erläutern Sie die biologische Bedeutung der geschilderten Auswirkungen von sozialem Streß!	8
1.2	Erläutern Sie an zwei Beispielen Ausdrucksformen innerartlicher Aggression bei Wirbeltieren in unterschiedlichen Situationen! Legen Sie deren biologische Bedeutung dar!	8
2	Bei der Untersuchung der biochemischen Vorgänge in chlorophyllhaltigen Pflanzenzellen kann sowohl Freisetzung als auch Verbrauch von Sauerstoff nachgewiesen werden.	

2.1 Formulieren Sie jeweils die Bruttogleichung für den photosynthetischen Aufbau und für den aeroben Abbau von Traubenzucker in pflanzlichen Zellen! Legen Sie kurz dar, warum die vereinfachte Bruttogleichung für die Photosynthese den Vorgang nur "formal richtig" beschreibt! 4

2.2 Beschreiben Sie im Überblick die wesentlichen Vorgänge der "Lichtreaktionen" der Photosynthese! Reaktionsgleichungen sind nicht verlangt. 10

2.3 Fertigen Sie eine übersichtliche Skizze eines Querschnitts durch ein Laubblatt einer grünen Pflanze! Beschriften Sie die für die Photosynthese wichtigen Strukturen! 6

3 Die Körperzellen des Menschen enthalten im Normalfall 46 Chromosomen. Bei einem Kind gesunder Eltern, das in seiner geistigen und körperlichen Entwicklung gestört ist, wurden bei der mikroskopischen Untersuchung von Körperzellen jedoch 47 Chromosomen festgestellt.

3.1 Erläutern Sie anhand einfacher Skizzen eine Möglichkeit, wie diese Abweichung der Chromosomenzahl zustande gekommen sein könnte! 6

3.2 Stellen Sie die Gemeinsamkeiten und Unterschiede im Ablauf der Vorgänge heraus, die zur Bildung reifer Eizellen und befruchtungsfähiger Spermien aus Urgeschlechtszellen führen! 8

50

IV

1 Für die Fortbewegung der Wirbeltiere ist es nötig, daß Veränderungen in der Muskelspannung reflektorisch korrigiert werden können.

1.1 Erläutern Sie unter Mitverwendung einer beschrifteten Skizze den Weg der Informationsübermittlung bei einem unbedingten Reflex, der von einer Veränderung der Muskelspannung ausgelöst wird, von der Reizaufnahme bis zur Reaktion des Erfolgsorgans! 8

1.2 Erklären Sie an einem selbstgewählten Beispiel, wie aus einem unbedingten ein bedingter Reflex werden kann! Kennzeichnen Sie anhand eines konkreten Beispiels einen Fall von bedingtem Appetenzverhalten! 10

2 In einem kleinen Süßwassersee wurde nahe dem Seegrund eine Anlage installiert, mit deren Hilfe Preßluft in das Wasser eingeleitet werden kann.

2.1 Charakterisieren Sie den Zustand dieses Sees, der eine solch teure Maßnahme erfordert! Beschreiben Sie mögliche Vorgänge, die diesen Zustand des Sees herbeigeführt haben! 9

2.2	Erläutern Sie, warum mit diesen Belüftungsanlagen in den Sommermonaten die größte Wirkung erzielt wird!	6
3	Die vergleichende Anatomie der Lebewesen liefert für die Evolutionsforschung wichtige Beiträge.	
3.1	Entscheiden und begründen Sie, ob es sich bei folgenden einander gegenübergestellten Organen um homologe oder analoge Organe handelt: a) Flügel der Fledermaus / Flügel des Mauerseglers b) Kiemen der Forelle / Kiemen des Flußkrebses c) Brustflosse des Blauwals / Vorderlauf des Pferdes	6
3.2	Erläutern Sie die Bedeutung der Erscheinungen der Homologie und der Analogie für die Evolutionsforschung!	4
3.3	Erörtern Sie an einem selbstgewählten Beispiel den Aussagewert von rudimenären Organen für die Klärung der stammesgeschichtlichen Entwicklung des entsprechenden Lebewesens!	7
		50

Aufgaben	Angaben zur erwarteten Schülerleistung	BE
I		
1.1	Mögliche Auswirkungen z.B. bei Tupajas: Verlangsamung des Wachstums, Unfruchtbarkeit bei beiden Geschlechtern, Fehlverhalten z.B. bei der Brutpflege, Kannibalismus gegenüber Jungtieren, Tod durch Nierenversagen. Biologische Bedeutung: Verringerung der Populationsdichte, Überleben und bevorzugte Fortpflanzung der stärkeren Tiere.	8
1.2	Z.B. Territorialverhalten gegenüber Eindringlingen in das Revier: Regulation der Individuenzahl in einem Gebiet, Aufteilung des Lebensraumes, Schwächere werden in ungünstigere Gebiete abgedrängt. Rangordnungskämpfe: Regulation der Hierarchie innerhalb einer Gruppe, Erhalt der sozialen Stabilität, das stärkste und gewandteste Tier leitet die Gruppe.	8
2.1	Zwei Bruttogleichungen; freigesetzter Sauerstoff stammt aus dem Wasser (Koeffizienten der Gleichung!).	4
2.2	Lichtabsorption in den Pigmentsystemen I und II, Anregung von Elektronen; Elektronentransport, ATP-Synthese an Redoxkaskade; $NADPH/H^+$-Bildung durch Reduktion von $NADP^+$, Photolyse des Wassers.	10

2.3 Skizze: Obere und untere Epidermis, Assimilationsgewebe mit Chloroplasten, Interzellularräume, Spaltöffnungen. 6

3.1 Z.B.: Bei der Keimzellenbildung trennen sich zwei homologe Chromosomen in der Reduktionsteilung der Meiose nicht und wandern zum gleichen Zellpol; Veranschaulichung durch entsprechende Skizzen. 6

3.2 Gemeinsamkeiten:
Meiose der diploiden Urgeschlechtszellen: Paarung der homologen Chromosomen und Anordnung in der Äquatorialplatte; Reduktionsteilung: Trennung der homologen Chromosomen; Äquationsteilung: Trennung der Schwesterchromatiden; Bildung haploider Geschlechtszellen.
Unterschiede:
Oogenese: Aus einer Urgeschlechtszelle entstehen eine haploide plasmareiche Eizelle und drei nicht befruchtungsfähige Richtungskörperchen;
Spermiogenese: Aus einer Urgeschlechtszelle gehen vier voll funktionsfähige haploide Spermien hervor. 8

50

IV

1.1 Erläuterung und beschriftete Skizze:
Reiz: Dehnungsreiz - Rezeptor: Muskelspindel (Reiz, Erregungstransformation) - Afferenz - Umschaltung im ZNS: zentrale Synapse - Efferenz - neuromuskuläre Synapse - Effektor: Muskelfaser - Reaktion: Kontraktion. 8

1.2 Entstehen des bedingten Reflexes durch klassische Konditionierung; Kennzeichnung des Lernvorgangs; Beispiel je nach Unterricht.
Entstehen des bedingten Appetenzverhaltens durch klassische Konditionierung; Kennzeichnung des Lernvorgangs; Beispiel je nach Unterricht 10

2.1 Hochgradige Eutrophierung, Gefahr des "Umkippens". Prozesse der Eutrophierung, ausgehend von der Erhöhung des Nährstoffgehaltes bis zur anaeroben Zersetzung der übermäßig anfallenden toten Biomasse. 9

2.2 Erklärung der Sommerstagnation, Sauerstoffmangel nahe dem Seegrund besonders groß. 6

3.1 a) homologe Organe, b) analoge Organe, c) homologe Organe. Begründung mit Hilfe der Homologiekriterien bzw. mit Hilfe der Definition der Analogie. 6

3.2 Die Homologie von Organen ist ein Hinweis auf einen Entwicklungsprozess aus einer gemeinsamen Grundform. Analogien sind kein Beweis für stammesgeschichtliche Verwandtschaft, sondern Ergebnis einer gleichgerichteten Anpassung an ähnliche Umweltbedingungen. 4

3.3 Z.B. Bartenwal: Im Gegensatz zu den adulten Tieren besitzen die Embryonen Anlagen für Hintergliedmaßen und Zähne, sie haben einen Hals mit sieben freien Halswirbeln und weisen ein Haarkleid auf. Rudimentäre Organe sind Indizien für den evolutiven Wandel der Organismen im Zusammenhang mit einer Änderung der Lebensweise bzw. des Lebensraumes.	7
	50

Quelle: Bayerisches Staatsinstitut für Schulpolitik und Bildungsforschung München: Abiturprüfung 1986 - Biologie als Grundkursfach. Polykopiertes Exemplar

2.3.5 *Abituraufgaben aus Baden-Württemberg*

HORMONE

Aufgabe A 1 — Verrechnungspunkte = VP

Um eine Fehlfunktion der Schilddrüse bereits bei Neugeborenen zu erkennen, kann man heutzutage die Konzentration des Hypophysenhormons Thyreotropin (TSH) im Blut der Kinder bestimmen.

1 Begründen Sie, warum es möglich ist, aus der Thyreotropin-Konzentration im Blut auf eine Über- bzw. Unterfunktion der Schilddrüse zu schließen. (4 VP)

2 Welche Schädigungen sind bei einem Kind zu erwarten, dessen Schilddrüsenfunktion nicht behandelt wird (2 Angaben)?
Wie könnte eine Therapie aussehen? (3 VP)

Manche Störungen im Hormonsystem des Körpers lassen sich auch ermitteln, ohne daß man die Hormonkonzentration bestimmen muß.

3.1 Welche Tests (keine Hormonkonzentrationsbestimmungen!) können Hinweise auf eine zu geringe Insulinkonzentration im Körper geben (2 Angaben)?

3.2 Beschreiben Sie drei Symptome der Zuckerkrankheit im Zusammenhang mit Insulinmangel. (5 VP)

Außer der genannten Schilddrüse gibt es im menschlichen Körper noch eine ganze Reihe anderer Hormondrüsen.

4 Zeichnen Sie in die Abbildung (s. am Ende der Fragen dieser Aufgabe), die als Zwitter aufgefaßt werden soll, die Lage der Hormondrüsen des menschlichen Körpers ein, und beschriften Sie. Benennen Sie je ein von den genannten Drüsen produziertes Hormon, und geben Sie dessen Wirkung an. (6 VP)

In bestimmten Situationen ergänzen sich Hormonsystem und vegetatives Nervensystem in ihren Wirkungen.

5 Erläutern Sie dies an einem selbstgewählten Beispiel. (4 VP)

(22 VP)

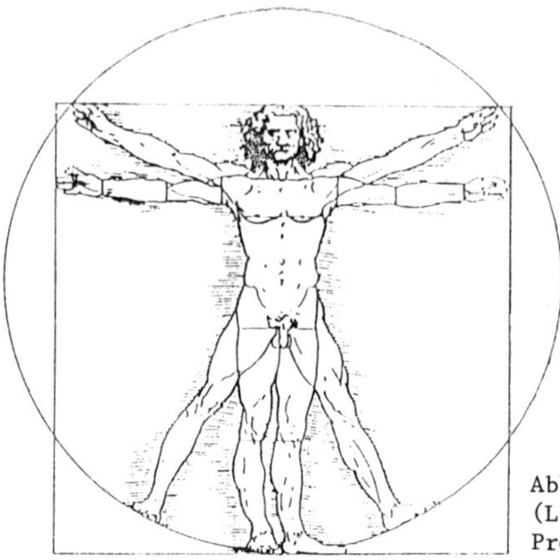

Abb. zu Aufgabe A 1
(Leonardo da Vinci, Proportionsstudie)

GENETIK

Aufgabe A 2

Familienstammbäume helfen der genetischen Forschung beim Menschen.

1.1 Stellen Sie einen Stammbaum über drei Generationen (Großeltern, Eltern, Kinder) auf, der zwingend die Vererbung einer autosomal rezessiven Krankheit zeigt. Kennzeichnen Sie alle Personen mit Ziffern, und geben Sie für jede Person dieses Stammbaums die Erbformel unter Verwendung üblicher Zeichensymbole an (mit Zeichenerklärung).

1.2 Welche Kombinationen in Ihrem Stammbaum beweisen eindeutig den rezessiven und welche den autosomalen Erbgang? Begründen Sie. (10 VP)

2 Nennen Sie je zwei Beispiele für autosomal rezessive, autosomal dominante und geschlechtschromosomengekoppelte Erbgänge beim Menschen. (3 VP)

Phenylketonurie ist eine Erkrankung, die durch einen Defekt eines Enzyms verursacht wird.

3 Wodurch werden solche Enzymdefekte molekulargenetisch hervorgerufen? Begründen Sie. Wie äußert sich dieser Defekt im Bau des Enzyms? (3 VP)

(16 VP

EVOLUTION

Aufgabe A 3

Vier Formen von Lamas werden unterschieden: zwei Wildformen, das hirschgroße Guanako und das kleinere Vikunja, und zwei Haustierformen, das Lama im engeren Sinn, das als Lasttier dient, und das kleinere Alpaka, das Wolle liefert.

Da sich in Gefangenschaft alle vier Formen untereinander paaren und sich die verschiedenen Bastarde weiterzüchten lassen, war lange umstritten, welche Wildform die Stammform des Alpaka ist. Heute gilt es als gesichert, daß das Alpaka vom Guanako abstammt. Diese Verwandtschaft konnte mit Hile eines serologischen Tests geklärt werden.

1 Beschreiben Sie ausführlich diese Methode für das vorliegende Beispiel. (5 VP)

Das Guanako hat ein schmutzig rotbraunes Fell. Vom Alpaka gibt es weiße, schwarze und buntscheckige Tiere.

2 Erklären Sie die einheitliche Fellfärbung des Guanakos und die Farbenvielfalt des Alpakas. (3 VP)

Im natürlichen System bilden die beiden Großkamele der Alten Welt und die südamerikanischen Lamas die Familie der Kamele. Alle Kamele laufen auf Hornschwielen, die sich zwischen dem letzten und vorletzten Glied der ausgebildeten Zehen befinden.

3 Kann diese Tatsache zum Beweis der Verwandtschaft mit herangezogen werden? Begründen Sie. (2 VP)

Anatomische Untersuchungen zeigen, daß sowohl die Mägen der Rinder als auch die der Kamele vierteilig sind; beide, Rinder und Kamele, käuen wieder. Dieser Sachverhalt könnte einerseits mit Homologie, andererseits mit Analogie erklärt werden.

4.1 Definieren Sie die Begriffe Homologie und Analogie.

4.2 Welche Kriterien müßten erfüllt sein, um eine Entscheidung zwischen beiden Annahmen treffen zu können?

4.3 Nennen Sie je ein Beispiel für Analogie und Homologie. (5 VP)

Die Abbildungen (s. am Ende der Fragen von Teilaufgabe A 3) zeigen Extremitäten von Säugern aus verschiedenen Ordnungen.

5.1 Zeichnen Sie in die linke freie Spalte (s. Abb.) schematisch den Grundbauplan der Extremität eines Säugers, und beschriften Sie. Homologisieren Sie die Knochen in den vorgegebenen Abbildungen mit denen des Grundbauplans (Kennzeichnung der homologen Teile durch Beschriftung, Schraffur, Farbe o.ä.).

5.2 Setzen Sie die spezielle Ausbildung der Extremitäten (s. Abb.) zu der Lebensweise dieser Tiere in Beziehung. (7 VP)

(22 VP)

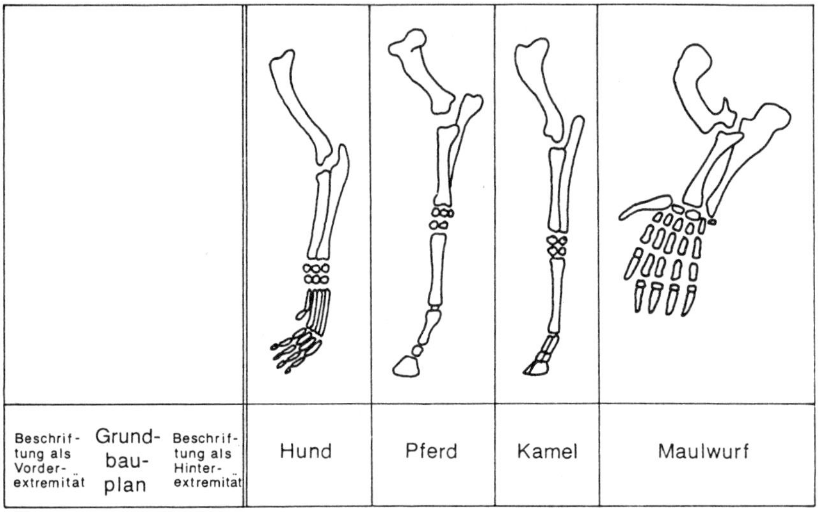

Abb. zu Aufgabe A 3

Lösungshinweise zu den Aufgaben A 1 - A 3

Zu Aufgabe A 1

1 Regelung (mit negativer Rückkopplung) bei Normalfunktion; niedrige TSH-Konzentration weist hin auf hohe Thyroxinproduktion (Überfunktion); hohe TSH-Konzentration weist hin auf geringe Thyroxinproduktion (Unterfunktion). (4 VP)

2 Allgemein herabgesetzte Stoffwechselaktivität, vermindertes Wachstum, verminderte Intelligenz, Kropfbildung (Kretinismus, Myxödem); Therapie: z.B. Verabreichung von Thyroxin (ggf. Jodtabletten). (3 VP)

3.1 Zuckerbestimmung in Harn und Blut;

3.2 z.B.: Zucker im Harn, starkes Durstgefühl, rasche Ermüdbarkeit, jedes Symptom im ursächlichen Zusammenhang mit Insulinmangel. (5 VP)

4 Genaue Lage von mindestens 6 Hormondrüsen mit Beschriftung; Zuordnung je eines Hormons und Angabe seiner Wirkung (6 VP)

5 z.B.: Fight-and-flight-Syndrom (Streß), Neurosekretion im Hypothalamus (4 VP)

(22 VP)

Zu Aufgabe A 2

1.1 Stammbaum über drei Generationen mit Erbformeln und richtiger Zeichensymbolik

1.2 Im Stammbaum enthalten sein muß:

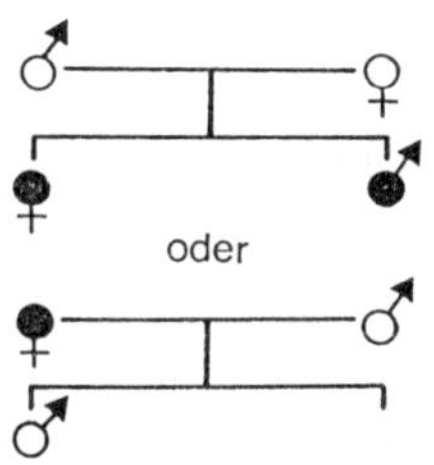

- Krankes Kind phaenotypisch gesunder Eltern: Eltern heterozygot; = Begründung für rezessiven Erbgang.
- Gesunder Junge einer kranken Mutter und eines gesunden Vaters (keine kranke Tochter) = Begründung für autosomalen Erbgang bei Rezessivität. (10 VP)

2 Sechs Beispiele (3 VP)

3 Genmutation → Veränderungen in der Aminosäuresequenz → mögliche Strukturveränderung des Enzyms, wodurch dessen katalytische Funktion beeinträchtigt wird. (3 VP)

(16 VP)

Zu Aufgabe A 3

1 Serologischer Test mit Einzelheiten für Alpaka und die beiden Wildformen (5 VP)

2 Beim Haustier: Mutationen und deren Förderung durch den Züchter; beim Wildtier: stabilisierende Selektion (3 VP)

3 Homologie; Kriterium der Lage (2 VP)

4.1 Definition von Homologie und Analogie

4.2 Wenigstens ein Homologiekriterium erfüllt: Homologie; keines der Homologiekriterien erfüllt: Analogie

4.3 Je ein Beispiel für Homologie und Analogie (5 VP)

5.1 Beschriftete Zeichnung des Grundbauplans: Oberarmknochen, Elle und Speiche, Handwurzelknochen, Mittelhandknochen, Fingerknochen; Hinterextremität entsprechend; Homologisierung

5.2 Spezielle Ausbildung der Extremitäten als Anpassung an verschiedene Lebensweisen (7 VP)

(22 VP)

Quelle: Ministerium für Kultus und Sport Baden-Württemberg: Abitur 1986 - Grundkurs Biologie

2.4 *Der Vergleich*

Die im Rahmen des nun folgenden Vergleichs mehrfach herangezogenen Lernzielstufen sollen die Eigenart von Denkprozessen erfassen:

Lernzielstufe I - Reproduktion
Lernzielstufe II - Reorganisation
Lernzielstufe III - Transfer
Lernzielstufe IV - problemlösendes Denken

Dabei werden die besonders schwer unterscheidbaren Lernzielstufen III und IV häufig zu einer Stufe zusammengezogen.

Die Lernzielstufen berücksichtigen also vor allem die Selbständigkeit des Schülerverhaltens beim Lösen einer Aufgabe, beachten aber nicht Umfang, Differenziertheit, Abstraktion und Komplexität der behandelten Sachgebiete. Deshalb reichen die Lernzielstufen zur Beschreibung der objektiven Schwierigkeit von Aufgaben nicht aus: Es gibt schwierige Reproduktion sehr abstrakten und komplexen Wissens und auch leicht durchschaubare und deshalb leicht zu lösende Probleme.

2.4.1 *Vergleich der Abituraufgaben anhand der Einheitlichen Prüfungsanforderungen*

Die Einheitlichen Prüfungsanforderungen erfassen die Qualität von Abituraufgaben mit Hilfe von Anforderungsbereichen, die sich an den Lernzielstufen orientieren:

- Anforderungsbereich I entspricht der Reproduktion von Wissen;
- Anforderungsbereich II meint Reorganisation von Wissen und leichter Transfer;
- Anforderungsbereich III erfaßt komplexen Transfer und problemlösendes Denken.

Diese Kriterien beschreiben also die beim Bearbeiten der Aufgaben geforderte Selbständigkeit: Sie ist im Anforderungsbereich I kaum vorhanden und im Anforderungsbereich III groß. Zusätzlich sollen die Anforderungsbereiche, wie die Unterscheidung zwischen leichtem und komplexem Transfer zeigt, auch noch etwas anderes, nämlich die Komplexität der behandelten Inhalte, erfassen.

Die EPA fordern, daß das Schwergewicht der zu erbringenden Prüfungsleistungen im Anforderungsbereich II liegt, während Anforderungsbereich I in deutlich höherem Maße berücksichtigt werden soll als Anforderungsbereich III.

Die Ausführungen zu den einzelnen Anforderungsbereichen enthalten auch Hinweise wie "Planen und Erstellen eines Chromatogramms" und "Erörtern von vorher nicht bekannten Versuchsergebnissen", denn die Einheitlichen Prüfungsanforderungen wollen mit den Anforderungsbereichen auch kontrollieren, welche "Schritte der Erkenntnisgewinnung" der Prüflung nachvollziehen kann. Auf diese Problematik: Gibt es *die* Schritte der Erkenntnisgewinnung überhaupt? und: Können wir wissenschaftliches Tun im Unterricht nachvollziehen? ging ich an anderer Stelle ein (*von Falkenhausen* 1980). Auch auf den Widersinn, daß die Anforderungsbereiche drei ganz verschiedene Parameter - Selbständigkeit des Schülerverhaltens, Komplexität der behandelten Inhalte, Eigenart der Methoden - mit einer Meßlatte erfassen sollen, wies ich schon an anderer Stelle hin (*von Falkenhausen* 1980).
Der einzelne Abiturvorschlag kann, das lassen die Einheitlichen Prüfungsanforderungen offen, je nach Tradition des einzelnen Bundeslandes aus einer oder mehreren Aufgaben bestehen. Jedoch verlangen diese Prüfungsanforderungen, daß jeder Aufgabe Arbeitsmaterialien in Gestalt von Tabellen, Graphen, Texten oder Experimenten zugrunde liegen, auf die sich die einzelnen Teilaufgaben beziehen. Aufgaben, die keine Materialien enthalten, bezeichnen die EPA ausdrücklich als ungeeignet.
Die Durchsicht der im Vorangehenden wiedergegebenen Abituraufgaben zeigt: Alle diese Abiturvorschläge haben ihren Schwerpunkt im Anforderungsbereich II und decken die Anforderungsbereiche I und III in angemessener Weise ab. Ob die Bayerischen Aufgaben vom Schüler wirklich komplexen Transfer oder problemlösendes Denken fordern und damit den Anforderungsbereich III tangieren, bleibt unklar. In den anderen Abituraufgaben der anderen Länder lassen sich entsprechende Anteile nachweisen.
Die Aufgaben der EPA und die aus Berlin, Niedersachsen und Baden-Württemberg beziehen sich, wie in den EPA vorgesehen, auf Materialien, die dem Umfang der Aufgaben angemessen sind. Hingegen beschränken sich die Materialien der Bayerischen Aufgaben auf sehr kurze Angaben, vgl. A I 3.
In diesem Punkt genügen also die Bayerischen Aufgaben von 1986 nicht den Einheitlichen Prüfungsanforderungen für das Abitur.

Analysebogen zum Vergleich von Abituraufgaben aus verschiedenen Bundesländern

		EPA		Niedersachs.	Berlin		Bayern		Baden-Württemberg		
1	Aufgabenbereich	a	b		1	2	I	IV	I	II	III
1.1	Fachgebiete Biologie	–	–	–	–	–	–	–	–	–	–
1.1.1	Cytologie	–	–	–	–	–	+	–	–	+	–
1.1.2	Genetik	–	–	–	–	·	+	–	·	–	–
1.1.3	Stoffwechselphysiologie	–	–	·	–	–	–	–	+	–	–
1.1.4	Evolution	–	+	+	–	+	–	+	–	+	+
1.1.5	Ökologie	–	–	–	–	–	–	+	–	–	–
1.1.6	Entwicklungsphysiologie	–	–	–	–	–	–	–	–	–	–
1.1.7	Sinnes- u. Nervenphysiologie	–	–	–	–	–	–	+	·	–	–
1.1.8	Verhaltenslehre	+	–	+	+	–	+	·	–	–	–
1.1.9	Anatomie	–	–	–	–	–	–	·	–	–	·
1.1.10	Fortpflanzungsbiologie	–	–	–	–	–	–	–	–	–	–
1.1.11		–	–	–	–	–	–	–	–	–	–
1.2	Andere Gebiete	–	–	–	–	–	–	–	–	–	–
1.2.1	Chemie	–	–	–	–	–	–	–	–	–	–
1.2.2	Physik	–	–	–	–	–	–	–	–	–	–
1.2.3	Mathematik	–	–	–	+	–	–	–	–	–	–
1.2.4	Psychologie	–	–	–	+	–	–	–	–	–	–
1.2.5	Philosophie	–	–	–	–	·	–	–	–	–	–
1.2.6	Soziologie	–	–	–	–	–	–	–	–	–	–
1.2.7	Ökonomie	–	–	–	–	·	–	–	–	–	–
1.2.8	Wissenschaftsgeschichte	–	–	–	–	·	–	–	–	–	–
1.2.9	Wissenschaftstheorie	–	–	–	–	–	–	–	–	–	–
1.2.10	System	–	–	–	–	–	–	–	–	–	–
1.2.11	Medizin	–	–	–	–	–	–	–	–	–	–
1.2.12	Alltagswelt	–	–	–	+	–	–	–	–	–	–
2	Denkansätze und Methoden	–	–	–	–	–	–	–	–	–	–
2.1	Beobachten, ordnen, vergleichen	+	–	–	–	–	·	+	–	–	+
2.2	Hypothesen bilden	+	+	+	–	+	–	+	–	–	+
2.3	Hypothesen testen / Experimente vorschlagen	+	–	–	–	–	–	–	–	–	–
2.4	Bearbeiten von Texten	–	+	–	+	–	–	–	–	–	–
2.5	Bearbeiten von Tabellen und Graphiken	+	+	+	+	+	–	–	–	–	–
2.6	Bewerten von Ergebnissen	+	+	–	–	+	–	–	–	–	–
2.7	Arbeitstechniken angewendet	–	+	+	–	+	+	+	+	+	+
2.8	Reflexion der angewandten Denkansätze und Methoden	–	–	+	+	–	–	–	–	–	–
3	Schwierigkeit der Aufgabe	–	–	–	–	–	–	–	–	–	–
3.1	Inhaltliche Kriterien	–	–				–	–	–	–	–
3.1.1	Umfang	·	+	+	+	·	+	+	+	+	+
3.1.2	Präzision/Differenzierung	+	+	+	+	+	+	+	+	+	+
3.1.3	Abstraktion	·	+	+	+	+	·	·	·	+	+
3.1.4	Komplexität	+	+	+	+	·	–	–	–	–	·
3.2	Lernzielstufen	–	–	–	–	–	–	–	–	–	–
3.2.1	Reproduktion	–	–	+	+	–	+	+	+	+	+
3.2.2	Reorganisation	·	·	+	+		+	+	+	+	+
3.2.3	Transfer/Problemlös. Denken	+	+	+	+	+	–	–	–	+	·
4	Aufgabenstellung	–	–	–	–	–	–	–	–	–	–
4.1	Exakte Fragestellung	+	+	+	+	+	+	+	+	+	+
4.2	Definitionen, differenzierte Begriffsbildung	–	–	+	+	–	–	·	–	+	+
4.3	Aufgabe und Material ergeben Denkansatz	+	+	+	+	+	–	–	·	+	+
4.4	Innerer Zusammenhang zwischen den Teilaufgaben	+	+	+	+	+	–	–	–	–	–
4.5	Kreative Lösung möglich	–	–	·	–	–	–	–	–	–	–
4.6	Formative Evaluation möglich	·	·	+	+	–	·	·	–	+	–
4.7	Aufgaben und Erwartungshorizont entsprechen einander	+	+	+	+	+	+	+	+	+	+

- fehlt, unbedeutend; · nachweisbar, gering, mäßig; + deutlich; ++ stark hervortretend, groß;

Noch etwas fällt auf: Die in den Einheitlichen Prüfungsanforderungen veröffentlichten Musteraufgaben unterscheiden sich augenscheinlich erheblich von den Aufgaben der Bundesländer. Auch die Unterschiede zwischen den Bayerischen Aufgaben und denen der anderen Länder gehen weit über die hier aufgezeigten Diskrepanzen hinsichtlich des Materials oder des Anforderungsbereiches III hinaus, ohne daß sich diese Unterschiede mit Hilfe der in den Einheitlichen Prüfungsanforderungen genutzten Kriterien erfassen ließen. Deshalb bespreche ich die Aufgaben nun anhand eines von mir entwickelten Kriterienkataloges bzw. Analysebogens.

2.4.2 *Vergleich der Abituraufgaben anhand des Analysebogens*

Der schon an anderer Stelle (*von Falkenhausen* 1983, *von Falkenhausen* u.a. 1983) vorgestellte, hier leicht veränderte Analysebogen erfaßt unter Rubrik 1 die von den Aufgaben berührten Sachgebiete der Biologie (1.1). Sie klärt auch, ob - über das Fach Biologie hinausgehend - Verbindungen zu anderen Fachgebieten gefragt sind (1.2) und ob Beziehungen zur Lebenswelt des Menschen hergestellt werden (1.2.1 und 1.2.12).
Unter Rubrik 2 befragt der Analysebogen die angewendeten Denkansätze und Methoden. Die hier eingeführten Kriterien erlauben in Verbindung mit den Kriterien 1.2.5, 1.2.8 und 1.2.9 auch Aussagen darüber, ob die Aufgabenstellung wissenschaftspropädeutische Ansätze enthält.
Die Schwierigkeit der Aufgabenstellung erfasse ich unter Rubrik 3 einerseits über die inhaltlichen Kriterien wie Umfang, Präzision/Differenzierung, Abstraktion und Komplexität und andererseits über die Selbständigkeit des Schülerverhaltens, also über die Lernzielstufen Reproduktion, Reorganisation, Transfer/problemlösendes Denken.
Rubrik 4 untersucht vor allem formale Fragen, z.B. nach dem Zusammenhang zwischen Aufgaben und erwarteter Lösung und nach exakter Fragestellung. Das Kriterium "formale Evaluation möglich" (4.6) geht über formale Aspekte hinaus, denn es prüft, ob die Aufgabenstellung zu Arbeiten führen kann, die erkennen lassen, an welcher Stelle der Schüler versagt, was also der einzelne Schüler weiß und versteht und wo seine spezifischen Fehlstellen liegen (*Bloom* 1971). Formative Evaluation ist bei Klausurarbeiten, denen ja

noch Unterricht folgt, unerläßlich. Sie trägt jedoch auch zur sinnvollen Beurteilung von Abiturarbeiten bei.
Wichtig im Hinblick auf die Qualität von Abituraufgaben ist auch der Punkt "Definition, differenzierte Begriffsbildung" (4.2), denn Sachwissen ließe sich auch in lockerer Form abfragen. Für das Verständnis biologischer Zusammenhänge ist aber ein exaktes Begriffssystem unerläßlich, das auch in der Abiturprüfung befragt werden sollte.
Schließlich erfaßt die Frage nach dem inneren Zusammenhang der Teilaufgaben auch das Anspruchsniveau, denn wenn die Auswertung von Rubrik 1 ergibt, daß der Abiturvorschlag mehrere Sachgebiete abdeckt, so könnte es sich auch um einen unzusammenhängenden Fragenkatalog handeln. Erst in Verbindung mit der Frage nach dem inneren Zusammenhang der Aufgaben lassen sich Aussagen zum Anspruchsniveau der Aufgaben bzw. des Abiturvorschlages machen.

Zu den Aufgaben aus den Einheitlichen Prüfungsanforderungen

Die beiden zur Analyse ausgewählten Aufgaben bilden einen zusammenhängenden Abiturvorschlag, Arbeitsdauer 180 Minuten.

Zu Rubrik 1: Eine Aufgabe entstammt dem Sachgebiet Verhaltenslehre, die andere dem Sachgebiet Evolution. Andere Sachgebiete werden von den Aufgaben nicht tangiert.

Zu Rubrik 2: Der Schwerpunkt beider Aufgaben liegt im Bereich Denkansätze und Methoden, d.h. anhand der Materialien sollen die Schüler Beobachtungen deuten, zusammenfassen, Befunde deuten, Versuche vorschlagen und graphische Darstellungen bearbeiten.

Zu Rubrik 3: Die Bewältigung beider Aufgaben verlangt mäßig umfangreiches, präzises Wissen und relativ abstrakte Denkansätze hoher Komplexität. Merkwürdigerweise fehlen Reproduktion und Reorganisation von Wissen fast ganz. Der hier intendierte Transfer setzt Kenntnisse voraus, vollzieht sich dann aber auf der Ebene des Hypothesebildens bzw. des Deutens von Beobachtungen und Experiment.
Hier zeigt sich die Unzulänglichkeit der Anforderungsbereiche in ganzer Schärfe: Da Methoden wie Durchführen von Versuchen, Erstellen und Deuten von Graphen in den Anforderungsbereich I eingeordnet werden, können 40 % der erwarteten Lösungen in diesem Anfor-

derungsbereich liegen, ohne daß in nennenswertem Maße Reproduktion und Reorganisation von Wissen gefordert würden.

Zu Rubrik 4: Die Bewältigung der exakt gestellten Aufgaben setzt Kenntnis differenzierter Begriffe voraus. Die Teilaufgaben der einzelnen Aufgaben stehen miteinander in Beziehung. Da die Aufgaben jedoch keine Reproduktionsanteile erhalten, fehlt trotz des inneren Zusammenhanges der Teilaufgaben fast jeglicher Ansatz zu formativer Evaluation.
Kreative Lösungen sind nicht möglich.
Das Anspruchsniveau ist wegen der unzusammenhängenden Aufgaben, von denen Aufgabe a nur ein relativ enges Sachspektrum abdeckt, gering.
Der hier nachgewiesene Mangel an Reproduktion und Reorganisation von Wissen in Musteraufgaben für die Abiturprüfungen der einzelnen Bundesländer verdient Beachtung!

Zu dem Niedersächsischen Vorschlag
Arbeitszeit: 210 Minuten

Entsprechend den Niedersächsischen Vorschriften besteht der Abiturvorschlag aus einer einzigen Aufgabe. Der Schwerpunkt dieser Aufgabe liegt in einem der drei vor dem schriftlichen Abitur liegenden Semester. Darüber hinausgehend enthält die Aufgabenstellung, wie vorgeschrieben, Anteile aus anderen Semestern, berührt also noch weitere Fachgebiete.
Da die Schüler nicht erfahren, welche Semesterschwerpunkte die beiden vom Fachlehrer eingereichten Vorschläge haben, müssen sie ein umfangreicheres Wissen parat halten, als die Aufgabenstellung erkennen läßt. Da beide Vorschläge ihre Schwerpunkte in unterschiedlichen Semestern haben, weiß auch der Fachlehrer nicht, welches Sachgebiet mit dem von der Bezirksregierung ausgewählten Vorschlag nun eigentlich herankommt.

Zu Rubrik 1: Der Aufgabenschwerpunkt liegt in den Sachgebieten Evolution und Verhaltenslehre. Darüber hinaus wird mit den ersten beiden Teilaufgaben auch die Stoffwechselphysiologie tangiert.

Zu Rubrik 2: Es werden Hypothesen erstellt und graphische Darstellungen bearbeitet. Die unter 6) verlangte Stammbaumskizze bedeutet Anwendung von Arbeitstechniken. Teilaufgabe 7 verlangt Reflexion des vorab angewendeten Denkansatzes.

Zu Rubrik 3: Umfang, Präzision, Abstraktion und Komplexität der behandelten Inhalte sind erheblich. Auch die drei Lernzielstufen werden in angemessener Form abgedeckt. Damit besitzt die Aufgabe eine dem Abitur gemäße objektive Schwierigkeit.

Zu Rubrik 4: Die Fragen sind exakt formuliert. Differenzierte Begriffsbildung zeichnet diese um die Begriffe Homologie, Analogie und Homoiologie kreisende Aufgabe in besonderer Weise aus. Da die Teilaufgaben von einfacheren zu komplexeren Fragen fortschreiten, ist formative Evaluation möglich. Kreative Lösungen ergeben sich eventuell bei den Lösungen von Teilaufgabe 6.
Durch den hier geforderten kritischen Umgang mit den Begriffen Homologie, Analogie und Homoiologie sowie durch die unter 7) geforderte Reflexion erhält dieser Abiturvorschlag wissenschaftspropädeutische Elemente. Das Anspruchsniveau dieser Aufgabe ist erheblich. Es beruht zum einen auf der oben erörterten objektiven Schwierigkeit, zum anderen auf dem bei der Lösung der Teilaufgaben 6 und 7 notwendigen, mehrere Aspekte berücksichtigenden Denken.

Zu dem Berliner Vorschlag
Bearbeitungszeit: 180 Minuten

In Berlin reicht der Lehrer zwei unterschiedliche Abiturvorschläge ein, die ihren Schwerpunkt im selben Kurshalbjahr haben. Diese Schwerpunktsemester gibt er den Schülern bekannt. Aufgabe 1 entspricht diesem Prüfungsschwerpunkt. Hingegen beschäftigt sich Aufgabe 2, wie in Berlin außerdem gefordert, mit den Inhalten in anderen Semestern abgedeckter Fachgebiete.

Zu Rubrik 1: Die umfangreiche Aufgabe 1 entstammt der Verhaltenslehre, berührt aber auch das Sachgebiet Psychologie. Mit dem Thema Aggression tangiert diese Aufgabe Fragen der Alltagswelt. Die zweite Aufgabe entstammt dem Sachgebiet Evolution und berührt auch die Genetik.

Zu Rubrik 2: Beide Aufgaben stellen erhebliche Ansprüche im methodischen Bereich. Aufgabe 2 hat hier sogar ihren Schwerpunkt: Hypothesenbildung, Analysieren von Texten und Umgang mit Modellen. Aufgabe 1 fordert kritische Überlegungen zum benutzten Modell.

Zu Rubrik 3: Umfang, Präzision, Abstraktion und Komplexität der behandelten Inhalte sind in beiden Aufgaben erheblich. Beide Aufgaben verlangen Transfer, jedoch fordert nur Aufgabe 1 deutlich Reproduktion und Reorganisation von Wissen.
Die objektive Schwierigkeit des Vorschlags insgesamt erscheint angemessen.

Zu Rubrik 4: Beide Aufgaben enthalten exakte Fragen. Nur Aufgabe 1 fordert Definitionen und eindeutige Begriffe. Da Aufgabe 2 auch von auf Reproduktion zielenden Fragen ausgeht, ist hier formative Evaluation möglich.
Mit der unter Teilaufgabe 1.4 verlangten Reflexion des hydraulischen Modells enthält die erste Aufgabe auch einen wissenschaftspropädeutischen Aspekt.
Das beachtliche Anspruchsniveau von Aufgabe 1 beruht auf der unter Rubrik 3 nachgewiesenen Schwierigkeit und auf den vielfältigen Fragen zur Aggression.

Zu den Bayerischen Abituraufgaben
Arbeitszeit: 180 Minuten

Den Bayerischen Gewohnheiten folgend wurden hier von den vier zentral gestellten Aufgaben zwei ausgewählt (I und IV). Jede dieser Aufgaben enthält, so wollen es die Bayerischen Vorschriften, Anteile aus drei Kurshalbjahren. Wie schon erwähnt (S. 39), fehlt diesen Aufgaben nahezu jegliches Material.

Zu Rubrik 1: Aufgabe I betrifft Themen aus der Verhaltenslehre, Stoffwechselphysiologie und Genetik, während Aufgabe IV ebenfalls Verhaltenslehre und Evolution abdeckt, aber auch einen Abschnitt aus der Ökologie enthält.

Zu Rubrik 2: Beide Aufgaben fordern zu Vergleichen auf, und in beiden Aufgaben sollen die Schüler Skizzen anfertigen.

Zu Rubrik 3: Die Bewältigung beider Aufgaben fordert umfangreiches und präzises Wissen. Der Abstraktionsgrad der geforderten Gedankengänge ist, z.B. bei der Darstellung der Lichtreaktion, nennenswert. Hingegen lassen sich komplexe Anforderungen kaum erkennen.
Reproduktion und Reorganisation von Wissen spielen beim Lösen dieser Aufgaben eine hervorragende Rolle. Ob die Schüler hinge-

gen auch in nennenswertem Umfang Transfer leisten müssen, bleibt offen. Beispielsweise behandelt Teilaufgabe I. 1 eine in den einschlägigen Lehrbüchern erörterte Problematik. Das gleiche gilt für Aufgabe IV.2.

Zu Rubrik 4: Die Aufgabenstellung ist exakt. Da wegen der kurzschrittigen Aufgaben Fehlstellen in den Arbeiten deutlich erkennbar sein werden, ergeben sich Ansätze zu formativer Evaluation.
Insgesamt gesehen beruht die Schwierigkeit der Bayerischen Aufgaben in der Reproduktion von vielem, jedoch nicht sonderlich abstraktem oder komplexen Wissen. Wegen der heterogenen Aufgabenstellung und fehlender komplexer Anforderungen bleibt das Anspruchsniveau gering.
Noch eines fällt auf: In 180 Minuten sind zwei sehr umfangreiche Aufgaben zu bearbeiten. Das ist sehr viel und könnte die Schüler zu oberflächlicher Arbeit verführen.

Zu den Aufgaben aus Baden-Württemberg
Arbeitszeit: 210 Minuten

Die Schüler Baden-Württembergs wählen einen der beiden Aufgabenblöcke A bzw. B. Jeder dieser Aufgabenblöcke enthält drei Aufgaben, die jeweils eine andere Thematik, also verschiedene Kurse abdecken.

Zu Rubrik 1: Die hier herangezogenen Aufgaben, Block A, decken die Sachgebiete Genetik, Entwicklungsphysiologie und Evolution ab. Darüber hinausgehend berühren sie noch die Gebiete Stoffwechselphysiologie und Nervenphysiologie.

Zu Rubrik 2: In Aufgabe III sollen die Schüler Hypothesen aufstellen. Alle Aufgabenstellungen verlangen, daß die Schüler Arbeitstechniken anwenden: Sie zeichnen Drüsen ein, erstellen einen Stammbaum und entwerfen ein Extremitätenschema.

Zu Rubrik 3: Die Schwierigkeit der Aufgaben liegt deutlich im Umfang und in der Präzision der verlangten Kenntnisse. So führt die Aufgabe, einen Stammbaum zu entwerfen und dann nachzuweisen, an welcher Stelle dieser Stammbaum die Eigenarten des Erbganges klärt, sicher zu aufschlußreichen Ergebnissen und ermöglicht formative Evaluation.

Die Beantwortung von II.3 und III.3 verlangt abstraktes Denken. Hingegen erfordert Bearbeiten der nur locker verbundenen Teilaufgaben kaum komplexe Denkansätze. Reproduktions- und Reorganisationsanteile sind in allen drei Aufgaben deutlich erkennbar. Aufgabe III.2 und 3 verlangen auch problemlösendes Denken.

Zu Rubrik 4: Die exakt gestellten Fragen fordern, vor allem in den Aufgaben II und III, zu sorgfältiger Begriffsbildung auf. Die Zuordnung von Aufgabe und Material führt zu ergiebigen Fragestellungen. Hingegen erlaubt der sehr lockere Zusammenhang der Teilaufgaben kaum formative Evaluation - auf die Ausnahme in II.1.4 wurde oben hingewiesen. Kreative Lösungen sind nicht möglich. Damit liegt die Schwierigkeit der Aufgaben Baden-Württembergs vor allem im Umfang und in der Präzision des verlangten Wissens und daneben auch im angemessenen Transfer. Jedoch ist das Anspruchsniveau nicht hoch, denn die behandelten Gebiete werden nicht unter verschiedenen Aspekten behandelt.
Der Umfang der geforderten Leistungen ist erstaunlich hoch: In 210 Minuten sollen die Schüler drei große Aufgaben bearbeiten.

2.4.3 *Zusammenfassung und Diskussion der Analyseergebnisse*

Alle hier untersuchten Abiturvorschläge betreffen verschiedene Fachgebiete der Biologie. Darüber hinausgehend sprechen die Berliner Aufgaben noch andere Sachgebiete sowie Probleme der Alltagswelt an.
Da der besseren Vergleichbarkeit wegen für diese Analyse Aufgaben aus ähnlichen Sachgebieten ausgewählt wurden, ist das Spektrum der angesprochenen Sachgebiete relativ gering. Die Bemerkungen zu den Prüfungsvorschriften der einzelnen Länder zeigen jedoch, daß die Prüflinge überall wesentlich mehr wissen müssen als das in den Aufgaben jeweils verlangte Sachwissen.
Denkansätze und Methoden werden in allen Aufgaben verlangt. Die Aufgaben der Einheitlichen Prüfungsanforderungen haben hier ihren Schwerpunkt.
Die Schwierigkeit der Aufgabenstellung ist bei solch einem Vergleich von Abituraufgaben verschiedener Bundesländer von besonderem Interesse! Wenn auch die hier verwendete Analysenmethode keine quantitativen Aussagen erlaubt, so kann sie doch erhebliche qualitative Unterschiede nachweisen: Die Bayerischen Aufgaben

zeichnen sich durch den Umfang des verlangten Wissens aus. Dagegen sind Abstraktionsgrad und vor allem die Komplexität der geforderten Denkansätze der Aufgaben aus Bayern weseentlich niedriger als in den Abituraufgaben von Niedersachsen und Berlin. Die Aufgaben Baden-Württembergs nehmen hier eine Zwischenstellung ein.
Auch im Hinblick auf das geforderte Schülerverhalten lassen sich Unterschiede nachweisen: Die Bayerischen Aufgaben fordern fast ausschließlich Reproduktion und Reorganisation von Wissen, während die Aufgaben der anderen Länder zwar auch ihren Schwerpunkt im Bereich der Reorganisation und Reproduktion von Wissen haben, darüber hinaus aber auch ein gerüttelt Maß an Transfer und problemlösendes Denken verlangen.
Von besonderem Interesse sind die in den Einheitlichen Prüfungsanforderungen veröffentlichten Musteraufgaben. Wie die Analyse belegt, verlangt die Behandlung dieser Aufgaben präzises Wissen sowie abstraktes und komplexes Denken. Hingegen fehlt Reproduktion von Wissen; auch der Umfang des reorganisierten Wissens ist gering. Transfer und problemlösendes Denken liegen ganz im Bereich des Hypothesebildens und Experimenteauswertens.
Es leuchtet ein, daß die Bundesländer, wie eben gezeigt, in diesem wesentlichen Punkt von den Musteraufgaben der EPA abweichen: Abituraufgaben beeinflussen den Unterricht, weil Unterricht in der gymnasialen Oberstufe auf das Abitur hinarbeitet und sich dabei an den Aufgaben der letzten Jahre orientiert. Wären also die Länder in ihren Abituraufgaben den Einheitlichen Prüfungsanforderungen gefolgt, so würden sie auf die exakte 'Überprüfung des Unterrichtszieles "Vermittlung von Sachwissen"' weitgehend verzichten, ja durch die Rückwirkung der Abituraufgaben die Vermittlung von Sachwissen an sich in Frage stellen.
Bedenklich stimmt in diesem Sinne auch der Mangel an Transfer und problemlösenden Aufgaben in Bayern. Er wird der Denkschulung nicht gerade Vorschub leisten.
Die Niedersächsische Forderung nach kursübergreifenden Aufgaben ist im eben erörterten Sinne günstig: Sie regt an, im Kursunterricht die Grenzen der gerade behandelten Sachgebiete zu überschreiten und so das Schubladendenken zu überwinden. Auf diese Weise kann der Unterricht den vielfältig verknüpften, komplexen

biologischen Phänomenen in besonderer Weise genügen. Möglichkeit zu kreativer Lösung ließ sich nur an einer Stelle nachweisen. Das hat seine guten Gründe: Zweifellos soll Unterricht zu kreativem Denken anregen. Jedoch ist es schwierig, dieser Zielsetzung in der Aufgabenstellung zu genügen. Auch die Bewertung kreativer und damit stark differenzierender Lösungen bringt Schwierigkeiten mit sich.
Das Anspruchsniveau der analysierten Aufgaben ist unterschiedlich. Es liegt in Niedersachsen und Berlin mit den zusammenhängenderen, komplexeren Fragestellungen deutlich höher. Ich meine, daß dies keine Funktion des nicht zentralen und damit mehr am realen Unterricht orientierten Abiturs sein muß: Beispielsweise ließe sich aus der Baden-Württembergischen Aufgabe III zum Thema Evolution ohne große Schwierigkeiten eine facettenreiche Folge zusammenhängender Teilaufgaben mit deutlich höherem Anspruchsniveau erstellen. Wäre diese Aufgabenfolge systematisch aufgebaut, wäre auch die in den Ländern mit Zentralabitur bislang vernachlässigte formative Evaluation möglich.
Ob die Tatsache, daß nur die Berliner und die Niedersächsischen Aufgaben wissenschaftspropädeutische Ansätze enthalten, mit dem am realen Unterricht orientierten Abitur zusammenhängt, bleibt offen. Ganz sicher müßte auf solchen Anspruch in Ländern mit Zentralabitur beizeiten hingewiesen werden, damit sich Lehrer und Schüler auf entsprechende Reflexionen einstellen können.
Die Aufgabenstellungen in Bayern und noch stärker in Baden-Württemberg sind erstaunlich umfangreich. Solche Mammutaufgaben sah ich auch in Niedersachsen. Die resultierenden Arbeiten waren deutlich oberflächlicher und ungenauer als die anderer, kürzerer Aufgabenstellungen. Von dieser Erfahrung ausgehend halte ich Mammutaufgaben für überflüssig, ja für schädlich, denn die aus überlangen Aufgabenstellungen resultierenden, wenig differenzierten, ungenauen Lösungen müßten voll bewertet werden. Die Rückwirkung auf Klausuren und Unterricht wäre verheerend! Wozu auch Mammutaufgaben? Solange Schüler nicht wissen, welches der im Unterricht durchgenommenen Sachgebiete in der Abiturprüfung gefragt ist, müssen sie umfangreiche Vorbereitungen treffen. Die kürzere Aufgabenstellung überprüft nur Ausschnitte des umfangreichen Schülerwissens, kann aber in verstärktem Maße differenzierte und komplexe Leistungen verlangen.

Jedoch soll nicht versäumt werden, die unvergleichlich schwierigere Situation in den Ländern mit Zentralabitur anzusprechen.
Die Aufgaben eines Zentralabiturs müssen landesweit von allen Schülern bearbeitbar sein, unabhängig von dem jeweils erhaltenen Unterricht. Es ist bekannt, daß jede Lehrerpersönlichkeit ihre Schüler in anderer Weise prägt; Lehrer zeigen eben in ihrem Unterricht an ganz verschiedenen Stellen Tiefgang oder gehen mit ihren Schülern durch fachlich oder persönlich bedingte Durststrekken.
Ein Zentralabitur kann nur dann allen Schülern gerecht werden, wenn es auf jegliche mit der Lehrerindividualität gekoppelten Leistungen verzichtet und eine möglichst weitgehende Inhaltsvalidität mit den im Lehrplan verankerten Lehrzielen sucht. Beispielsweise würde sich unter diesem Aspekt eine komplette Abituraufgabe mit dem Thema "Aggression" (vgl. Vorschlag aus Berlin) in einem Bundesland mit Zentralabitur von selbst verbieten. Somit kann gesagt werden: Es wäre wünschenswert, daß sich die Biologie-Abituraufgaben in den Ländern mit Zentralabitur in wesentlich stärkerem Maße als bisher auf Materialien stützen und weniger Wert auf Reproduktion und Reorganisation gelegt würde. Andererseits wird bei der Unterschiedlichkeit der Systeme nie eine völlige Vergleichbarkeit gegeben sein.

3 Das unterschiedliche Anspruchsniveau in Abituraufgaben für Grund- und Leistungskurs (Vorschläge 1 und 2)

VORSCHLAG 1: GRUNDKURS - STOFFWECHSELPHYSIOLOGIE

Thema: Hormonelle Regulation

Aufgabe

1 Grundlagen

1.1 Erläutern Sie kurz anhand von Reaktionsgleichungen (mit Energiebilanz) die Vorgänge Gärung und biologische Oxidation.

1.2 Nennen Sie die Ihnen aus dem Unterricht bekannten Wirkungen des Adrenalins.

1.3 Erläutern Sie die Begriffe Grundumsatz und Leistungsumsatz.

1.4 Erläutern Sie das *Jacob-Monod*-Modell der Genregulation anhand einer Zeichnung.

2 Regulationsvorgänge

2.1 Welche Begriffe müssen zur Vervollständigung der Abb. 1.1 anstelle der Buchstabensymbole eingesetzt werden?

2.2 Beschreiben und erklären Sie den Verlauf der Graphen in Abb. 1.2 möglichst eingehend. Achten Sie dabei auch auf den starken Anstieg des Leberglykogens, und versuchen Sie, ihn mit Hilfe der Aussagen der anderen Graphen zu verstehen.

2.3 Versuchen Sie, die sich aus Abb. 1.2 ergebenden Aussagen auf Abb. 1.1 zu übertragen.

3 Hormonwirkung

3.1 Erläutern Sie den im Unterricht besprochenen molekularen Mechanismus der Wirkungsspezifität von Hormonen anhand einer Schemazeichnung.

3.2 In Abb. 1.3 wird ein weiteres Modell zur Wirkungsspezifität von Hormonen vorgestellt. Beschreiben Sie diesen Mechanismus. Weisen Sie unter Berücksichtigung dieses Modells einen Zusammenhang zwischen hormoneller und genetischer Steuerung (*Jacob-Monod*-Modell) nach.

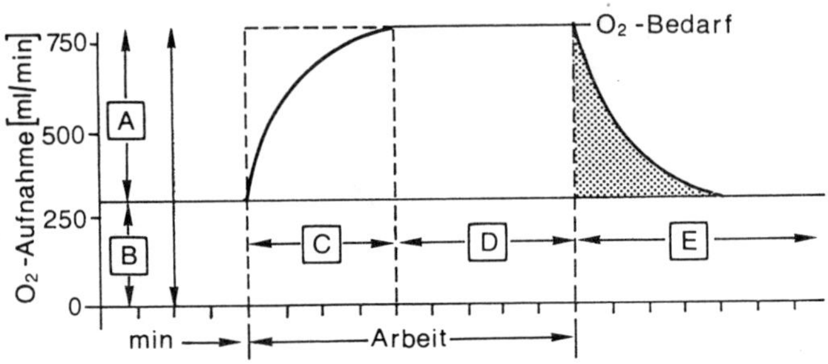

Abb. 1.1: Sauerstoffaufnahme im ruhenden und arbeitenden Organismus (nach *Keidel, W.D.*: Kurzgefaßtes Lehrbuch der Physiologie, 6. Auflage. Georg Thieme Verlag, Stuttgart 1985)

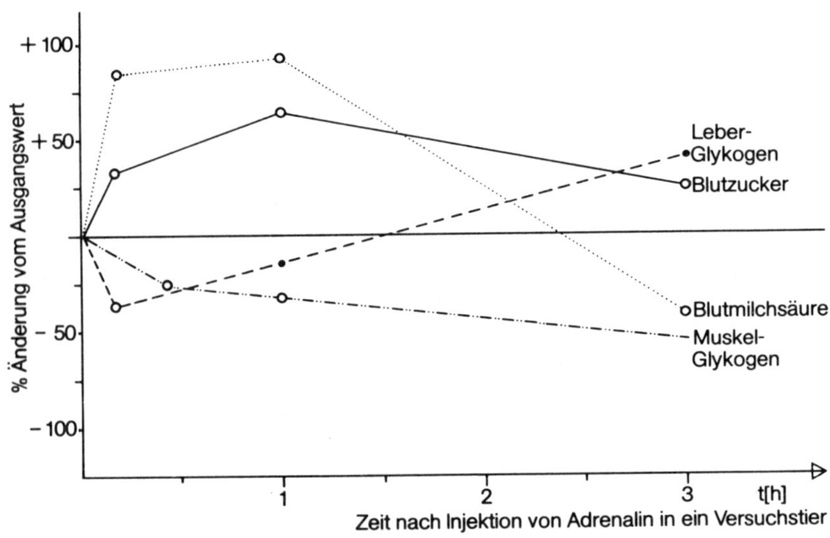

Abb. 1.2: Leber-Glykogen, Blutzucker, Blutmilchsäure und Muskel-Glykogen in Abhängigkeit von Adrenalin-Injektionen (nach *Ganong:* Lehrbuch der medizinischen Physiologie. Springer-Verlag, Berlin 1974)

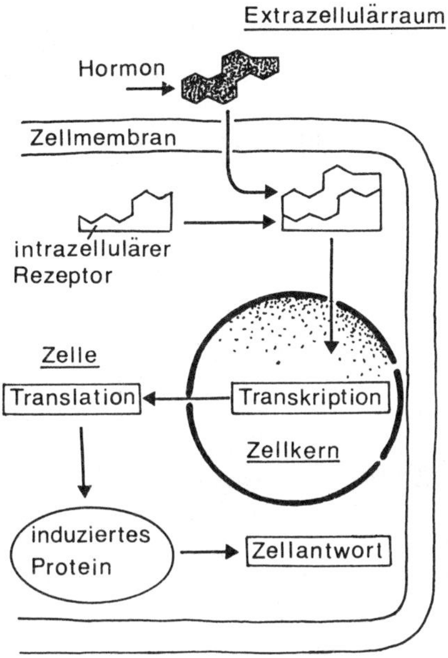

Abb. 1.3: Wirkungsmechanismus von Hormonen (aus *Silbernagl, St.*, u. *Despopoulos, A.*: Taschenatlas der Physiologie, 2. Auflage. Georg Thieme Verlag, Stuttgart 1983)

Erwartete Lösung zu Vorschlag 1 (Grundkurs):
"Hormonelle Regulation"

Aufgabe	Erwartete Lösung	Lernzielstufe
1.1	Abbau organischer Substanz ohne Sauerstoff; Gleichung der alkoholischen Gärung; Abbau organischer Substanz unter Nutzung von Sauerstoff, Gleichung der Oxidation von Traubenzucker.	
1.2	Erhöhung der Herzfrequenz, Steigerung der Atemtiefe; Steigerung des Blutzuckerspiegels durch Abbau des Leberglykogens; Steigerung des Energieumsatzes; Erhöhung der Aufmerksamkeit.	I
1.3	Energiebetrag, den ein nüchterner Organismus in völliger Ruhe in einer Zeiteinheit bei definierter Umgebungstemperatur freisetzt bzw. gesamte Energiemenge, die von einem belasteten Organismus pro Zeiteinheit freigesetzt wird.	I

Aufgabe	Erwartete Lösung	Lern-ziel-stufe
1.4	Zeichnung und Erklärung berücksichtigen: Regulatorgen, Repressor, Promotor, Operator, Strukturgene, DNA, mRNA.	II
2.1	A = Arbeitsansatz; B = Ruheansatz; C = Anlaufphase unter Belastung; D = Gleichgewichtsphase; E = Erholungsphase.	II
2.2	Nach Adrenalininjektion steigt die Blutmilchsäure stark an, sinkt dann nach einiger Zeit langsam unter den Ausgangswert. Der Blutzucker steigt langsamer als die Blutmilchsäure und fällt dann sehr langsam ab; das Muskelglykogen sinkt anfangs schnell, dann sehr langsam ab; das Leberglykogen sinkt anfangs sehr schnell ab und steigt dann langsam über den Ausgangswert.	II
	Das Adrenalin bewirkt Abbau des Glykogens in Leber und Muskel. Dabei wird Blutzukker und vor allem Blutmilchsäure produziert. Die Glykogenolyse im Muskel hält an; in der Leber wid Glykogen resynthetisiert.	III
2.3	In der Anlaufphase wird anaerob Milchsäure gebildet; während des Gleichgewichtszustandes bleiben die Blutmilchzucker-Werte konstant; während der Erholungsphase wird Blutmilchsäure aerob abgebaut bzw. in der Leber zu Glykogen synthetisiert; entsprechende Angaben für Blutzucker.	III
3.1	Hormon reagiert mit extrazellulärem Rezeptor; unter dem Einfluß des veränderten Rezeptors bildet sich cAMP, das über weitere Zwischenstufen zur Zellantwort führt.	I
3.2	Hormon durchdringt die Zellmembran, reagiert mit einem intrazellulären Rezeptor, dieser bewirkt im Zellkern Transkription eines DNA-Abschnittes und führt so über mRNA zur Proteinbildung und damit zur Zellantwort.	II
	Das Hormon wirkt hier regulierend auf die Gentätigkeit ein, entsprechend dem unter 1.2 dargestellten Modell der Genregulation.	III

VORSCHLAG 2: LEISTUNGSKURS - STOFFWECHSELPHYSIOLOGIE/GENETIK

Thema: Hormonelle Regulation

Aufgabe

1 Grundlagen

1.1 Erläutern Sie kurz anhand der Reaktionsgleichungen (mit Energiebilanz) die Vorgänge Gärung und biologische Oxidation.

1.1 Erläutern Sie die Begriffe Hormon, Grundumsatz, Leistungsumsatz.

1.3 Erläutern Sie das *Jacob-Monod*-Modell der Genregulation anhand einer Zeichnung. Klären Sie in Verbindung mit Ihrer Zeichnung auch, was Naturwissenschaftler unter einem Modell verstehen und wo Modelle angewendet werden.

2 Regulationsvorgänge

2.1 Beschreiben und erläutern Sie den Verlauf des Graphen in Abb. 2.1.

2.2 Beschreiben und erklären Sie den Verlauf der Graphen in Abb. 2.2 möglichst eingehend. Achten Sie dabei auch auf den starken Anstieg des Leberglykogen, und versuchen Sie, ihn mit den Aussagen der Abbildung zu verstehen. Erörtern Sie, welches Hormon zugegeben worden sein könnte (Abb. 2.2).

2.3 Wie müßte der Graph für den Blutzuckerspiegel verlaufen? Zeichnen Sie ihn in Abb. 2.2 ein, und begründen Sie Ihr Vorgehen.

2.4 Versuchen Sie, die sich aus Abb. 2.2 ergebenden Aussagen auf Abb. 2.1 zu übertragen.

3 Hormonwirkung

3.1 Erläutern Sie den im Unterricht besprochenen molekularen Mechanismus der Wirkungsspezifität von Hormonen anhand einer Schemazeichnung.

3.2 In Abb. 2.3 wird ein weiteres Modell zur Wirkungsspezifität von Hormonen vorgestellt. Beschreiben Sie diesen Mechanismus. Weisen Sie unter Berücksichtigung dieses Modells einen Zusammenhang zwischen hormoneller und genetischer Reglung nach.

3.3 Das in Abb. 2.3 dargestellte Modell erlaubt es zu verstehen, wie unterschiedliche Hormone in einer Zelle unterschiedliche Prozesse auslösen können. Erörtern Sie diese Aussage. Nehmen Sie an der Abbildung eine Veränderung vor, die diese unterschiedliche Wirkung verschiedener Hormone verständlich macht.

3.4 Weisen Sie an Abb. 2.3 kurz eine der unter Aufgabe 1.3 genannten Funktionen von Modellen nach; weisen Sie aber auch auf Schwächen bzw. Fehlstellen dieses Modells hin.

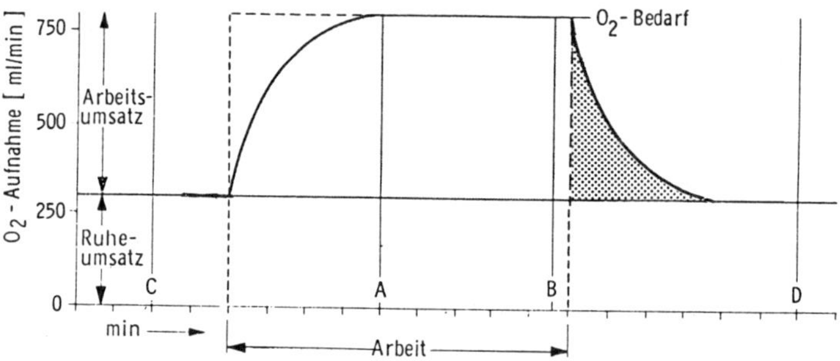

Abb. 2.1: Sauerstoffaufnahme im ruhenden und arbeitenden Organismus (nach *Keidel, W.D.*: Kurzgefaßtes Lehrbuch der Physiologie, 6. Auflage. Georg Thieme Verlag, Stuttgart 1985)

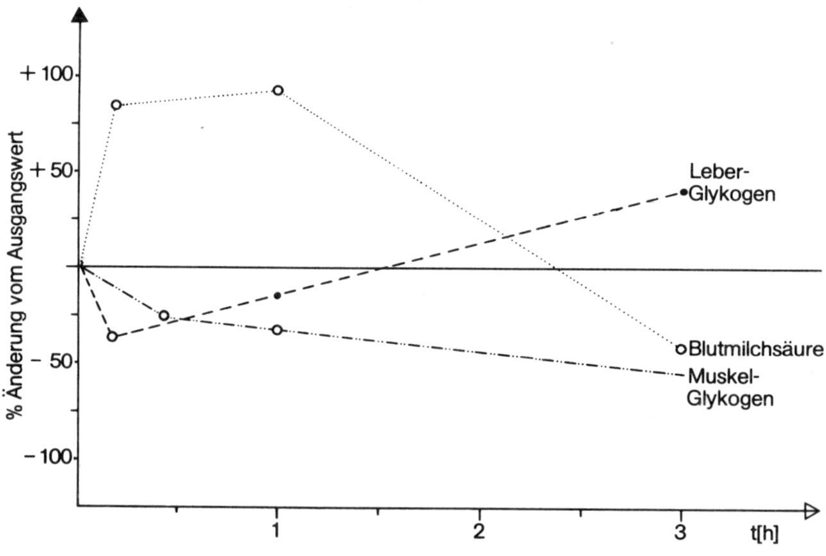

Abb. 2.2: Leber-Glykogen, Blutzucker, Blutmilchsäure und Muskel-Glykogen in Abhängigkeit von Adrenalin-Injektionen (nach *Ganong*: Lehrbuch der medizinischen Physiologie. Springer-Verlag, Berlin 1974)

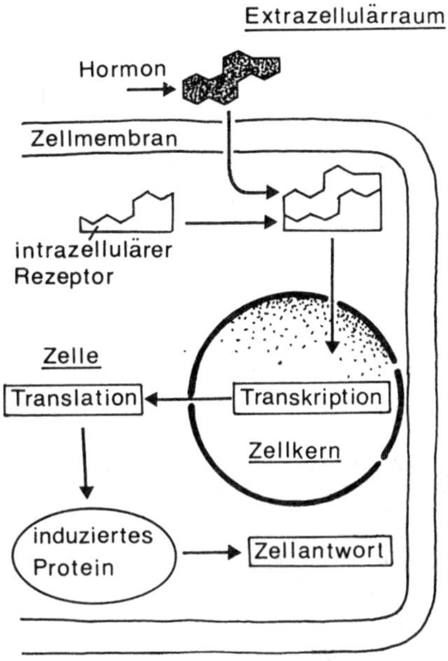

Abb. 2.3: Wirkungsmechanismus von Hormonen (aus *Silbernagl, St.*, u. *Despopoulos, A.*: Taschenatlas der Physiologie, 2. Auflage. Georg Thieme Verlag, Stuttgart 1983)

Erwartete Lösung zu Vorschlag 2 (Leistungskurs):
"Hormonelle Regulation"

Aufgabe	Erwartete Lösung	Lernzielstufe
1.1	Abbau organischer Substanz ohne Sauerstoff mit geringem Energiegewinn, Gleichung der alkoholischen Gärung; aerober Abbau organischer Substanz mit hohem Energiegewinn, Gleichung: Oxidation von Glucose.	I
1.2	Im Organismus erzeugte und im Organismus wirkende informationsübertragende Substanzen:	I
	Energiebetrag, den ein nüchterner Organismus in völliger Ruhe in einer Zeiteinheit bei definierter Umgebungstemperatur freisetzt; gesamte Energiemenge, die von einem belasteten Organismus pro Zeiteinheit freigesetzt wird.	I
1.3	Zeichnung und Erklärung berücksichtigen: Regulatorgen, Repressor, Promotor, Operator, Strukturgene, DNA, mRNA.	I

Aufgabe	Erwartete Lösung	Lern-ziel-stufe
	Modelle bilden unter Berücksichtigung bestimmter Aspekte ein Stück Wirklichkeit ab. Sie dienen der Erklärung (Demonstrationsmodell) oder auch der Überprüfung einer Hypothese (konzeptionelles Modell).	I
2.1	Anlaufphase unter Belastung: Sauerstoffbedarf liegt höher als Sauerstoffaufnahme, daraus resultiert Sauerstoffschuld; dann Gleichgewichtszustand zwischen Sauerstoffaufnahme und Sauerstoffbedarf; in der Erholungsphase wird die Sauerstoffschuld durch Nachatmen beseitigt.	II
2.2	Nach Hormonzugabe steigt die Konzentration an Blutmilchsäure stark an, sinkt nach einiger Zeit langsam unter den Ausgangswert. Die Konzentration an Muskelgykogen sinkt anfangs schnell, dann sehr langsam ab. Leberglykogen sinkt anfangs schnell ab und steigt dann langsam über den Ausgangswert.	II
	Das Hormon bewirkt also Lyse des Glykogens in Leber und Muskel. Dabei wird Blutmilchsäure produziert. Die Glykogenolyse im Muskel hält an; in der Leber wird Glykogen resynthetisiert.	III
	Diese Wirkungen zeigen Adrenalin und evtl. auch Noradrenalin.	II
2.3	Die Konzentration an Blutzucker steigt etwas langsamer an als die der Blutmilchsäure, fällt dann unter dem Einfluß der Lebertätigkeit langsam ab.	
2.4	Während des ersten Arbeitsabschnittes wird anaerob Milchsäure gebildet; während des Gleichgewichtszustandes bleiben die Blutmilchzuckerwerte konstant; während der Erholungsphase wird die Blutmilchsäure aerob abgebaut bzw. in der Leber zu Glykogen synthetisiert.	II
3.1	Das Hormon reagiert mit einem extrazellulären Rezeptor; unter dem Einfluß von Adenylcyclase bildet sich aus ATP cAMP; dieser *second messenger* wandelt die inaktive Phosphatkinase in ihre aktive Form um, die auf das Substrat einwirkt und die Zellantwort hervorruft.	I
3.2	Das Hormon durchdringt die Zellmembran, reagiert mit einem intrazellulären Rezeptor; dieser bewirkt im Zellkern Transkription eines DNA-Abschnittes und führt so über mRNA zur Proteinbildung und damit zur Zellantwort.	

Aufgabe	Erwartete Lösung	Lernzielstufe
	Das Hormon wirkt hier über Genregulation entsprechend des unter 1.2 dargestellten Genregulationsmodells.	II
3.3	Einzeichnen mehrerer unterschiedlicher Rezeptoren, die mit unterschiedlichen Hormonen reagieren können und die zur Aktivierung unterschiedlicher Genabschnitte führen.	III
3.4	Demonstrationsmodell; das mit Abb. 2.3 dargestellte Modell erklärt nicht, wie die Hormone die Zellmembran passieren können. Die Hormon- und Rezeptormoleküle sind unverhältnismäßig groß dargestellt; die Passung von Hormon und Rezeptor ist naiv dargestellt.	II

4 Vorschläge für Aufgaben der schriftlichen Abiturprüfung

VORSCHLAG 3: STOFFWECHSELPHYSIOLOGIE/ÖKOLOGIE

Thema: Formen der CO_2-Fixierung

Aufgabe

1.1 Beschriften Sie die Blattquerschnitte von Abb. 3.1 und 3.2 der beigefügten Arbeitsmaterialien!

1.2 Fassen Sie die Besonderheiten der Blattanatomie von Abb. 3.2 im Vergleich zur Abb. 3.1 zusammen!

1.3 Bei Untersuchungen der Ultrastrukturen der Chloroplasten hat man bei Pflanzen, die einen der Abb. 3.2 entsprechenden Blattquerschnitt aufweisen, einen sogenannten "Chloroplastendimorphismus" nachgewiesen:
Einerseits gibt es Chloroplasten mit großen Stärkekörnern und vielen Stromathylakoiden, jedoch ohne Granathylakoide, andererseits liegen Chloroplasten vor, die eine typische Untergliederung in Grana- und Stromathylakoide aufweisen, wobei Stärkekörner nicht vorhanden sind.
Ordnen Sie die beiden Chloroplastentypen bestimmten Blattstrukturen zu! - Begründen Sie die Zuordnung ausführlich, indem Sie auf den CO_2-Gaswechsel dieses Pflanzentyps eingehen!

1.4 Stellen Sie kurz den Verlauf der beiden Graphen aus Abb. 3.3 dar! - Ordnen Sie die beiden Graphen den Abbildungen 3.1 und 3.2 entsprechend zu! - Begründen Sie die Zuordnung, indem Sie eine Erklärung für den Verlauf der jeweiligen Graphen geben!

2.1 Welche Rückschlüsse können Sie aufgrund des Verlaufs der beiden Graphen aus Abb. 3.4 über die Standortbedingungen von Vicia faba bzw. Bryophyllum machen? - Begründen Sie!

2.2 Erörtern Sie Abb. 3.5 unter Zuhilfenahme von Abb. 3.6! - Stellen Sie anschließend Gemeinsamkeiten und Unterschiede zwischen Bryophyllum und einer C_4-Pflanze hinsichtlich der CO_2-Fixierung und der Kohlenhydratsynthese heraus!

2.3 Geben Sie eine Begründung dafür, daß die photosynthetische Produktivität bei Bryophyllum vergleichsweise gering ist!

3 Begründen Sie, daß sich die drei unterschiedlichen Formen der CO_2-Fixierung im Laufe der Evolution durchsetzen konnten!

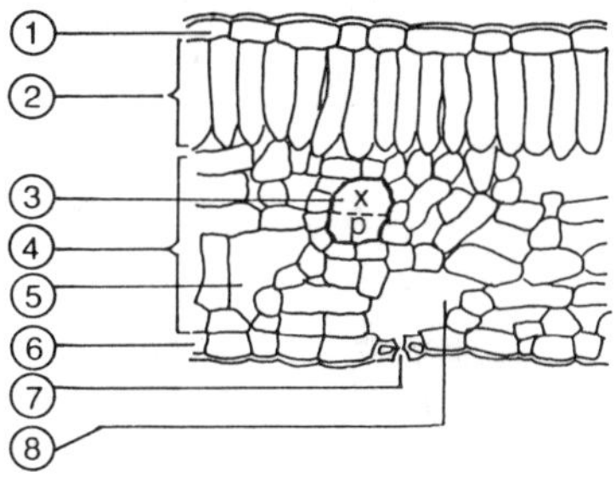

Abb. 3.1: Blattquerschnitt 1 (aus *Lichtenthaler/Pfister:* Praktikum der Photosynthese © Quelle & Meyer Verlag, Heidelberg - Wiesbaden)

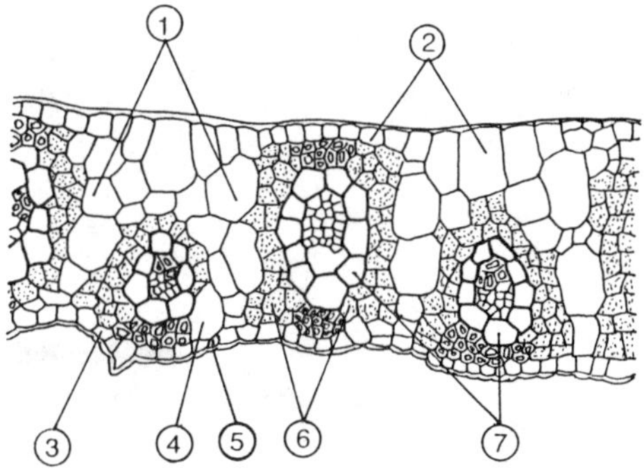

Abb. 3.2: Blattquerschnitt 2 (aus *Lichtenthaler/Pfister*: Praktikum der Photosynthese © Quelle & Meyer Verlag, Heidelberg - Wiesbaden)

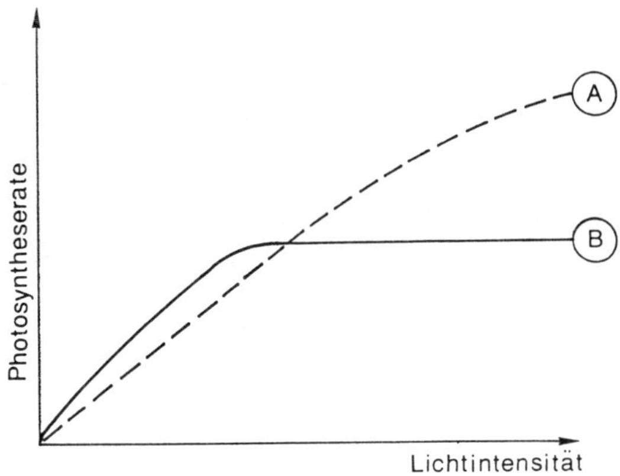

Abb. 3.3: Photosyntheserate und Lichtintensität

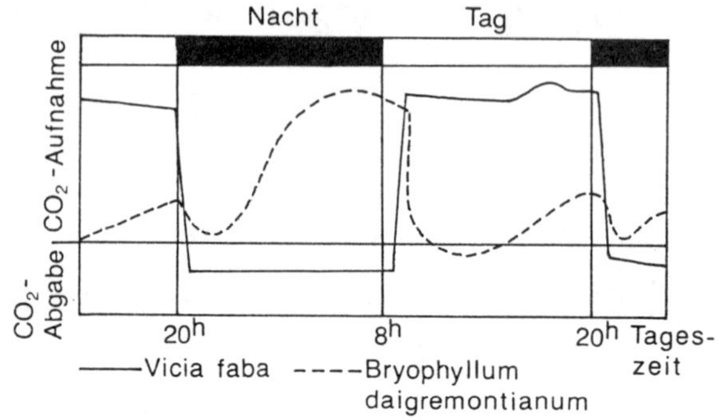

Abb. 3.4: Abhängigkeit des CO_2-Umsatzes vom täglichen Licht-Dunkel-Wechsel (nach *Demmer, G.,* u. *Thies, M.*: Stoffwechsel. Westermann-colleg Biologie. Braunschweig 1979)

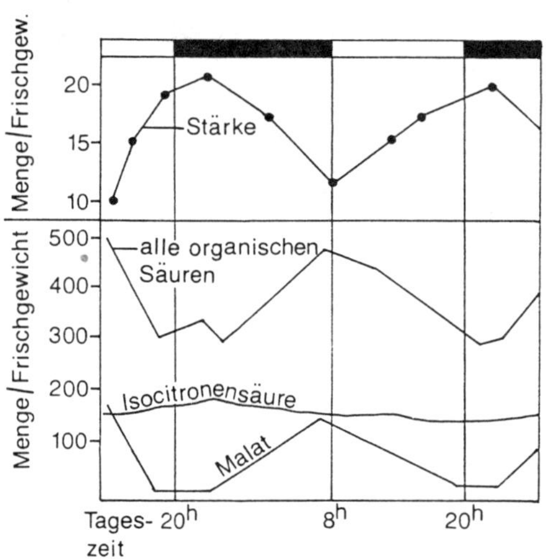

Abb. 3.5: Änderung im Gehalt an organischen Säuren und Stärke bei Bryophyllum im täglichen Licht-Dunkel-Wechsel (nach *Demmer, G.,* u. *Thies, M.*: Stoffwechsel. Westermann-colleg Biologie, Braunschweig 1979)

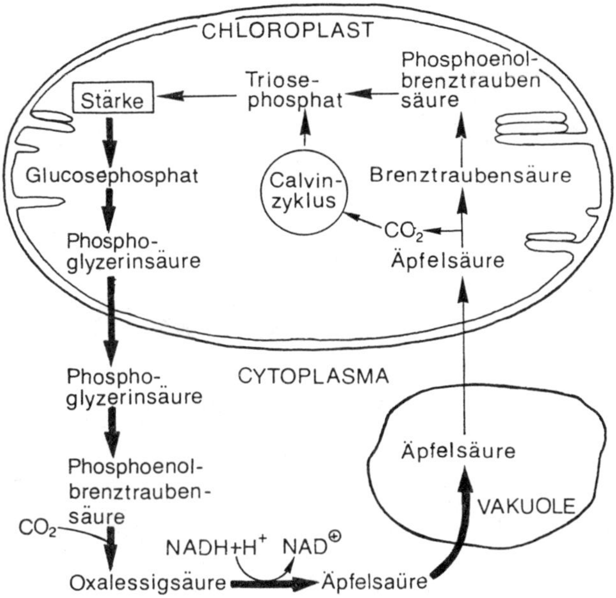

Abb. 3.6: Sonderweg der Fixierung des Kohlenstoffdioxids (aus *Lichtenthaler/ Pfister*: Praktikum der Photosynthese © Quelle & Meyer Verlag, Heidelberg - Wiesbaden)

Erwartete Lösung zu Vorschlag 3

1.1 Abb. 3.1: 1. obere Epidermis, 2. Palisadenparenchym, 3. Leitbündel, 4. Schwammparenchym, 5. Interzellularraum, 6. untere Epidermis, 7. Spaltöffnung, 8. Atemhöhle.

Abb. 3.2: 1. chlorophyllfreie Zellen, 2. obere Epidermis, 3. untere Epidermis, 4. Atemhöhle, 5. Spaltöffnung. 6. Mesophyllzellen, 7. Leitbündelscheidezellen.

1.2 Vergleich von bifacialem Bau mit Palisaden- und Schwammparenchym aus Abb. 3.1 mit einem Blattquerschnitt, in dem chloroplastenfreie Gewebestreifen sowie Leitbündelscheidezellen als Besonderheit auffallen.

1.3 Typischer Chloroplastenbau mit Grana- und Stromathylakoiden liegt in Mesophyllzellen vor: hier primäre CO_2-Fixierung mit Bildung von Oxalessigsäure, die weiter zu Äpfelsäure reduziert wird; in dieser Form Wanderung zu den Leitbündelscheidezellen mit Chloroplasten ohne Granathylakoide: dort im Stromabereich Decarboxylierung und Einschleusung von CO_2 in den Calvin-Zyklus. Es liegt eine räumliche Kompartimentierung von primärer CO_2-Fixierung und Kohlenhydratsynthese vor.

1.4 Die Abhängigkeit der Photosyntheserate von der Lichtintensität ist bei A im dargestellten Bereich fast linear, während bei B eine Sättigungskurve vorliegt. A ist Abb. 3.2 zuzuordnen: hohe Effektivität der Photosynthese durch vorgeschalteten Mechanismus der CO_2-Fixierung, dadurch bedingt: hohe Konzentration von CO_2 in Leitbündelscheidezellen und somit hohe Photosyntheserate ohne CO_2 als limitierender Faktor. B ist Abb. 3.1 zuzuordnen: "normale" CO_2-Fixierung mit CO_2 als limitierendem Faktor (Gesetz vom Minimum).

2.1 Vicia faba: CO_2-Abgabe während der Nacht und CO_2-Aufnahme während des Tages; die Spaltöffnungen sind am Tag geöffnet; also kann die Transpirationsrate, die von Umweltbedingungen (insbesondere hohe Temperatur und Lichtintensität) abhängt, ausgeglichen werden; Standort: gemäßigte Klimazone; Bryophyllum: CO_2-Aufnahme insbesondere in der Nacht, wenig am Tag (hier Steigerung zum Abend hin), mittags CO_2-Abgabe in geringem Maß; also müssen die Stomata in der Nacht geöffnet und am Tag fast geschlossen sein (letzteres zur Verhinderung eines zu großen Wasserverlustes); Standort: trockene, warme bis heiße Klimazonen.

2.2 Nachts: Abbau von Stärke zu Phosphoenolbrenztraubensäure; diese dient als CO_2-Akzeptor; die gebildete Oxalessigsäure wird zu Äpfelsäure reduziert, die in der Vakuole gespeichert wird (Ansäuerung, Anstieg des Graphen von Malat); am Tage: Zunahme von Stärkekonzentration und Abnahme von Malat: Äpfelsäure dient als CO_2-Transportform und diffundiert in die Chloroplasten, dort Einschleusung von CO_2 in den Calvin-Zyklus mit anschließender Bildung von Stärke. Insgesamt: zeitliche Trennung von CO_2-Fixierung und Kohlenhydratsynthese. Entsprechender Vergleich.

2.3 CO_2-Fixierung hauptsächlich in der Nacht, keine große Speicherung möglich, Photosyntheserate relativ gering.

3 C_4-Pflanzen: Trotz erhöhtem Bedarf von ATP Selektionsvorteil, da CO_2 durch Lichtatmung nicht verloren gehen kann, höhere Nettoproduktion und geringe Transpiration; Bryophyllum-Typ: zwar geringe Produktivität, aber Selektionsvorteil in genannten Klimazonen durch geringe Transpiration; C_3-Pflanzen in gemäßigten Zonen: durch Blattbau optimale Ausnützung der Lichtenergie mit Transpirationsrate, die für Mineralstoffhaushalt wichtig ist.

VORSCHLAG 4: STOFFWECHSEL - PHYSIOLOGIE/ÖKOLOGIE

Thema: Raseneisenerz

Aufgabe

1.1 Charakterisieren Sie kurz die Begriffe *Photosynthese*, *Chemosynthese*, *Atmung* und *Gärung*. Erläutern Sie diese Begriffe an je einem Beispiel.

1.2 Entwickeln Sie die Bruttogleichung für die Oxidation der Fe^{2+}-Ionen durch Ferrobacillus ferroxidans (Text 4.1).

1.3 Entwickeln Sie ein einfaches Schema, das den Einfluß dieser Reaktion auf den Prozeß der Synthese von Kohlenhydraten verdeutlicht.

1.4 Ordnen Sie Ferrobacillus ferroxidans ökologisch in das Ökosystem See ein.

1.5 Vergleichen Sie Ferrobacillus ferroxidans in stoffwechselphysiologischer Hinsicht mit anderen Organismen der gleichen Trophieebene.

1.6 Arbeiten Sie aus Ihrer Kenntnis des Ökosystems See die Bedingungen heraus, unter denen Ferrobacillus ferroxidans besonders effektiv arbeiten kann.

1.7 Beschreiben Sie die Kausalkette, die zum Vorkommen von Raseneisenstein in Niederungsgebieten führt.

2.1 Beschreiben Sie kurz die Abb. 4.1.

2.2 Geben Sie Ursachen für die Zunahme der Phosphatkonzentration an.

2.3 Entwickeln Sie auf der Grundlage der gegebenen Materialien eine Methode, mit der man Abwasser von Phosphaten befreien kann.

Text 4.1

Raseneisenerz findet sich in flachen Gewässern oder als harte, für den Pflug kaum durchdringbare Schicht in einigen Böden Nordwestdeutschlands (Ortstein). Wegen der leichten Zugänglichkeit wurden diese Erze schon in vorgeschichtlicher Zeit genutzt.

Obwohl das Eisen eines der am weitesten verbreiteten Elemente auf der Erde ist, kommt es wegen seiner spezifischen Lösungseigenschaften im Gewässer doch nur in geringen Mengen vor, mit Ausnahme des Grundwassers, das viel Eisen gelöst enthalten kann.

Die Verbindungen des dreiwertigen Eisens sind fast unlöslich im Wasser. Eisen bleibt daher nur unter Reduktionsbedingungen in zweiwertiger Verbindung, meist als Karbonat $FeCO_3$, in Lösung.

Die Bedingungen, unter denen Eisen(II)verbindungen in Lösung bleiben, sind:

- O_2-Sättigung unter 50 %
- hoher Gehalt an freiem CO_2
- pH-Wert unter 7,5

Diese Bedingungen sind vor allem im Grundwasser und im Hypolimnion (Tiefenschicht) der Seen gegeben. Kommt $FeCO_3$ mit Sauerstoff in Berührung oder sind die weiteren genannten Bedingungen nicht erfüllt, so fällt das Eisen als Eisen(III)hydroxid $Fe(OH)_3$ aus (ΔG = -65 KJ/Mol).
An der Ausfällung des Eisens sind aerobe Eisenbakterien beteiligt, besonders Ferrobacillus ferroxidans.
Das Vorkommen der Bakterien ist an einen hohen Gehalt an Fe-Verbindungen, ausreichende CO_2-Mengen und saure Reaktion sowie molekular gelösten Sauerstoff gebunden. Diese Bedingungen sind besonders im Grundwasser gegeben, das, ehe es in Leitungen transportiert wird, von Eisen(II)verbindungen befreit werden muß, da sonst die Bakterien den Rohrquerschnitt mit Oxidationsprodukten zusetzen!

(nach: *Schwoerbel, I.*: Einführung in die Limnologie. Fischer, Stuttgart 1971)

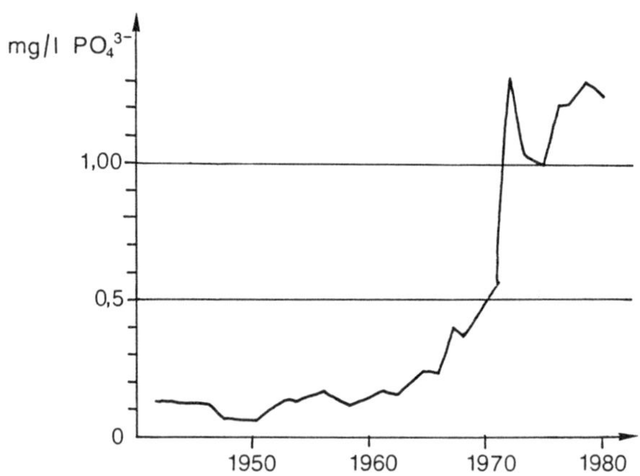

Abb. 4.1: Der Orthophosphatgehalt des Rheinwassers im Zeitraum 1946 - 1979

Erwartete Lösung zu Vorschlag 4

1.1 Definition der Begriffe mit Erläuterungen und Beispielen.

1.2 $4FeCO_3 + 6\ H_2O + O_2 \longrightarrow 4Fe(OH)_3 + 4CO_2$

$\Delta G = -65$ kJ/Mol

1.3 Energieliefernder Prozeß für die Oxidation von Wasserstoffdonatoren und damit indirekt energieliefernder Prozeß für die Reduktion des CO_2.

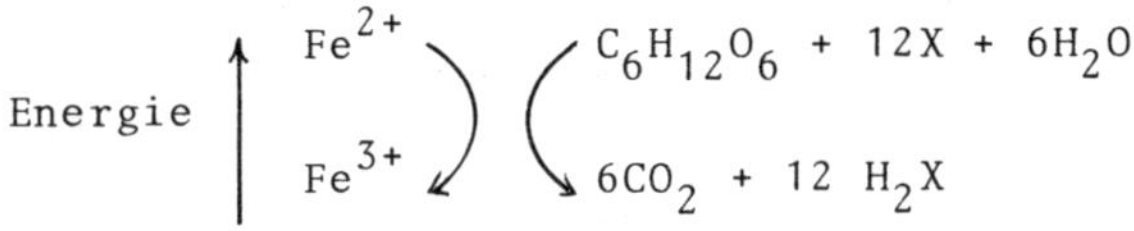

1.4 Ferrobacillus betreibt Chemosynthese. Aus anorganischen Stoffen wird organisches Material synthetisiert - Autotrophie. Trophieebene der Produzenten.

1.5 *Photosynthesebakterien*: Lichtreaktion: Durch Lichtenergie und über Redoxsysteme werden Protonen und Elektronen aus dem Wasser auf $NADP^+$ übertragen. Dunkelreaktion: CO_2 wird mit Hilfe von $NADPH + H^+$ und ATP zu Kohlenhydrat reduziert. *Ferrobacillus*: Hier werden durch chemische Energie die Protonen und Elektronen auf einen Protonenakzeptor übertragen. Chemismus des ersten Teils der Synthese ist anders; Dunkelreaktion wahrscheinlich identisch.
Energiebilanz: -2872 kJ/Mol bzw. -65 kJ/Mol.
Es werden große Mengen von Fe^{2+} zu Fe^{3+} umgesetzt.

1.6 Ferrobacillus benötigt viel O_2.
Jahreszeitliche Phasen eines Sees: Winter-, Sommerstagnation; Frühjahrs-, Herbstzirkulation.
O_2 wird in den Zirkulationszeiten zum Seeboden gebracht. Voraussetzungen für Ferrobacillus besonders zu diesen Zeiten günstig.

1.7 Entwicklung eines Sees vom oligotrophen zum eutrophen Typ. Sukzession zum Flachmoor, Bruchwald und Hochmoor (Klimax). Fe(III) durch mikrobielle Oxidation findet sich nach der Verlandung relativ dicht unter der Erdoberfläche als Raseneisenstein.
In Böden mit saurem, stark eisenhaltigen Grundwasser, dort wo die Sauerstoffversorgung für Ferrobacillus ausreicht.

2.1 Anstieg Ende der sechziger, Anfang der siebziger Jahre ca. um das Zehnfache (1980).

2.2 Kunstdünger, Waschmittelphosphate als Weichmacher, menschliche Abwasserfracht.

2.3 Abwasserreinigung bisher mechanisch und biologisch.
Chemische Stufe: Fällung mit Fe(III), etwa $FeCl_3$.
Entwicklung einer Anlage, die die oxidierenden Eigenschaften von Ferrobacillus ausnutzt.

$Fe(II) \dashrightarrow Fe(III) + PO_4^{3-} \dashrightarrow FePO_4$

VORSCHLAG 5: STOFFWECHSELPHYSIOLOGIE/EVOLUTION

Thema: Gastransport und Gaswechsel

Aufgabe

1.1 Geben Sie das *Fick*sche Diffusionsgesetz in Form einer Gleichung an (Erklärung der verwendeten Symbole). Erläutern Sie kurz die einzelnen Aussagen des Gesetzes.

1.2 Zeigen Sie anhand von Schemazeichnungen die Evolution a) der Lunge und b) des Herzens in der Wirbeltierreihe! Begründen Sie, daß es sich bei diesen Entwicklungen um Höherentwicklungen handelt. Ziehen Sie bei Ihren Ausführungen das *Fick*sche Diffusionsgesetz mit heran.

1.3 Begründen Sie, daß die Ausbildung respiratorischer Farbstoffe einen Selektionsvorteil darstellt.

1.4 Stellen Sie anhand des Regelkreises die Regulation der äußeren Atmung und damit der Sauerstoff- bzw. Kohlenstoffdioxidkonzentration im Blut dar.

2.1 Erläutern Sie ausführlich die Sauerstoffbindungskurve des Hämoglobins (s. Abb. 5.1), indem Sie die physiologischen Grundlagen einerseits und die biologische Bedeutung andererseits berücksichtigen! - Welche Bedeutung hat der *Bohr*-Effekt für die Sauerstoffaffinität des Hämoglobins?

2.2 In Abb. 5.2 sind die Sauerstoffbindungskurven (Hb-O_2) von Mutter und Fetus während der Schwangerschaft dargestellt. - Erklären Sie Gemeinsamkeiten und Unterschiede im Kurvenverlauf. Ziehen Sie zur Erklärung auch Abb. 5.3 heran. Gehen Sie auf die biologische Bedeutung des unterschiedlichen Kurvenverlaufs ein.

2.3 Welche Aussage läßt sich aufgrund von Abb. 5.4 über die Struktur des Myoglobins (respiratorisches Protein des Muskels) machen? - Begründen Sie Ihre Vermutung. Wie läßt sich der Verlauf des Graphen biologisch erklären?

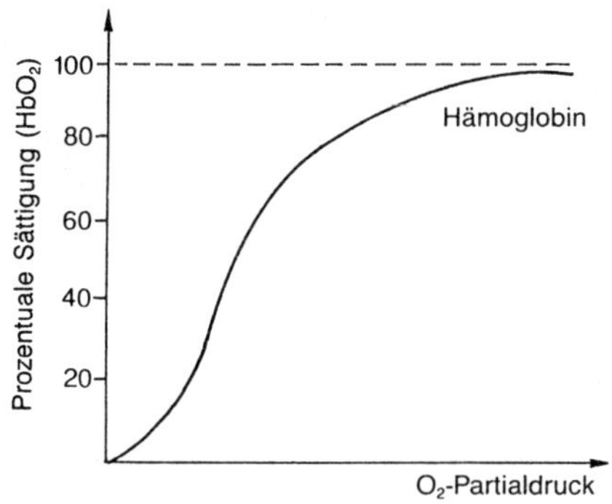

Abb. 5.1: Sauerstoffbindungskurven von Hämoglobin

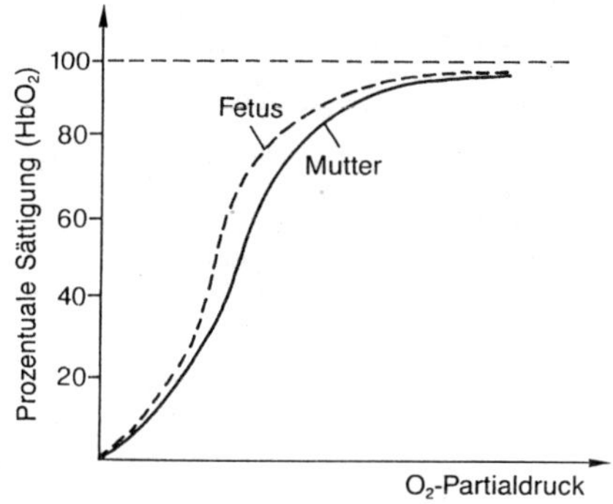

Abb. 5.2: Vergleich der Sauerstoffbindungskurven von Fetus und Mutter

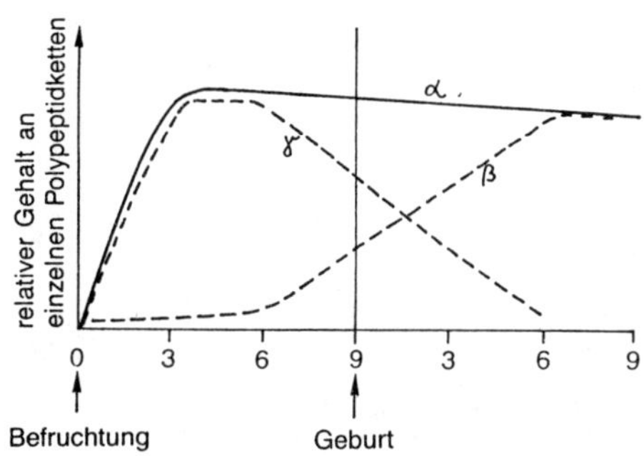

Abb. 5.3: Veränderung in der Zusammensetzung des Hämoglobins

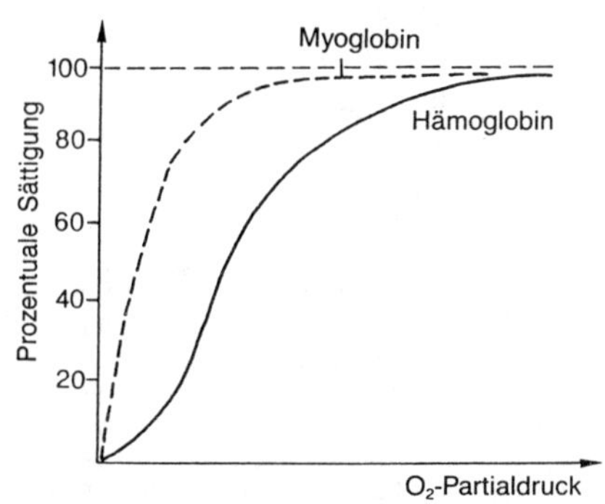

Abb. 5.4: Vergleich der Sauerstoffbindungskurven von Myoglobin und Hämoglobin

Erwartete Lösung zu Vorschlag 5

1.1 $Q:t = D \cdot F \cdot (C_1 - C_2):d$

Die Menge des diffundierenden Gases (Q) pro Zeiteinheit (t) hängt proportional von der Diffusionskonstanten (D), der Austauschfläche (F) und der Konzentrationsdifferenz ($C_1 - C_2$) zwischen den Medien ab und ist umgekehrt proportional der Diffusionsstrecke (d). Eine große respiratorische Oberfläche (z.B. Wirbeltierlunge) sowie ein großes Konzentrationsgefälle (hervorgerufen durch Ventilation u. Konvektion) und eine Verringerung der Diffusionsstrecke durch dünne Membranen führen zur Optimierung des Gasaustausches.

1.2 Skizze der Lungen bei adulten Lurchen, Kriechtieren und Säugetieren sowie des Herzens von Fisch, Lurch, Kriechtier und Säugetier. Höherentwicklung bedeutet zunehmende Leistungsfähigkeit: je differenzierter die Lunge/das Herz, desto größer die Austauschfläche/das Konzentrationsgefälle zwischen Innen- und Außenmedium, desto besser der Gasaustausch, desto leistungsfähiger der Stoffwechsel und desto unabhängiger von bestimmten Voraussetzungen hinsichtlich des Außenmediums.

1.3 Respiratorische Farbstoffe dienen dem Transport von Sauerstoff (und in geringerem Maß von Kohlenstoffdioxid); Kapazitätserhöhung führt zur größeren Leistungsfähigkeit und stellt somit einen Selektionsvorteil dar.

1.4 Regelgröße = O_2/CO_2-Konzentration im Blutplasma; Störgröße = CO_2-Abgabe aus den Zellen bzw. O_2-Abgabe in die Zellen; Meßglied = CO_2-Chemorezeptoren; Regelglied = Atmungszentrum; Führungsglied = spez. Gehirnteil für Sollwertvorgabe; Stellglieder = Zwerchfell- und Rippenmuskulatur sowie Herz.

2.1 Prozentuale Sättigung des Hämoglobins ist sigmoid abhängig vom O_2-Partialdruck; Quartärstruktur des Hämoglobins bedingt Konformationsänderung (kooperativer Effekt); O_2-Partialdruck in der Lunge hoch, im Gewebe geringer; Lunge: 100%ige Sättigung, also hohe O_2-Affinität; Gewebe: relativ steiler Kurvenverlauf, d.h. geringe Druckänderung führt zu starker O_2-Abgabe (geringe O_2-Affinität), d.h. O_2-Versorgung für innere Atmung sehr gut. *Bohr*-Effekt: Sauerstoffbindungskurve wird umso flacher, je niedriger der pH-Wert des Blutes: wichtig im Gewebebereich, da CO_2-Aufnahme im Blut zu leichten pH-Wertänderungen führt und somit die Sauerstoffabgabe weiter gefördert wird.

2.2 Beide Kurven sigmoid, bei beiden 100%ige Sättigung; Fetus-Hämoglobin hat höhere Sauerstoffaffinität; andere Struktur: statt zwei β- liegen zwei γ-Ketten vor; Bedeutung: fetales Blut nimmt aufgrund höherer O_2-Affinität Sauerstoff vom mütterlichen Blut auf; trotz geringen O_2-Partialdruckes O_2-Versorgung gewährleistet.

2.3 Myoglobin: eine Polypeptidkette und somit kein kooperativer (= allosterischer) Effekt; hyperbolischer Verlauf des Graphen; Bedeutung: O_2-Aufnahme aus Blut in den Muskel auch bei sehr niedrigem O_2-Partialdruck möglich (in diesem Bereich höhere O_2-Affinität als Hämoglobin), O_2-Versorgung sichergestellt.

VORSCHLAG 6 - STOFFWECHSELPHYSIOLOGIE/ÖKOLOGIE

Thema: Der Winterschlaf

Aufgabe

1 In der *Bergmann*schen und *Allen*schen Regel werden Beziehungen zwischen der geographischen Verbreitung tierischer Organismen und der Tiergestalt aufgezeichnet.

1.1 Nennen Sie diese Regeln, und erläutern Sie anschließend kurz, inwiefern beide physiologisch belegt werden können!

1.2 Begründen Sie, daß hier "Regeln", nicht aber "Gesetze" vorliegen.

2 Gleichwarme Tiere können ihre Körpertemperatur (genauer: Kerntemperatur) unabhängig von den Temperaturschwankungen der Umgebung weitgehend konstant halten. In Abb. 6.1 wird die Kerntemperatur und Wärmebildung gleichwarmer Tiere bei verschiedenen Umgebungstemperaturen dargestellt.

2.1 Welche Beziehung ergibt sich zwischen Kerntemperatur, Umgebungstemperatur und Wärmebildung in den Bereichen von Hypo- und Hyperthermie? Welche Aussage läßt sich hier im Hinblick auf die Temperaturregulation machen?

2.2 Inwiefern ist bei der Grundumsatzbestimmung die Umgebungstemperatur zu berücksichtigen? - Beziehen Sie sich bei Ihrer Antwort auf Abb. 6.1, und geben Sie auch an, in welchem Bereich die Grundumsatzbestimmung sinnvoll erscheint (Begründung!).

2.3 Welche Regulationsmaßnahmen stehen den Homoiothermen zur Verfügung, wenn die Umgebungstemperatur stark absinkt und die Gefahr der Hypothermie des Körpers besteht?

3 Einige Säugetiere (z.B. Haselmaus, Igel, Hamster) können die nahrungsarme Zeit des Winters überbrücken, indem sie in einen als Winterschlaf bezeichneten Zustand der Lethargie verfallen, bei dem es u.a. auch zur Senkung der Körpertemperatur kommt.

3.1 Beschreiben Sie kurz den Verlauf der Abkühlung (s. Abb. 6.2).

3.2 Geben Sie Faktoren an, die für die Geschwindigkeit der Abkühlung von Bedeutung sind, und erläutern Sie kurz den jeweiligen Einfluß!

4 Die Haselmaus fällt unter natürlichen Bedingungen bei der Umgebungstemperatur (U.T.) von + 15,5 °C in den Winterschlaf. In den Überwinterungsnestern betragen die Temperaturen ca. +4 °C bis +15 °C. Hält man die Haselmaus nach vorsichtiger Anpassung im Sommer längere Zeit bei +8 °C U.T., wobei sie in ihrem Käfig ausreichend mit Nahrung und Nistmaterial versorgt wird, verfällt sie nicht in Lethargie, sondern bleibt aktiv!

4.1 Geben Sie eine mögliche Begründung dafür, daß unter natürlichen Bedingungen die Haselmaus bei 15,5 °C in den Winterschlaf verfällt, während unter experimentellen Bedingungen im Sommer dies nicht der Fall ist.

4.2 Verwenden Sie als Arbeitsgrundlage Tabelle 6.1 der Arbeitsmaterialien! Vergleichen Sie die Energieumsatzwerte für die drei Organismen (1. - 3.) a) im Sommer (Begründung!), b) im Winter (Begründung!), c) Sommer- und Winterwerte (Begründung!).

Erklären Sie, warum viele Haselmäuse in sehr kalten und langen Wintern erfrieren.

4.3 Die RQ-Werte liegen während der Winterschlaflethargie im Durchschnitt bei 0,7. Worauf läßt dieser Sachverhalt schließen? - Geben Sie eine entsprechende Atmungsgleichung an (unter Zuhilfenahme der Arbeitsmaterialie A 1). Berechnen Sie unter Zuhilfenahme von Tabelle 6.1 und Tabelle 6.2 den Energieumsatz für den Siebenschläfer in Lethargie.

4.4 Der Aufwachvorgang aus dem Winterschlaf - durch Störung oder die Umgebungstemperatur, welche einen kritischen Wert unterschreitet - ist mit erhöhter Stoffwechselintensität gekoppelt (s. Abb. 6.3).

Beschreiben Sie die physiologischen Veränderungen während des Aufwachvorganges. Interpretieren und erklären Sie diese Veränderungen.

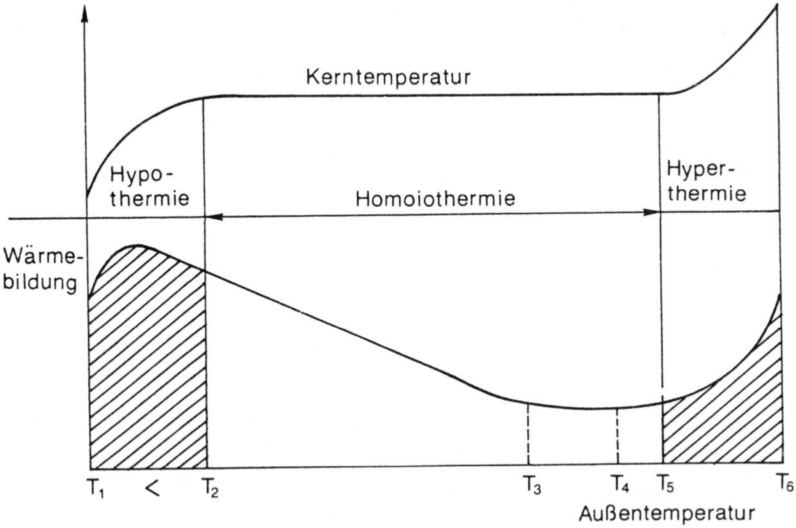

Abb. 6.1: Hypothermie: Kerntemperatur liegt unter dem Normwert. Hyperthermie: Kerntemperatur liegt über dem Normwert. (nach *Schwarzmaier, W.*, u. *Zauner, F.*: Kursheft Energiehaushalt. Klett, Stuttgart 1981)

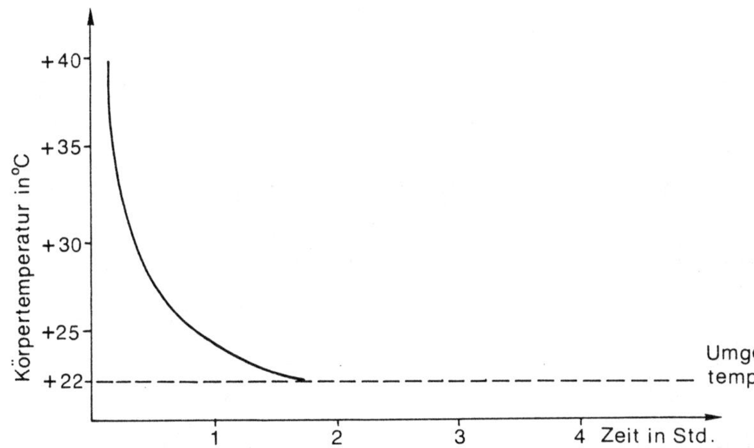

Abb. 6.2: Zeitlicher Ablauf der Abkühlung bei Winterschläfern (nach *Schwarzmaier, W.*, u. *Zauner, F.*: Kursheft Energiehaushalt. Klett, Stuttgart 1981)

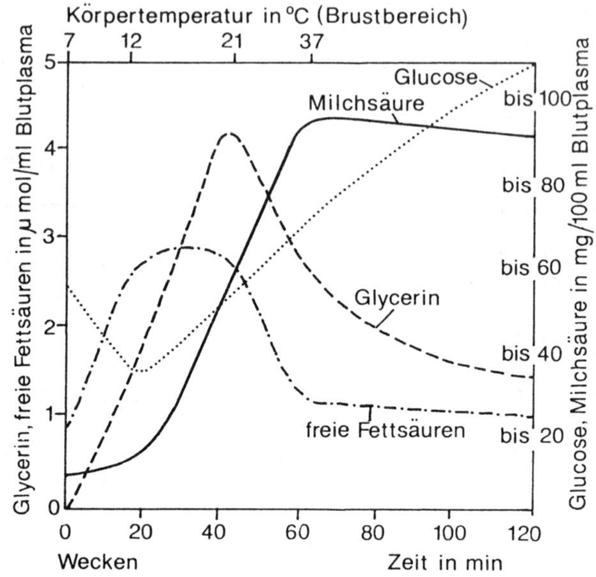

Abb. 6.3: Physiologische Veränderungen während des Aufwachvorganges (beim Gartenschläfer) (nach *Schwarzmaier, W.*, u. *Zauner, F.*: Kursheft Energiehaushalt. Klett, Stuttgart 1981)

Tab. 6.1: Zahlenangaben für vier Säugetierarten, die Winterschlaf halten (nach *Schwarzmaier, W.*, u. *Zauner, F.*: Kursheft Energiehaushalt. Klett, Stuttgart 1981)

Art	Körpermaße in g S.	W.	U.T. in °C W.	kJ / kg·Std. S.	kJ / kg·Std. W.	O_2-Verbrauch in ml/kg·Std. W.
1. Murmeltier	3500	2670	+10°	8,8	0,359	18,2
2. Igel	684	390	+ 6°	14,65	0,314	21,46
3. Haselmaus	23	22,5	+10°	54,42	0,712	40
4. Siebenschläfer	127	100	+10°	-	?	29,6

(S. = Sommer; W. = Winter; U.T. = Umgebungstemperatur)

Tab. 6.2: Beziehung zwischen RQ und Kalorischem Äquivalent (nach *Schwarzmaier, W.*, u. *Zauner, F.*: Kursheft Energiehaushalt. Klett, Stuttgart 1981)

RQ	Kalorisches Äquivalent
0,71	19,62 kJ/l O_2-Verbrauch
0,80	20,10 kJ/l O_2-Verbrauch
0,90	20,61 kJ/l O_2-Verbrauch
1,00	21,13 kJ/l O_2-Verbrauch

Tab. 6.3: Summenformeln (nach *Schwarzmaier, W.*, u. *Zauner, F.*: Kursheft Energiehaushalt. Klett, Stuttgart 1981)

Glucose:	$C_6H_{12}O_6$
Tripalmitin:	$C_{51}H_{98}O_6$
Alanin:	$CH_3CH(NH)_2COOH$
Palmitinsäure:	$C_{16}H_{32}O_2$
Harnstoff:	$CO(NH_2)_2$

Erwartete Lösung zu Vorschlag 6

1.1 Angabe der *Bergmann*schen und *Allen*schen Regel. Begründung: Zusammenhang zwischen Grundumsatz und Körpermasse und Zusammenhang von Grundumsatz und Körperoberfläche. Kleine Tiere haben einen relativ höheren Energieumsatz als große: Unter gleichen Bedingungen (so auch in kalten Klimazonen) muß ein kleines Tier eine höhere Stoffwechselintensität haben als ein großes. Bei Größenzunahme nimmt der Quotient aus Oberfläche und Volumen ab (vergleichsweise geringerer Wärmeverlust).

1.2 Gesetze sind allgemeingültig; bei Regeln gibt es Ausnahmen. Beisp.: Spitzmäuse (Insektenfresser) in Nordamerika; hoch im Gebirge lebende Rassen sind durchschnittlich kleiner als die im Tiefland vorkommenden (Nahrungsgrundlage hat Einfluß).

2.1 Hypothermiebereich: Wärmebildung steigt mit sinkender Umgebungstemperatur zunächst auf ein Maximum (gegensinniges Verhalten), die Kerntemperatur sinkt trotzdem unter Normwert; Temperaturregulation versagt (sinkende Kerntemperatur stört Regelmechanismen), (Regelglied wirkt direkt auf Stellglied ein). Hyperthermiebereich: Umgebungs- und Kerntemperatur verhalten sich gleichsinnig; Temperaturregulation versagt (s.o.).

2.2 Die Wärmebildung nimmt mit sinkender Umgebungstemperatur zu (t_2-t_3); Wärmebildung verbraucht Energie, so daß der Grundumsatz bei verschiedenen Temperaturen unterschiedlich ist. Sinnvoll im Bereich t_3-t_4, da hier über einen relativ breiten Temperaturbereich die Wärmebildung konstant ist und die geringste Energie erfordert.

2.3 Muskelzittern bzw. steigende Muskelaktivität; Energieumsatzerhöhung; Atemfrequenzsteigerung und vermehrte O_2-Aufnahme; Einrollen (Verkleinern der wärmeabstrahlenden Oberfläche), Aufheben der Individualdistanz; Haar- bzw. Federaufrichten.

3.1 Zunächst sehr schnelle Abkühlung, dann langsamer werdend, bis die Umgebungstemperatur erreicht wird (hyperbelartiger Verlauf).

3.2 Temperaturgradient zwischen Kerntemperatur und Umgebungstemperatur: je größer dieser ist, desto mehr Wärme wird abgegeben; wenn der Unterschied immer geringer wird, nimmt die Abkühlungsgeschwindigkeit ab. Körperbedeckung: je dichter, desto besser in der isolierenden Wirkung; Abkühlungsgeschwindigkeit nimmt ab.
Dicke der Fettschicht: isolierende Wirkung; verhindert schnelles Abkühlen.
Nestpolsterung: wie Körperbedeckung.
Masse und Körperoberfläche (vgl. 1.1).

4.1 Weitere Faktoren müssen auslösend sein (Faktorenkomplex): z.B. physiologische Bereitschaft, hervorgerufen durch einen bestimmten Hormonspiegel; Fettansatz muß einen gewissen Umfang haben; Fortpflanzungszyklus muß abgeschlossen sein.

4.2 a) Mit abnehmender Körpermasse nehmen die Energieumsatzwerte zu (Beleg s. auch 1.1: Bei Größenabnahme nimmt der Quotient aus Oberfläche und Volumen zu und damit auch der Energieverlust.)

b) Theoretisch müßte dieselbe Gesetzmäßigkeit wie im Sommer herrschen, jedoch weicht der Wert für den Igel ab; hier ist insbesondere auf die Umgebungstemperatur zu achten, die in der Tabelle niedriger angegeben ist als für die anderen beiden Organismen. Die Kerntemperatur beim Igel kommt wahrscheinlich dem Normwert für den Winterschlaf am nächsten, so daß eine Regulation und damit ein Energieaufwand kaum erforderlich ist.

c) Der Energieumsatz wird im Winter stark gedrosselt (Minimalstoffwechsel); im Durchschnitt nur 2 % des Energieumsatzes im Sommer.

4.3 Verbrennung von Fett, z.B. $C_{51}H_{98}O_6 + 72{,}5\ O_2 \longrightarrow 51CO_2 + 49H_2O$

Energieumsatz: O_2-Verbrauch: 0,0296 l/kg Std.
Kalorisches Äquivalent: 19,62 kJ/l O_2-Verbrauch
0,0296 x 19,62 kJ/kg Std. = 0,58 kJ/kg Std.

(Bezogen auf das Körpergewicht: 0,58 x 0,1 kJ/Std. = 0,058 kJ/Std.)

4.4 Glucosegehalt des Blutes sinkt von 58 mg/100 ml Blutplasma auf 30 mg/100 ml Blutplasma ab $\longrightarrow$ Verbrauch des vorhandenen Blutzuckers. Dann Mobilisierung des Glykogens, Umwandlung von Glycerin und Aminosäuren in Glucose, Oxidation der freien Aminosäuren (Hormonaktivität von Adrenalin sowie Glucagon und Glucocorticoiden).
Starker Anstieg des Glyceringehaltes und der freien Fettsäuren in den ersten 40 Minuten $\longrightarrow$ Spaltung von Fett, Mobilisierung der Reserven.
Anstieg des Milchsäuregehaltes innerhalb 60 Minuten, dann langsames Absinken $\longrightarrow$ Die Erhöhung des Milchsäurespiegels beweist, daß ein Teil der Energie durch Glycolyse freigesetzt wird. Obwohl der O_2-Verbrauch und damit die aerobe Atmung stark ansteigen, reichen diese nicht aus, den Energiebedarf zu decken.

VORSCHLAG 7 - STOFFWECHSELPHYSIOLOGIE/ÖKOLOGIE

Thema: Reizbewegungen bei der Mimose

Aufgabe

1 Sie sehen (mit Wiederholung) einen Teil des Stummfilmes "Reizbewegungen bei Mimosa pudica" (IWF Göttingen).

1.1 Ordnen Sie die hier gezeigte Bewegung einem der Ihnen bekannten Bewegungstypen lebender Organismen zu.
Begründen Sie Ihre Zuordnung.

1.2 Erklären Sie den Mechanismus der Bewegung unter Verwendung von Text 7.1 und den Abbildungen 7.1 und 7.2 so genau wie möglich.
Erläutern Sie dazu die im Text verwendeten Fachbegriffe *Parenchymgewebe*, *Semipermeabilität*, *Turgor*, *Saugkraft*.

2 Damit es zu einer Reaktion kommen kann, muß es bei Mimosa pudica zwischen Perzeptionsort und Reaktionsort eine Erregungsleitung geben. Hierzu gibt es zunehmend Ergebnisse:

2.1 Beschreiben und interpretieren Sie die Graphik in Abb. 7.3.

2.2 Ähnliche Graphen sind Ihnen aus der Neurophysiologie der Tiere bekannt.
Stellen Sie hierzu allgemein die Weiterleitung eines Impulses vom Perzeptionsort zum Reaktionsort dar.

2.3 Interpretieren Sie den in Abb. 7.4 dargestellten Versuch.
Beziehen Sie dazu Text 7.2 mit ein.

2.4 Überlegen Sie, inwieweit Text 7.3 auf Vergleichsmöglichkeiten mit Vorgängen bei der tierlichen Erregungsleitung hinweist, und begründen Sie.

2.5 Vergleichen Sie insgesamt die jetzt bekannten Fakten der Erregungsleitung bei Pflanzen und Tieren. Arbeiten Sie Gemeinsamkeiten und Unterschiede heraus.

3 Eine Verwandte der Mimose, die Robinie, senkt die Blättchen nachts nach unten, stellt sie bei diffusem Licht horizontal aus und stellt sie bei starkem Sonnenlicht steil nach oben (vgl. Text 6.3). Beide Pflanzen stammen aus dem Mittelmeerraum bzw. Nordafrika. Diskutieren Sie diese Fakten unter ökologischen Gesichtspunkten.

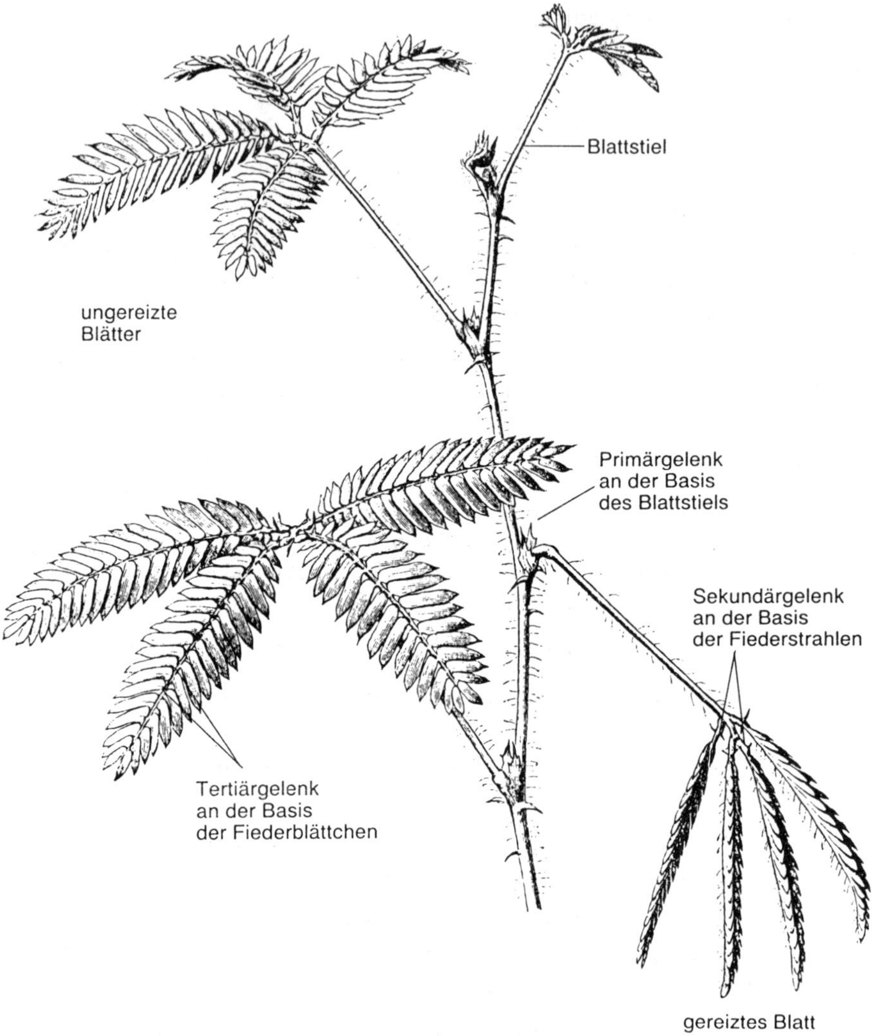

Abb. 7.1: Zweig von Mimosa pudica mit Fiederblättern
a) Blattstielgelenk der Mimose, Medianer Längsschnitt;
b) Blattstiel der Mimose, Querschnitt, Schnitt b - b'
c) Blattstielgelenk der Mimose, Querschnitt, Schnitt a - a'
(aus: *Hermann Schildknecht*. Turgorine - neue Signalstoffe des pflanzlichen Verhaltens. In: Spektrum der Wissenschaft, November 1986) © Spektrum der Wissenschaft

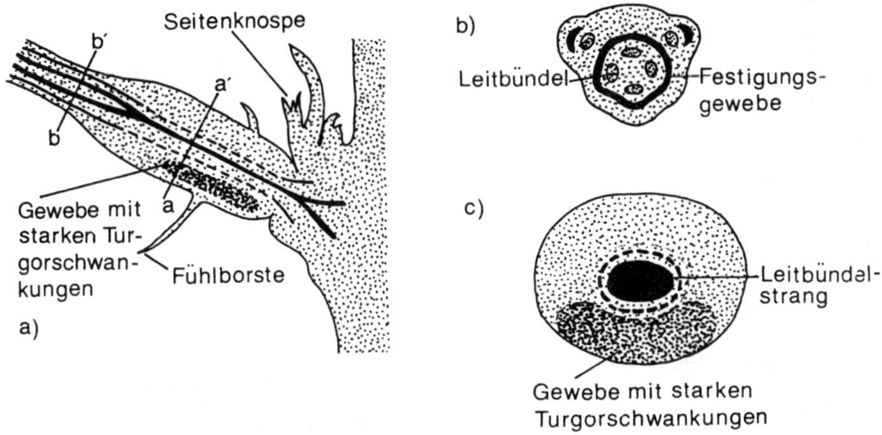

Abb.7.2: Schnitte durch das Blattstielgelenk der Mimose (nach *Mohr*, *H.*, u. *Schopfer*, *P.*: Lehrbuch der Pflanzenphysiologie. Springer-Verlag, Heidelberg 1978)

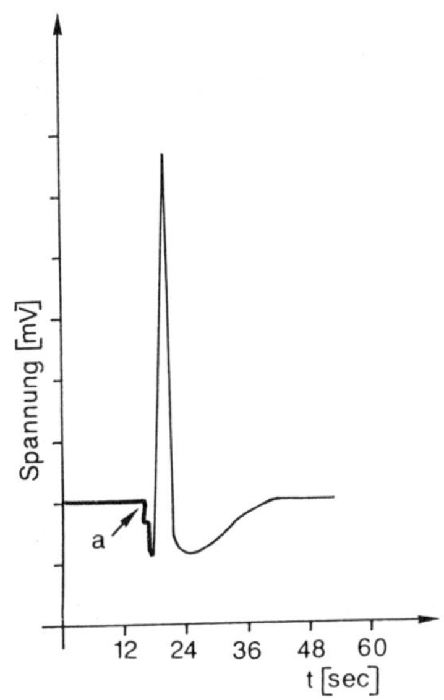

Abb. 7.3: Spannungsänderung nach Reizung mit Eiswasser (Skala in cm)

a = Reizung
Spannung: 1 mm entspricht 2 mV.
Zeit: 1 mm entspricht 1,2 sec.

Durchführung:

Mit Hilfe einer Pinzette wird eine Platinelektrode in einen Blattstiel eingestochen. Eine zweite Elektrode liegt in der Erde. An einem Voltmeter ist die jeweilige Spannung abzulesen; ein automatischer Schreiber registriert die gemessenen Werte. Durch vorsichtiges Auftropfen von Eiswasser auf den Blattstiel in unmittelbarer Nähe der Platinelektrode wird ein Reiz gesetzt. Man erhält nebenstehende Kurve.
(nach: *Tendel*, *J.*: Versuche zur Bewegungsphysiologie der Pflanzen. Aulis Verlag, Köln 1975)

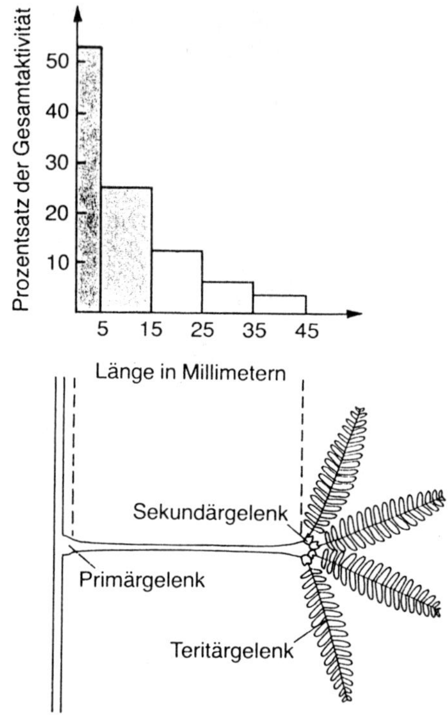

Abb. 7.4: Test mit radioaktiv markiertem PLMF 1: Ein über dem Primärgelenk abgeschnittenes Mimosenblatt nahm 15 sec. lang über seinen Stiel Wasser auf, dem der markierte Faktor zugesetzt war. Danach wurde der Blattstiel sofort in Stücke geteilt und deren Radioaktivität relativ zur Ausgangsaktivität (= 100 %) ermittelt.
(aus: *Hermann Schildknecht*. Turgorine - neue Signalstoffe des pflanzlichen Verhaltens. In: Spektrum der Wissenschaft, November 1986)

Text 7.1

In dem Gelenk (= angeschwollener basaler Teil des Stiels) finden wir anstelle des in Blattstielen sonst üblichen Leitbündelrings einen relativ dünnen zentralen Leitbündelstrang, der von zartwandigem Parenchymgewebe umgeben ist. Bei der Reaktion verlieren die Zellen der Gelenkunterseite weitgehend ihren Turgor. Es tritt hier Zellsaft aus den Vacuolen in die Intercellularen aus. Offenbar bricht bei der "Reizung" die Semipermeabilität des Plasmaschlauchs plötzlich zusammen. Damit gehen Turgor und Saugkraft verloren.

Text 7.2

Seit 1982 sind mehrere Stoffe aus der Mimose und verwandten "bewegungsfähigen" Pflanzen isoliert worden, die diese Bewegungen mit sehr geringen Konzentrationen (10^{-7} Mol/Liter) auslösen. Man nennt sie "Turgorine' (Name!).

Auch die tagesperiodischen Blattbewegungen vieler Pflanzen werden durch diese Biofaktoren ausgelöst (die Fiederblättchen der Mimose z.B. klappen auch bei beginnender Nacht zusammen). Einer der Stoffe, bereits synthetisch hergestellt, hat das Kürzel PLMF 1 - periodic leaf movement factor 1.

Text 7.3

Von den bereits bekannten Pflanzenhormonen, die z.B. Wachstumsbewegungen steuern - Auxine und Gibberelline - unterscheiden sich die Turgorine deutlich: sie sind chemisch leicht spaltbar und werden damit sofort inaktiv.

Erwartete Lösung zu Vorschlag 7

1.1 Nastie; dazugehörende Definition und Begründung für diesen Fall - Seismonastie.

1.2 Bedeutung des veränderten Leitbündelverlaufs, Klappmechanismus durch unterschiedliches Verhalten des Gewebes an Ober- und Unterseite, Turgorverlust infolge Wasseraustritts, dadurch Fehlen des Druckantagonisten an der Gelenkunterseite; Klare Darstellung der Zusammenhänge; Definitionen der Fachbegriffe in Text 1 (z.B. Parenchymgewebe).

2.1 Korrekte Auswertung der Graphik, Bestimmung der maximalen Depolarisation, Bestimmung der maximalen Hyperpolarisation, Bestimmung der Refraktärzeit; Latenzzeit.

2.2 Darstellung der Umsetzung eines Reizes in Erregung in der Sinneszelle; Erregungsleitung im Axon; Übertragung mit Hilfe von Transmitterstoffen an den Synapsen.

2.3 PLMF 1 wird im Saftstrom der Leitbündel transportiert; nach 15 sec. sind 4 - 5 % der Ausgangsmenge vom Primärgelenk bis zum Sekundärgelenk vorgedrungen; bei einer Länge von 45 mm entspricht dies einer Geschwindigkeit von 3 mm/sec..

2.4 Die Spaltbarkeit der Turgorine läßt einen Vergleich mit den Neurotransmittern zu - auch die Funktion ist entsprechend; Vergleich mit Acetylcholin.

2.5 Außer einer elektrischen existiert auch eine chemische Signalübertragung bei diesen Pflanzen. Funktion und Spaltbarkeit machen die Turgorine vergleichbar mit Neurotransmittern bei Tieren. Beide Signalübertragungen sind bei den Pflanzen langsamer; gemeinsames Grundprinzip der Erregungsleitung ist offenbar vorhanden. Grundsätzlicher Unterschied: keine eigenen 'Nervenbahnen' bei den Pflanzen, keine Synapsen, keine Rezeptoren; letztere wären hypothetisch zu fordern.

3 Mögliche Standortanpassung - hohe Temperaturunterschiede, starke Sonneneinstrahlung - um bei relativ zarten Blättern Wasserverlust und übermäßige Bestrahlung in Grenzen zu halten.

VORSCHLAG 8 - STOFFWECHSELPHYSIOLOGIE/EVOLUTION

Thema: Seeanemonen - Sonnentau

Aufgabe

1 Berührt ein kleines Tier den Fangarm einer Seeanemone, so wenden sich alsbald die restlichen Tentakel der Beute zu und "helfen" bei ihrer Überwältigung.

1.1 Erläutern Sie das Zustandekommen dieses Verhaltens der Seeanemone aus der Sicht der Sinnesphysiologie.

1.2 Zeichnen Sie eine Skizze, aus der das Funktionsschema der Informationsaufnahme, ihrer Weitergabe und ihrer Beantwortung für diesen Organismus ersichtlich ist.
Beschriften Sie die Skizze mit den neurophysiologisch zutreffenden Begriffen. Geben Sie eine kurze Erläuterung zu der Skizze.

2 Aus Text 8.1 geht hervor, daß die Fangarme der Seeanemone auch schnelle, ruckartige Bewegungen ausüben können. Die durchschnittliche Leitungsgeschwindigkeit der Erregung beträgt bei den Blumentieren 4 bis 15 cm/sec.. Untersuchungen ergaben jedoch, daß einige erregungsleitende Bahnen Geschwindigkeiten bis zu 1 m/sec. aufweisen.

2.1 Welche Rückschlüsse in bezug auf den Aufbau der erregungsleitenden Strukturen der Seeanemone können Sie aus dieser Information entnehmen?

2.2 Erläutern Sie, welche Bedeutung die unterschiedlichen Leitungsgeschwindigkeiten der reizleitenden Strukturen für die Seeanemone im Laufe der Evolution haben.

3 Die Drüsententakel des langblättrigen Sonnentaus reagieren sofort, wenn ein Insekt ihre Drüsenköpfchen berührt. Die Tentakel neigen sich der Blattmitte zu, umschließen das Insekt, und die Beute wird, bis auf die unverdaulichen Chitinpanzerreste, vollständig aufgelöst.

3.1 Erläutern Sie den Funktionsmechanismus, der diesem Verhalten der Sonnentaupflanze zugrunde liegt.

3.2 Welche Vorgänge in der Pflanze spielen bei der Erregungsleitung und bei der Reizbeantwortung eine Rolle?

4 Untersuchungen ergaben, daß die Bewegungsreaktion der Sonnentautentakel bereits bei einer Berührung von $4 \cdot 10^{-7}$ g eiweißhaltigen Stoffes erfolgt. Danach braucht die Pflanze etwa 24 Stunden, um das Blatt für einen neuen Fang bereithalten zu können. Bei der Berührung der Tentakel durch die vom Wind aufgewirbelten Sandkörner treten keine Bewegungsreaktionen der Tentakel des Sonnentaus ein.

4.1 Erklären Sie das Zustandekommen solcher Unterschiede in der Reaktionsweise dieser Pflanze aus der Sicht der Sinnesphysiologie.

4.2 Vergleichen Sie diesbezüglich das Verhalten der Sonnentaupflanze und der Seeanemone.

5 Erörtern Sie, wie fleischfressende Pflanzen im Laufe der Evolution entstanden sein können.

Text 8.1

Die Seeanemonen, Seerosen, Seenelken usw. sind Hohltiere und gehören zu den "Blumentieren" (Anthozoa). Sie leben ausschließlich im Meer entweder als Einzelpolypen oder zu Kolonien vereinigt. Der Körper dieser Hohltiere ist zylinderförmig und trägt an seinem Mundpol ein bis mehrere Tentakelkränze (siehe die Abbildungen 8.1 und 8.2).
Die Tentakel sind hohl, wobei die Tentakelhöhlung mit dem Magenraum in Verbindung steht. Kräftige Ringmuskeln der Innenhaut können im Zusammenspiel mit den Längsmuskeln die Körperform und Größe verändern. Die Tentakel können gestreckt, aber auch ruckartig zusammengezogen werden (vgl. Abb. 8.2). Meist kann der Polyp mit einer Fußscheibe sehr fest auf der Unterlage haften. Die Seeanemonen leben nur von tierlicher Kost. Sie fangen mit ihren kräftigen Tentakeln, die viele starke Nesselkapseln besitzen, Beutestücke aus ihrem Umkreis. Sie packen die Opfer, lähmen sie und bringen sie zum Mundrohr; man fand im Magenraum solcher Arten neben kleinen Fischen auch Reste von Weichtieren und kleinen Krebsen. Fast in jedem Schauaquarium kann man die Seeanemonen,

Seenelken und andere Großformen betrachten. Den Namen "Blumentiere" verdanken diese Hohltiere ihrer Körperform, der prächtigen Färbung und der meist festsitzenden Lebensweise. Die Abb. 8.2 zeigt zwei Vertreter dieser umfangreichen, etwa 6500 Arten umfassenden Klasse der Hohltiere.

Text 8.2

Die Sonnentaugewächse (Unterklasse Rosiflorae)
An den scharlachroten Tentakelenden der Fangblätter von Sonnentau-Arten blitzen selbst an Sommertagen, wenn die Hitze über den moorigen Standorten brütet, blanke "Tautropfen". Auf diesen Umstand bezieht sich der botanische Name des Sonnentaus, "Drosera", griechisch "drosos" = Tau. Es handelt sich aber nicht um Tautröpfchen, sondern um einen klebrigen Schleim, den die zahlreichen Drüsenhaare ausscheiden, mit denen die Blätter des Sonnentaus dicht besetzt sind. Mit diesem Schleim lockt die Pflanze Insekten an, die festkleben und bei ihren vergeblichen Befreiungsversuchen immer neue Drüsenköpfchen berühren. Diese biegen sich zu der Blattmitte, um das gefangene Insekt ganz einzuschließen (siehe Abb. 8.3).
Der Sonnentau besitzt, wie alle anderen insektenfressenden Pflanzenarten auch, Chlorophyll und Wurzeln und kann sich auch autotroph ernähren, wie zahlreiche Kulturversuche beweisen.
Die Sonnentaugewächse gehören ebenso wie die Rosengewächse zur Unterklasse Rosiflorae und damit zu den zweikeimblättrigen Pflanzen.

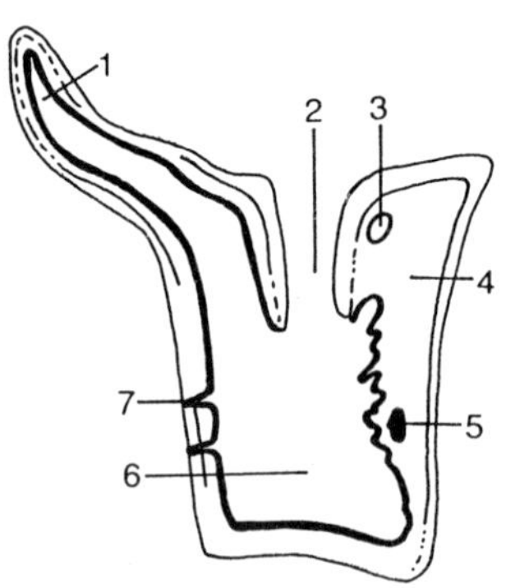

Abb. 8.1: Schnitt durch einen Blumentier-Polypen. 1 Tentakel, 2 Schlundrohr, 3 Ringkanal, 4 Mesenterium-Scheidewand, 5 Keimdrüsen, 6 Magenraum, 7 Poren.

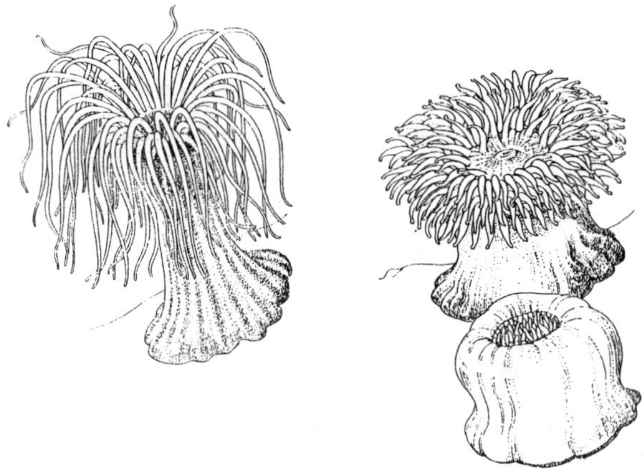

Abb. 8.2: Zwei Vertreter der "Blumentiere" (aus: *Haas/Knorr*: Was lebt im Meer? Franksche Verlagsbuchhandlung, Kosmos Naturführer, Stuttgart 1966)

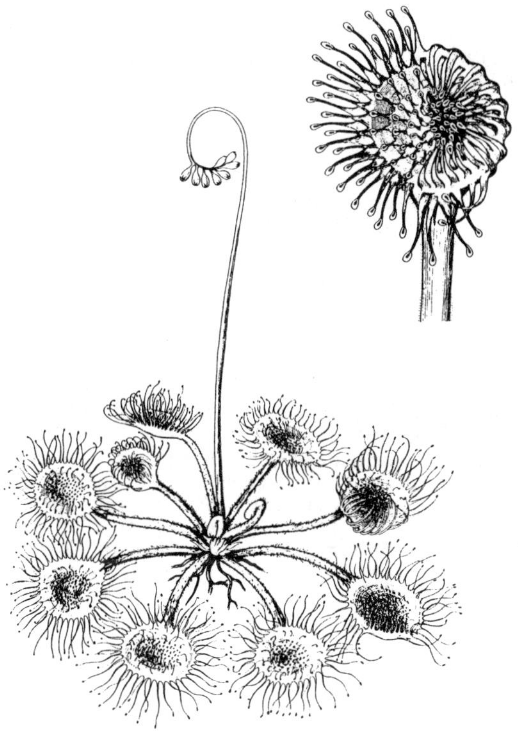

Abb. 8.3: Sonnentau (aus: *Nultsch, W.*: Allgemeine Botanik. Georg Thieme Verlag, Stuttgart 1986)

Erwartete Lösung zu Vorschlag 8

1.1 Die Seeanemone besitzt ein Nervenzellennetzsystem; spezialisierte Sinneszellen sind nicht vorhanden. Die Information wird über die Nervenzellen an die übrigen Körperteile gemeldet; Informationsverarbeitung nach dem Prinzip: Wenn-Dann-Schaltung.

1.2 Skizze mit Rezeptor-Nervenzelle, Synapse, weitere Nervenzelle, motorische Endplatte (Muskelfasern sind im Ektoderm vorhanden);
Richtige Anwendung der neurophysiologischen Begriffe.

2.1 Langsam leitende Nervenfasern, keine Myelinscheide auf dieser Entwicklungshöhe vorhanden. Unterschiede in der Leitungsgeschwindigkeit beruhen auf unterschiedlichen Durchmessern mancher Fasern.

2.2 Schnellere Reaktionsfähigkeit ermöglicht bessere Nahrungsversorgung und erhöhte Überlebenschancen. Die Seeanemone ist festsitzend, ruckartiges Zusammenziehen kann als Schutzreaktion gedeutet werden. Organismen mit höherer Impulsleitgeschwindigkeit werden in der Evolution bevorzugt.

3.1 Reiz wird an den Drüsenhaaren aufgenommen, spezielle Sinneszellen sind nicht vorhanden, ebensowenig besondere Leitungsbahnen für die Informationsweitergabe. Reizbeantwortung erfolgt in Form rascher Turgorveränderungen, teils auch in Form von Wachstumsvorgängen.

3.2 Veränderung der Gewebespannung; bei den Wachstumsvorgängen spielt die lokale Konzentration der Auxine eine Rolle.

4.1 Spezielle Sinnesorgane sind nicht nachgewiesen, die Ergebnisse deuten auf eine spezifische Reaktionsweise auf Eiweißstoffe hin; die Reaktion kann als Chemonastie eingestuft werden, daher keine Reaktion bei andersartigen, auch starken, Reizen.

4.2 Im Unterschied zum Sonnentau reagiert die Seeanemone nach dem Prinzip der Wenn-Dann-Schaltung, es gibt keine spezifische Reaktion, kein adäquater Reiz vorhanden, Reaktion auf chemische oder mechanische Reize auf die gleiche Weise.

5 Übergang zu heterotropher Lebensweise beim Sonnentau, Entwicklung war bedingt durch Mangel an stickstoffhaltigem Material am Standort Moor; für hohe Wachstumsrate ist der zusätzliche Erwerb von Stickstoffverbindungen erforderlich gewesen. Mutationen führten zu eiweißspaltenden Enzymen und Sekretabsonderung. Dadurch war bessere Anpassung an den genannten Standort gegeben, die Fähigkeit zur Autotrophie blieb dennoch bisher erhalten.

VORSCHLAG 9 - ENTWICKLUNGSPHYSIOLOGIE/ÖKOLOGIE

Thema: Transplantationsversuche am Seidenspinner

Hinweis zur Durchführung: Der Film "Hormonwirkung bei Schmetterlingen" (Klett-Verlag) wird zweimal gezeigt. Dabei überdeckt der Lehrer den einmal auftretenden Begriff *Ecdyson*.

Aufgabe

1.1 Charakterisieren Sie knapp die Entwicklungsstadien beim Schmetterling und den Typ dieser Entwicklung.

1.2 Begründen Sie, wieso Schmetterling, Puppe und Raupe an unterschiedlichen Stellen in Nahrungsketten eines Ökosystems stehen.

2.1 Beschreiben Sie die beiden im Film dargestellten Versuche 1a und 1b.

2.2 Deuten Sie knapp die in Text 9.2 genannten Versuche. Verwenden Sie dazu die Abbildungen 9.1 bis 9.3.

2.3 Ordnen Sie begründend die Versuche 2 und 3 von ihrer Aussage her den Versuchen aus dem Film zu.

2.4 Geben Sie eine Deutung, wie der Metamorphoseschritt von der Puppe zum Schmetterling gesteuert wird. Ließe sich Versuch 3 durch eine weitere Implantation so modifizieren, daß auch das Hinterteil sich entwickelt?

2.5 Beschreiben Sie kurz die Vorgänge bei der Entwicklung von Amphibien. Wodurch wird die Anlage des Neuralrohres und z.B. des Auges bewirkt? Vergleichen Sie letzteres mit der Ihnen bekannten Steuerung des Wachstums bei Pflanzen und mit den oben gezeigten Abläufen.

Text 9.1

Die Puppen des Riesenseidenspinners machen eine fünfmonatige Entwicklungsruhe durch, bevor die Metamorphose zum Schmetterling einsetzt, die nach ca. 4 Wochen abgeschlossen ist. Durch Kühlen der Puppen (3 bis 5 °C) und anschließende Aufbewahrung bei 25 °C wird diese Pause unterbrochen, sie werden "aktiviert", und die Metamorphose setzt ein. Solche Puppen wurden von dem Amerikaner *Williams* benutzt, um die Steuerung der Metamorphose aufzuklären.

In der Puppe bleibt, im Gegensatz zu vielen anderen Organen, das Gehirn mit seinen Anhangsdrüsen über die gesamte Zeit weitgehend erhalten, ebenso Drüsen im Thoraxraum (vgl. Abb. 9.1).

Text 9.2

Versuche:

1. Im Film werden 2 Versuche (1a, 1b) mit gekühlten, halbierten Puppen gezeigt.
2. Bei einer Kette von miteinander verwachsenen, gehirnlosen Puppen wird in die vordere Puppe ein Gehirn implantiert; es wird gekühlt, dann Aufbewahrung bei 25 °C (Abb. 9.2).
   Alle Puppen entwickeln sich, soweit die Verwachsungen das zulassen, zu vollständigen Schmetterlingen (Abb. 9.3).
3. Gehirnlose Puppen werden nach Abb. 9.1 halbiert. In beide Hälften wird je ein Gehirn implantiert, dann Behandlung wie in Versuch 2. Nur die vordere Puppenhälfte führt die Metamorphose durch.
4. Wird in Abänderung des im Film gezeigten Versuchs 1a das Durchschneiden der vollständigen Puppen erst 6 - 7 Tage nach dem Abkühlen vorgenommen (im Film waren es 3 Tage) führt auch das Hinterende Metamorphose durch.

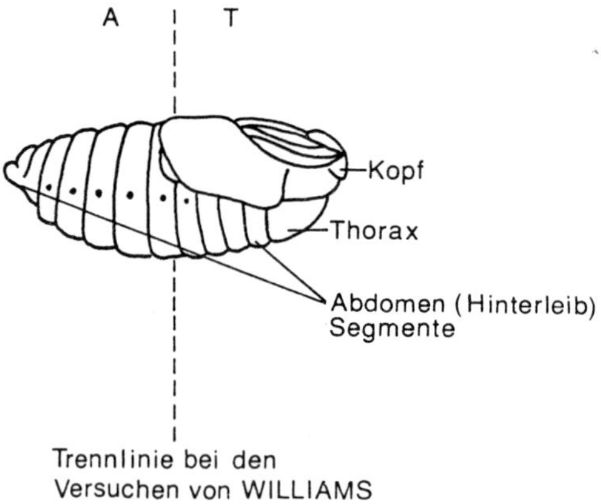

Abb. 9.1: Schematische Darstellung zu den Versuchen von *Williams*
T = Kopfbruststück und erste Hinterleibssegmente
A = Hinterleib

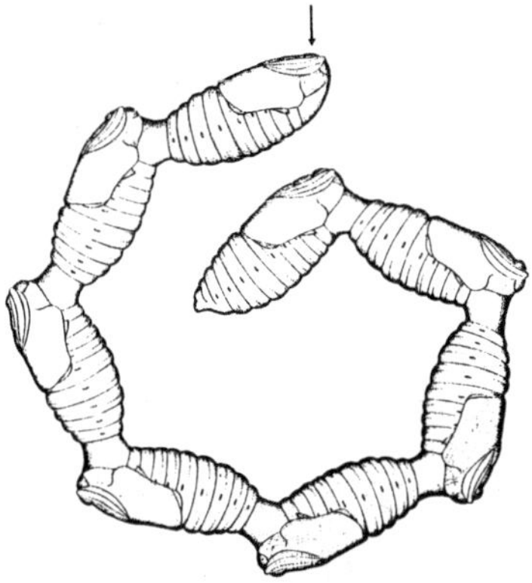

Abb. 9.2: Versuchsansatz (s. Text 9.2) (aus *Kaestner, A.*: Lehrbuch der speziellen Zoologie, Bd. 1; 3. Teil Insecta. VEB Gustav Fischer Verlag, Jena 1972)

Abb. 9.3: Versuchsergebnis (s. Text 9.2) (aus *Kaestner, A.*: Lehrbuch der speziellen Zoologie, Bd. 1; 3. Teil Insecta. VEB Gustav Fischer Verlag, Jena 1972)

Erwartete Lösung zu Vorschlag 9

1.1 Kurze Beschreibung der Entwicklungsstadien, Gesamttyp: Holometabolie.

1.2 Spezifizierung der unterschiedlichen ökologischen Nischen: andere Lebensräume, Nahrung verschieden, die verschiedenen Entwicklungsstadien des Schmetterlings dienen unterschiedlichen Tiergruppen als Beute.

2.1 Beschreibung der im Film gezeigten Versuche.

2.2 Allgemein ist eine Verbindung zum Vorderteil nötig; Stofftransport findet statt.
Aktiviertes Gehirn bewirkt die Metamorphose; es produziert einen Stoff, der durch alle Larven transportiert wird.
Das Gehirn bzw. der produzierte Stoff kann nur im Brustraum wirken.
Nach 6 - 7 Tagen ist der wirksame Stoff bis ans Hinterende gelangt.

2.3 Demnach ist Versuch 2 dem Filmversuch 1b zuzuordnen (Verbindung, Stofftransport) und Versuch 3 entsprechend zu 1a (Gehirn + Thorax).

2.4 Durch Kälte aktiviertes Gehirn produziert einen Induktionsstoff (Hormon), der nur über die Thoraxdrüsen wirkt. Diese ihrerseits bewirken die Differenzierung.
Bestätigung: Implantieren von Thoraxdrüsen.

2.5 Furchungsstadien bis Blastula, Gastrula, Neurula; Tätigkeit eines Organisators, Induktionsvorgänge; Induktion von Wachstum und Differenzierung erfolgt durch spezifische Wirkstoffe (Hormone) bzw. durch unspezifische Stoffe.

VORSCHLAG 10 - ÖKOLOGIE/VERHALTENSLEHRE

Thema: Der Buchdrucker

Aufgabe

1 Erläutern Sie den Begriff Faktorenkomplex und das Prinzip der relativen Effizienz der Faktoren an einem selbst gewählten Beispiel.

2.1 Erarbeiten Sie Minimalumwelt und Requisitenausstattung für das Habitat des Buchdruckers nach den vorgelegten Materialien.

2.2 Erläutern Sie im einzelnen den Zusammenhang zwischen der Schädigung der Fichten und der Gradation von Borkenkäfern im Harz. Ziehen Sie dazu Ihre Kenntnisse über die Ursachen der Fichtenschädigung und die Angaben zum Buchdrucker heran.

2.3 Werten Sie die Ergebnisse der Aufgaben 1 - 2.2 im Hinblick auf ihre Bedeutung für das Ökosystem Wald aus, und diskutieren Sie Möglichkeiten zur Kompensation der Schäden.

3 Der Buchdrucker fliegt bei Temperaturen über +20 °C aus. *Schwerdtfeger* bezeichnet diese Temperatur als die "Startlage" des Buchdruckers und unterscheidet sie von der Motivation.
Definieren Sie den Begriff "Motivation" ethologisch, und begründen Sie, warum es sinnvoll erscheint, diesen Begriff von der "Startlage" zu unterscheiden.

4.1 Erklären Sie das Schema zur integrierten Theorie der Abundanzdynamik am Beispiel des Buchdruckers (Abb. 10.2).

4.2 Erläutern Sie an diesem Schema Möglichkeiten und Grenzen einer Regulation der Gradation von Buchdruckern; beziehen Sie dabei auch die Angaben zum Stoffwechsel der Wirtsbäume ein (Text 10.1 Brutbäume und Befall).

Text 10.1

Vorbemerkung: Borkenkäfer verursachten im warmen und trockenen Sommer 1983 auf weiten Flächen des Harzes Schäden an Fichten. Der derzeitige Schadholzeinschlag liegt bei 27.000 fm. Die befallenen Fichtenbestände sind - wie in Harzhochlagen allgemein - stark durch Luftverunreinigungen geschädigt. Insgesamt wird ein notwendiger Holzeinschlag von 450.000 bis 500.000 fm befürchtet. Der Sommer 1983 war der zweite heiße Sommer mit verminderten Niederschlägen.

Zur Biologie des wichtigsten Vertreters der Borkenkäfer: Buchdrucker Ips typographus I.

Flugzeit der Käfer: April/Mai bzw. Juni/Juli
Erstbefall der Fichte durch Männchen bei minimaler Rindendicke von 4 mm, bohren "Rammelkammern" in Bast und Kambium. Männchen lockt Weibchen durch Lockstoffe (Pheromone) an. Weibchen legt in Muttergänge (mit Luftlöchern versehen) 20 - 100 Eier; Schlupf der Larven nach 1,5 bis 2 Wochen.
Larven fressen Quergänge in frischen Bast, später in toten Bast. Bei warmem Wetter Entwicklungsdauer 3 bis 4 Wochen.
Puppenruhe in Rinde 1 bis 2 Wochen; schlüpfender Käfer lebt bis zu 20 Wochen; er überwintert am Brutort oder in anderen Stämmen, Stubben oder Streu.
Generationen: 1 bis 3, je nach Witterung; Geschwisterbruten häufig; in Harzhochlagen nur in sehr heißen Sommern mehr als eine Generation.
Außeneinflüsse: Wenn niedrige Sommertemperaturen Larvenentwicklung hinauszögern, erleiden Larven im Winter erhebliche Verluste durch Nässe und Kälte. Alle Stadien (Larve - Puppe - Imago) können infolge hoher osmotischer Werte der eigenen Zellen Wasser aufnehmen, so daß sie quellen und anschließend platzen.
Brutbäume: Fichte muß bestimmte Zellsaftkonzentration aufweisen und infolge vorausgehender Stoffwechselschädigungen flüchtige Harzstoffe als Reizstoffe abgeben (Bedeutung von Trockenheit und Sonne).
Befall: Bei niedriger Populationsdichte werden nur geschwächte Fichten befallen; fliegt eine große Anzahl Individuen in kurzer Zeit an, können auch gesunde Fichten befallen werden. Bei Massenbefall der Bäume entwickeln sich die Larven häufig nicht vollständig.

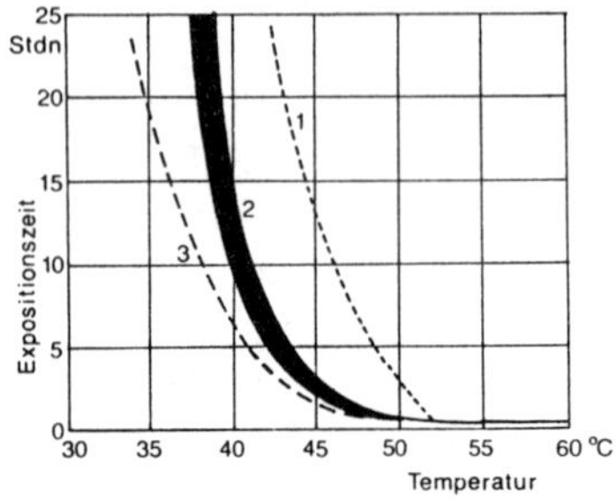

Abb. 10.1: Eintritt der Wärmestarre bei Ips typographus. (1) ernährte, in Rinde lebende Käfer; (2) hungernde, freilebende Käfer bei 80 % und (3) bei 40 % relativer Luftfeuchte. (aus *Schwerdtfeger, F.*: Waldkrankheiten. Parey, Hamburg 1970)

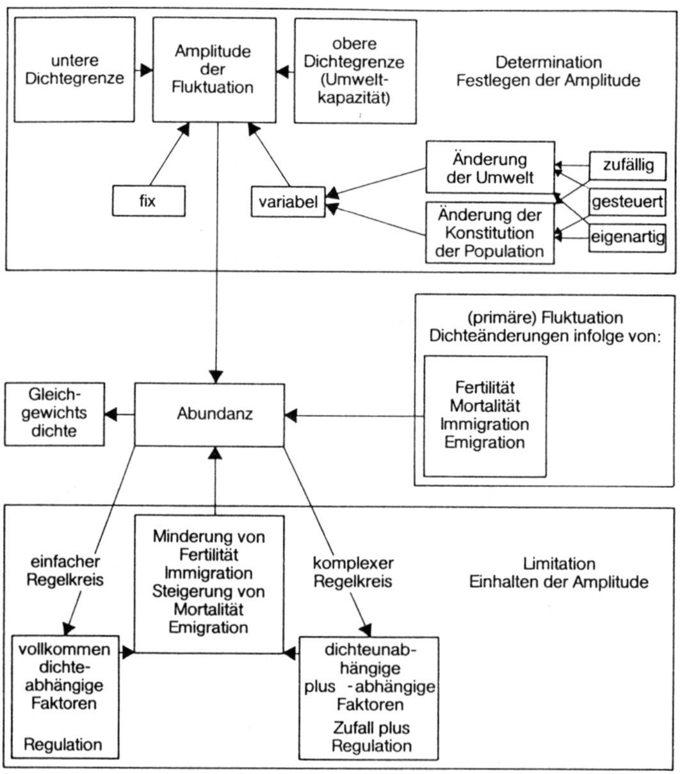

Abb. 10.2: Schema zur integrierten Theorie der Abundanzdynamik (aus *Schwerdtfeger, F.*: Waldkrankheiten. Parey, Hamburg 1970)

Erwartete Lösung zu Vorschlag 10

Der Begriff Gradation wird bei dieser Aufgabe als bekannt vorausgesetzt: Gradation bezeichnet die Fluktuationsphase, in der der Anstieg der Individuendichte in der Population die Grenze der Umweltkapazität (mindestens kurzzeitig) übersteigt. Vor und nach einer Gradation ist die Dichte gering, oft so verschwindend, daß man von einer Latenzphase spricht. Beim Massenwechsel gradierender Arten wechseln also die beiden Fluktuationsphasen miteinander ab. Massenwechsel sind orts- und artspezifisch.

1 Das Beispiel klärt: Faktorenkomplex als Summe aller Existenznotwendigen Faktoren für den Organismus, die am Habitat mindestens in minimaler Quantität vorhanden sein muß. "Gesetz des Minimums" wird erweitert durch das Prinzip der relativen Effizienz.

2.1 Requisiten: Nahrung, Luftfeuchtigkeit, Temperatur, Artgenossen; Minimalumwelt: Temperaturen unter 50 °C, Luftfeuchte unter 80 %, für Ernährung und im Hinblick auf Artgenossen keine Aussage möglich.

2.2 Angaben zur Fichtenschädigung über SO_2: Bedeutung für den Boden (Kationen-Austauscherkapazität, Aluminium-Freisetzung, PH-Änderung, Schädigung der Feinwurzeln führen zu Schädigung von Wasserhaushalt und Mineralstoffhaushalt).
- NO_x/Photooxidantien: Schädigung der Photosynthese-Organe Nadelverlust, Stammschäden ergibt Veränderungen im Stoffwechsel.
- optimale biotische und abiotische Bedingungen für den Buchdrucker

2.3 Wald stirbt durch die Schädigungen schneller. Dadurch ergibt sich Verlust seiner Funktionen (Schutz-, Nutz-, Erholung-). Behebung von Schäden ist infolge der Faktorenvernetzung problematisch; einmalige Aktionen sind sinnlos, kurzfristige Behebung der Schäden ist unmöglich.

3 Die Motivation als Bereitschaft des Tieres zu bestimmtem Verhalten - Verhalten wird durch eine Vielzahl von Faktoren bestimmt (Außen- und Innenreize). Die Startlage bezieht sich hier auf nur einen Faktor, die Temperatur.

4.1 Erläuterung der Begriffe und Zusammenhänge, so daß Angaben zum Buchdrucker im Schema erscheinen.

4.2 Limitation möglich, aber bedeutungslos; Umweltänderung nicht in kurzer Zeit umkehrbar; Hinweis auf Stoffwechsel der Wirtsbäume (Zellsaftkonzentration, vorausgehende Stoffwechselschädigung, Abgabe flüchtiger Harze).

VORSCHLAG 11 - ÖKOLOGIE/GENETIK

Thema: Tümpel mit Stechmücken

Aufgabe

1 Nutzen Sie Text 11.1 und die Klimadaten (Tab. 11.1) dazu, um die wichtigsten abiotischen Faktoren des Biotops und ihren Wechsel im Jahreslauf zu kennzeichnen und in ihrer Wechselwirkung zu erfassen.

2 Schätzen Sie zunächst ab, welche Pflanzen und Tiere aufgrund ihrer Verbreitungsmittel zu den kleinen Tümpeln im Steinbruch gelangen könnten. Zählen Sie sechs Lebewesen auf, die nach Ihrer Ansicht den abiotischen Faktoren des Biotops gewachsen wären, und begründen Sie die Auswahl.

3 Vergleichen Sie die Atmung der Insekten allgemein mit den Sonderfällen bei den Stech- und Zuckmücken. Erklären Sie dieses Beispiel der unterschiedlichen Nutzung des gleichen Lebensraumes.

4 Berechnen Sie die Zahl der Weibchen für jeden Monatsanfang bis September, und stellen Sie das Ergebnis graphisch dar. Ändern Sie diese Kurve der theoretisch möglichen Vermehrung ab zu dem wahrscheinlich tatsächlichen Verlauf, und begründen Sie die Abweichung.

5 Beurteilen Sie die verschiedenen Methoden der Stechmückenbekämpfung nach ihrem Erfolg und ihrer nachteiligen Wirkung auf den Naturhaushalt. Erklären Sie durch Zeichnung und Text, was eine Translokation ist und warum sie einen Schwund an Nachkommen zur Folge haben kann.

Text 11.1

In der Nähe von Bad Gandersheim gibt es einen Steinbruch des Muschelkalkes, der rings von Feldern umgeben ist. An einer Seite erfolgt seit vielen Jahren kein Abbau mehr. Im Verlauf der Arbeiten hatte sich hinter einer 5 m hohen Bruchwand im Abstand von 4 m eine Vertiefung von 20 cm gebildet. Sie war 3 m breit und 10 m lang und für Wasser undurchlässig. - Zunächst war kein Boden

vorhanden. Durch Niederschläge bildete sich in der Vertiefung ein Tümpel. Der Höchststand der Sonne beträgt im Sommer während der Mittagszeit im Durchschnitt 50° (Winkelgrade).
Schon nach kurzer Zeit siedelten sich Pflanzen an, und Tiere kamen in den kleinen Tümpel. Sie mußten die Stelle finden und erreichen sowie die wechselnden Lebensbedingungen ertragen können. Diese Verbindung von Eigenschaften hatten zunächst nur wenige. Schließlich entstand hier aber eine kleine Lebensgemeinschaft.
Im Sommer kann man hier Larven der Stechmücke beobachten. Sie hängen mit dem Kopf nach unten an der Wasseroberfläche und strudeln Nahrung herbei, die vorwiegend aus Schwebstoffen besteht. Gleichzeitig können die Larven atmen, indem sie das vom vorletzten Leibesring abgehende Atemrohr über die Wasseroberfläche halten.
Ohne nach oben zu kommen, leben im Schlamm des Tümpels die rot gefärbten Larven der Zuckmücken. Die rote Farbe rührt vom hämoglobinhaltigen Blut her, das in diesem Falle ausnahmsweise bei Insekten vorkommt und in kiemenartigen Hautausstülpungen fließt.

Wir nehmen an, zehn überwinterte und befruchtete Weibchen der Stechmücke beginnen Anfang Mai, ihre Eier in den Tümpel zu legen, jedes Weibchen bringt 200 Eier hervor, von denen 100 zu Weibchen werden. Die Elterntiere leben nicht mehr, wenn die Jungen ausschlüpfen.
Da Mücken als Plagegeister des Menschen gelten, versucht man andernorts, sie auf verschiedene Weise zu bekämpfen: Zuschütten der Tümpel, Übergießen der Wasseroberfläche mit Detergentien und Anwendung von Insektiziden. Alle diese Methoden haben irgendwelche Nachteile. Daher hat man sich um eine andere Art der Bekämpfung bemüht, die auf dem erblichen Nachkommenschwund beruht. In Zuchtstämmen, die von diesem Schwund behaftet sind, wird oft nur die Hälfte der normalen Nachkommenschaft erzeugt. Daher hat man die Erscheinung auch Semisterilität genannt, die durch eine Translokation im Chromosomensatz ($2n = 6$) verursacht wird. Sie läßt sich willkürlich durch Röntgenstrahlen erzielen. Der Erfolg zeigt sich besonders im September, wo es sonst am meisten Stechmücken gibt. Hat man bestrahlte Männchen frühzeitig freigelassen, so kommt Ende September eine Stechmückenzahl vor, wie sonst im Juni.

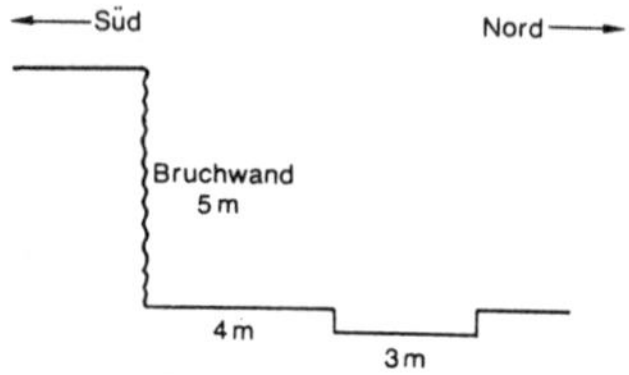

Abb. 11.1: Lage des Tümpels

Tab. 11.1: Angaben zu Niederschlag und Temperatur

Monat	I	II	III	IV	V	VI	VII	VIII	IX	X	XI	XII	Jahresdurchschnitt
Temperatur (°C)	-0,2	0,0	3,5	8,3	12,1	15,9	17,3	16,9	14,2	9,6	4,7	1,5	8,6
Niederschlag (mm)	56	43	42	53	62	75	97	87	54	52	52	69	742

Tab. 11.2: Sauerstoffsättigung des Wassers

Temperatur (°C)	0	10	20	30	40
Sauerstoff (mg/l)	12,6	11,4	9,2	7,6	6,6

Erwartete Lösung zu Vorschlag 11

1 Kennzeichnung des Begriffs "abiotische Faktoren". Unterscheidung von Groß- und Kleinklima, Problematik der Übertragung der Meßdaten.
Wasser: Wasserfüllung im Laufe von 4 Monaten (Winterhalbjahr). Im Sommer mehr Niederschlag, aber auch höhere Verdunstung. Möglichkeit der Austrockung. Gefrieren von oben her.
Temperatur: Die Einzeichnung der Sonne ergibt, daß zur Mittagszeit das volle Licht den Tümpel trifft und die Temperatur erheblich erhöht. Damit werden die Lebensbedingungen ungünstiger, der Sauerstoffgehalt sinkt, und die Gefahr des Austrocknens vergrößert sich.
Boden: Entstehung durch physikalische und chemische Verwitterung.
Kalk im Überschuß, andere Elemente (z.B. Stickstoff) sind im Minimum und begrenzen das Gedeihen.

2 Aufzählung von Verbreitungsmitteln bei Pflanzen und Tieren: Vögel, Insekten, Amphibien, flugfähige Früchte von Pflanzen. Für den Tümpel geeignete Lebewesen: Algen, Binsen, Rohrkolben, Schilf, Kröten, Molche, Libellen, Fliegen.
Begründung der Lebensmöglichkeiten.

3 Atmung der Insekten durch Stigmen und Tracheen.

Vergleich der normalen Insektenatmung mit der von Stech- und Zuckmücken. Vermutung von ganz oder teilweise geschlossenen Stigmen. Hb-haltiges Blut zum Sauerstofftransport wie bei Wirbeltieren. Anpassung der Mückenlarven an den sauerstoffarmen Biotop wegen der teilweise hohen Wassertemperatur. Erkennung verschiedener ökologischer Nischen. Konkurrenz-Ausschlußprinzip.

4 Berechnung mit Potenzen

$10^1 \ldots 10^9$

Graphik in arithmetischem und halblogarithmischem Maßstab. Extrapolation der Kurve mit stationärer und Absterbephase.

5 Bekämpfungsmethoden mit Vor- und Nachteilen (Zuschütten, Detergentien und Insektizide). Einordnen der Semisterilität zu den biologischen Bekämpfungsmethoden mit Vorteil der Spezifität.
Schematische Zeichnung des diploiden Chromosomensatzes mit Translokation und kurze Erklärung des Sachverhaltes, Positionseffekt.

VORSCHLAG 12 - ÖKOLOGIE/VERHALTENSLEHRE

Thema: Die Bedeutung des Habichts in der Landschaft

Aufgabe

1.1 Erläutern Sie an einem selbstgewählten Beispiel alle Faktoren, die eine Dynamik der Population auslösen.

1.2 Erläutern Sie die Bedeutung dieser Faktoren mit Hilfe des Prinzips der relativen Effizienz der Faktoren.

2.1 Formulieren Sie Arbeitshypothesen, die der Wahl der unterschiedlichen Habichtshabitate (Tab. 12.1) durch die Forscher zugrundegelegen haben könnten. Begründen Sie Ihre Aussage, indem Sie angeben, wie eine für die Forschung fruchtbare Arbeitshypothese formuliert sein muß.

2.2 Werten Sie die Untersuchungsergebnisse aus; berücksichtigen Sie dabei folgendes: Populationsdynamik von Räuber und Beute; Bedeutung des Habichts im Biozön; geben Sie auch an, welche weiteren Faktoren relevant sein könnten, zu denen keine Daten vorliegen.

2.3 Erklären Sie den geringen Anteil an Rebhühnern an der Beute des Habichts im Börm - ziehen Sie zur Verdeutlichung die erweiterte Regelkreisdarstellung nach *Schwerdtfeger* heran. Versuchen Sie, eine allgemeine Aussage abzuleiten.

3.1 Untersuchen Sie, inwieweit die in Text 12.2 gegebenen Grundsätze zur Interpretation der vorliegenden Untersuchung herangezogen werden müssen.

3.2 Erläutern Sie, inwieweit sich die angegebenen artspezifischen Verhaltensweisen des Habichts als "angeboren" und "erlernt" unterscheiden lassen.

3.3 Diskutieren Sie, ob es in diesem Zusammenhang sinnvoll wäre, den Begriff "Genetische Varianz" auf Verhaltensmerkmale anzuwenden.

4 In den letzten Jahrzehnten wurde gerade in Greifvögeln (Sperber, Wanderfalke, Habicht) eine starke Belastung mit Chemikalien (Pestiziden) festgestellt, die letztlich zur Änderung der Kriterien für die Umweltgesetzgebung führte. Neben der Anreicherung in Federn wurden auch eine erhöhte Brüchigkeit der Eischalen und erhöhte Embryonensterblichkeit festgestellt.

4.1 Erklären Sie diese Anhäufung von Pestiziden und entsprechenden Schäden gerade in Greifvögeln.

4.2 Erläutern Sie, welche zusätzliche Bedeutung damit gerade der Erhaltung der Greifvögel zukommt.

Text 12.1

In den letzten drei Jahren wurde in Schleswig-Holstein im Auftrage des Landes eine wissenschaftliche Untersuchung über die Bedeutung des Habichts in der Landschaft durchgeführt. Der Habicht ist schwer über längere Zeit zu beobachten, da sein Jagdgebiet (3000 - 5000 ha) die gedeckte Waldlandschaft ist, in der er im Überraschungsangriff jagt, durch Kopf- und Halsgriff tötet. Beim Jagdflug streicht er sehr flach, äußerst gewandt, jede Deckung nutzend. Er nimmt kein Aas. Althabichte verteidigen das Gebiet nur wenige hundert Meter um den Horst - im übrigen Gebiet überlappen sich die Reviere verschiedener Standpaare teilweise. Das Männchen ist kleiner und um ca. ein Drittel leichter als das Weibchen (♂: etwa 700 g, ♀ etwa 1200 g). 2 Jahre trägt der Habicht ein bräunliches Jugendkleid, anschließend das zunehmend graue Alterskleid. In der, in ersten Ergebnissen, jetzt vorliegenden Untersuchung wurden in 2 Gebieten nach Möglichkeit alle Habichte gefangen, alle Großfedern markiert und die Vögel mit Sendern und Peilantenne versehen - anschließend wurden alle Habichte sofort freigelassen. Die Methode ermöglicht Angaben über Aufenthaltsort und Aktivitäten, wie Beuterupfen, Sitzen, Baden, Ruhen, Segeln, Jagen, wodurch eine umfassende Beuteliste ermöglicht wurde. Die gefundenen Mauserfedern lassen weiterhin die Aufenthaltsorte der markierten Vögel feststellen. Das Weibchen mausert während der Brut - der Terzel etwas später - er versorgt anfangs Weib und Junge.

Tab. 12.1: Angaben zu den Beobachtungsgebieten Börm und Gröwohldt

	Grönwohldt	Börm
1. Größe	513 ha	3100 ha
davon: Wald	140 ha (Laub)	wenige Fichtenstangenhölzer
landw. Fläche	350 ha Acker	ausschl. Grünland
Deckung (Knicks)	14 m/ha	90 m/ha
2. Anzahl Habichte		
- Standpaare	1	1
- gefangen	14	23
- tägl. jagend	4	3
3. Anzahl Beutetiere		
- Fasanen: Grundbestand 81	50	150
ausgesetzte Fasanen 81	450 Volierenfasanen	-
Bestand 5/82	50	ohne Angabe
- Rebhühner	-	ca. 150 (unter Kapazität des Gebietes)
- Kaninchen 5/81	1000	200
1/82	250 (Krankheit)	200
- Ringeltauben 2/82	4000	200 und mehr
- Stockenten	scharenweise	-
		dazu kamen ca. 100 - 150 Haustauben und große Schwärme von Drosseln, Kiebitzen, Dohlen, Möwen

Tab. 12.2: In den Gebieten Grönwohldt und Börm nachweislich erbeutete Tiere

Beutetiere	Grönwohldt	Börm
Kaninchen	100	8
Ringeltauben	35	70
Haustauben	-	30
Fasanen	170	22
Rebhühner	-	11
Hasen	2	-
Enten	13	-

Text 12.2: Ökoethologische Aussagen zur Verteilung von Tieren

a) Individuen bzw. Paare einer Art wählen als Aufenthalts- oder Brutgebiete nur Landschaftsformen oder Biotope, in denen das artspezifische Ökoschema verwirklicht ist.

b) Individuen bzw. Paare einer Art können durch intra- bzw. interspezifische Konkurrenz und/oder Interferenz in ihrer Verteilung beeinflußt werden, d.h. durch Rivalität unterlegene Individuen müssen weichen.

c) Migrationen von Individuen führen zu Änderungen der popularen Verteilung; diese aktiven Ortsbewegungen sind in ihrem quantitativen und qualitativen Ausmaß artspezifisch.

(Text und Tabellen nach: *Ziesemer, F.*: Untersuchungen zum Einfluß des Habichts (Accipiter gentilis) auf Populationen seiner Beutetiere. Beiträge zur Wildbiologie, H. 2 (1983), Verlag Hartmann, Kronshagen.)

Erwartete Lösung zu Vorschlag 12

1 Determinative Situation legt Amplitude der Dynamik fest. Fluktuation infolge von Fertilität, Mortalität, Immigration, Emigration.

1.2 Limitation durch Minderung der Fertilität; Steigerung von Mortalität, dichteabhängige und -unabhängige Faktoren, auch Verhalten.
Gegenseitige Beeinflussung der Faktoren; Prinzip der relativen Effizienz; Erläuterung an determinativer Situation und Limitation.

2.1 Die Beeinflussung der Beutepopulation hängt vom Wechselverhältnis zwischen der determinativen Situation der Beute und der des Habichts ab. Die Eigenart des Geländes, wie Deckung für den Habicht und Verstecke der Beutetiere, beeinflußt die Verteilung der Habichte.
Arbeitshypothese enthält gezielte Fragen an die Natur, die dann zu klaren Antworten führen, wenn die Fragen exakt und eindeutig sind.

2.2 Grönwohldt: Hohe Populationsdichte von Fasan und Kaninchen, die vorwiegend genutzt werden, dazu einige Tauben und Enten, geringe Deckung für die Beute.
Börm: Beuteangebot zerstreut, daher hoher Anteil an Tauben; wegen der besseren Deckung hat der Überraschungsjäger Habicht geringe Chance. Starke Reduktion der erfahrungslosen Fasane in Grönwohldt; unberücksichtigt sind: Verrechnung von Biomasse und Nahrungsqualität, Größe der Überlappung der Reviere, unterschiedliche Beutespektren der Geschlechter.

2.3 Geringe Beutezahl macht Treffen zwischen Beute und Räuber unwahrscheinlich, Frage der Deckung (Knicks). Allgemeine Aussagen: Konkurrenz zwischen Räubern führt zu Dispersion; seltene Tiere, sofern Nahrungsalternativen vorhanden, in geringem Umfang dezimiert.

3.1 In beiden Gebieten ist das "artspezifische Schema" verwirklicht. Junge und schwache Tiere wandern ab, dadurch bleibt z.B. der Besatz an Greifvögeln konstant.
Die Konkurrenz führt zu Migration und damit zu aktiven Ortsbewegungen, die hier nicht faßbar sind.

3.2 Angeborenes Verhalten ist formkonstant, deshalb sind Reaktionen auf variable Umweltgegebenheiten erschwert und unmöglich; flexible Reaktionen sind als Ergebnis der Verrechnung von Information anzusehen, also "erlernt". Sie ermöglichen optimale Habitatausnutzung.

3.3 Allenfalls fluktuierende Variabilität; Problem der Anwendung des Begriffs auf das Lernen; Reaktionsnorm als vorgegebene Variationsbreite; Lernfähigkeit vorgegeben.

4.1 Frage der Anhäufung in Spitzenregulatoren der Nahrungspyramide infolge des Biomassen-, Energieflusses in der Nahrungskette.

4.2 Spitzenregulatoren als "Bioindikatoren", letztlich auch für den Menschen.

VORSCHLAG 13 - ÖKOLOGIE/STOFFWECHSELPHYSIOLOGIE

Thema: Waldsterben - Schwefeldioxid

Aufgabe

1 Grundlagen

1.1 Zu welchem Baum gehört der vor Ihnen liegende Zweig? An welchen Merkmalen erkennen Sie ihn?

1.2 Schreiben Sie die Photosynthesegleichung.

1.3 Was versteht man unter dem Begriff Klimaxstadium?
Was war die wichtigste Klimax-Pflanzengesellschaft um das Jahr 1000 n. Chr. in Norddeutschland?

1.4 Erläutern Sie anhand einer Skizze kurz Bau und Funktion von Spaltöffnungen.

1.5 Was wird in den lichtabhängigen Reaktionen produziert? Welche Bedeutung haben diese Produkte für die lichtunabhängigen Reaktionen?

1.6 Erklären Sie die Begriffe mono-kausales und systemorientiertes Denken jeweils an einem Beispiel.

2 Wirkung des Schwefeldioxids. Beziehen Sie sich im folgenden da, wo es sinnvoll ist, auf die in Aufgabenteil 1 erbrachten Aussagen und Skizzen.

2.1 Erläutern Sie detailliert, wie die in Text 13.1 aufgeführten Wirkungen von Schwefeldioxid zur Verringerung der Photosyntheseleistung führen können.

2.2 Dem eigentlichen Baumsterben geht in der Regel eine lange Periode geringeren Zuwachses der Bäume voraus. Erläutern Sie kurz, wie sich der Zuwachs von Bäumen nachweisen läßt und wie es zu geringerem Zuwachs kommen kann.

3 Ursachen des Waldsterbens

3.1 Die für akute Schädigung nötige Schwefeldioxidkonzentration wird nur in der Nähe von einigen Industrieanlagen erreicht, dennoch könnte es auch an anderen Orten zu Schädigungen durch Schwefeldioxid kommen. Verdeutlichen Sie diese Aussage anhand von Tabelle 13.1.

3.2 Zeigen Sie anhand der Tabellen 13.1 und 13.2, weshalb die Erforschung der Ursachen des Waldsterbens so ungeheuer schwierig ist. Diskutieren Sie weitere Faktoren, die als Ursache in Frage kommen könnten.

4 Nehmen wir an, es gelingt, alle Ursachen des Waldsterbens zu beseitigen. Werden sich dann in naturbelassenen Gebieten, z.B. Naturschutzgebieten, die alten Klimaxgesellschaften vom Jahre 1000 n. Chr. wieder einstellen? Begründen Sie Ihre Antwort sorgfältig.

Text 13.1: Wirkungen des Schwefeldioxids

1. Änderung des Verhaltens der Spaltöffnungen;
2. Beeinträchtigung des Aufbaus und Abbaus von Chlorophyll;
3. Änderung der Übertragung von Sauerstoff und Wasserstoff im Stoffwechselgeschehen (Redox-Vorgänge).

Hinzu kommen noch weitere Wirkungen des Schwefeldioxids. Vor allem verändert der durch Schwefeldioxid angesäuerte Regen den Boden.

Tab. 13.1: Hemmung der Trockengewichtszunahme (in Prozent) nach 5-monatiger Behandlung mit SO_2 oder SO_2 + NO_2 (SO_2 = 0,180 mg/m³; NO_2 = 0,130 mg/m³) (NO_2 allein bewirkte keine Hemmung, sondern eine Förderung).

Baumart	SO_2 in Prozent	SO_2 + NO_2 in Prozent
Winterlinde	-	5
Apfel	5	19
Warzenbirke	20	42
Moorbirke	22	54
Schwarzpappel	6	46
Grauerle	59	71

Tab. 13.2: Schädigung von Bäumen durch Fluorwasserstoff. Die Schädigungen durch Schwefelwasserstoff entsprechen denen durch Fluorwasserstoff.

Schädigungsprozente nach Begasung mit 0,1 mg F/m³		
relative Luftfeuchtigkeit (in Prozent)	an Nadelbäumen (in Prozent)	an Laubbäumen (in Prozent)
65	20	25
80	27	39
90	57	55
99	93	72

(Tab. 13.1 und Tab. 13.2 nach *P. Schütt*: Der Wald stirbt an Streß. Bertelsmann, München 1984)

Erwartete Lösung zu Vorschlag 13

1.1 Fichtenzweig; Kennzeichen: Spitze, kurze Nadeln, nicht gescheitelt.

1.2 $12\ H_2O + 6\ CO_2 \longrightarrow C_6H_{12}O_6 + 6\ O_2 + 6\ H_2O \quad \Delta G = +\ 2872\ kJ$

1.3 Klimax als stabiler Endzustand nach Sukzession; Klimaxgesellschaft in Norddeutschland: Rotbuchenwald.

1.4 Spaltöffnungen liegen zwischen 2 Schließzellen; Schließzellen mit ungleichmäßig verdickten Wänden enthalten Chlorophyll; Funktion durch Änderung des Wassergehaltes; regeln Gasaustausch und Wasserabgabe.

1.5 ATP und NADPH + $H^{\oplus}$ werden produziert; ATP (Energieträger) und NADPH + $H^{\oplus}$ (Reduktionseinheiten) reduzieren Kohlenstoffdioxid zu Kohlenhydrat.

1.6 Monokausales Denken berücksichtigt eine Ursache und eine Wirkung: Stickstoffgaben verbessern den Pflanzenwuchs.

Systemorientiertes Denken berücksichtigt die vielen Funktionselemente eines Systems und deren Wechselwirkungen; Stickstoffgaben führen zu besserem Pflanzenwachstum, aber auch zur Veränderung des Bodens; sie beeinflussen das Grundwasser, usw.

2.1 Spaltöffnungen: Bei erweiterten Spaltöffnungen verstärkter Gasaustausch und erhöhter Wasserverlust;
verringerter Chlorophyllgehalt führt zu verminderter Photosyntheserate.
In den lichtabhängigen Reaktionen spielen Redox-Vorgänge eine entscheidende Rolle; auch die Wasserstoffübertragung auf $NADP^{\oplus}$ ist gestört.
Entsprechende Störungen in der Atmungskette;
d.h. die lichtabhängigen Reaktionen sind wesentlich gestört.
Damit wird weniger oder kein NADPH + $H^{\oplus}$ und ATP gebildet.
Deshalb wird weniger oder kein Zucker gebildet.

2.2 Die Wachstumsringe der Bäume bzw. die Veränderung des Baumumfanges zeigt den Zuwachs; wenn weniger Zucker gebildet wird, fehlt auch der Zuwachs.

3.1 Tabelle 13.1 verdeutlicht, daß sich die Schadfaktoren in ihrer Wirkung gegenseitig verstärken. Also können auch schon geringe Schwefeldioxidkonzentrationen zu Schädigungen führen.

3.2 Tabelle 13.1 und dazu Tabelle 13.2 zeigen, daß nicht mit einem Schadfaktor gerechnet werden darf, sondern hier nur systemorientiertes Denken, das die komplizierten Wechselwirkungen erfaßt, zum Ziele führen kann. Weitere mögliche Faktoren: Schwermetalle, z.B. Cadmium, Stickoxide, Ozon.

4 Die alten Klimaxgesellschaften sind nicht mehr zu erwarten; denn einerseits wurden inzwischen Arten ausgerottet und andere Arten, z.B. Douglasien, eingeführt. Andererseits verändert sich unter dem Einfluß des sauren Regens der Boden schnell: Durch Abwanderung von Mineralsalz und Ton wird Braunerde zu Podsol.

VORSCHLAG 14 - ÖKOLOGIE/VERHALTENSLEHRE

Thema: Das Rebhuhn

Aufgabe

1.1 Stellen Sie ein allgemeines Schema der Umweltbeziehungen eines Individuums in seiner Population auf.

1.2 Erläutern Sie an diesem Schema den Begriff "determinative Situation".

2.1 Zeichnen Sie ein Schema der Umweltbeziehungen des Rebhuhns.

2.2 Erklären Sie am Beispiel Rebhuhn, was unter dem "Prinzip der relativen Effektivität der Faktoren" verstanden wird.

2.3 Geben Sie an, welche Faktoren den Rückgang des Rebhuhnbesatzes bedingen, und begründen Sie im einzelnen.

3 Erklären Sie die Behauptung, daß die Abwanderung der Hühner "erzwungen" sei, ethologisch genau; ziehen Sie dazu Ihr Schema zu 2.1 heran.

4 Entwerfen Sie konkrete, realistische Vorschläge zur Erhaltung des Rebhuhns.

5.1 Kennzeichnen Sie die Eigenart der Darstellung in Text 14.2 mit einem Fachbegriff, und weisen Sie in diesem Zusammenhang auf einige charakteristische Textstellen hin.

5.2 Geben Sie den Inhalt des Textes 14.2 kurz und naturwissenschaftlich wieder. Schließen Sie Ihre Textwiedergabe mit einer teleonomischen, soziobiologisch begründeten Erklärung des Verhaltens des männlichen Alttieres ab.

Text 14.1

Das Rebhuhn Perdix perdix L. lebt in ganz Europa und bevorzugt leichte Böden der Steppen und Heiden mit eingesprengten Strauchpartien. Es lebt auf der Erde, badet im Sand, bewegt sich vorwiegend laufend, selten kurze Strecken fliegend fort. Während des Winters leben Rebhühner in Gemeinschaften; im März/April erfolgt die Paarbildung, die offenbar lebenslang dauert. Das Paar grenzt das Revier ab, das der Hahn gegen Eindringlinge verteidigt. In das Nest am Boden werden innerhalb von 14 Tagen 12 bis 20 Eier gelegt und 24 Tage vom Weibchen bebrütet. Ca. 12 Tage werden die Junghühner von den Eltern geführt, ggf. verteidigt oder der Feind durch "Krankstellen" der Altvögel getäuscht. Die Küken sind infolge ihres Nässe durchlässigen Daunenkleides empfindlich gegen die naß-kalte Witterung im Juni/Juli. Bei Temperaturen unter 18 - 20 °C unterkühlen sie schnell. Verklammte Küken können den Elterntieren nicht mehr folgen, können als Nestflüchter aber auch nicht ständig gewärmt werden. Die Nahrungszusammensetzung von Junghühnern zeigt Tab. 14.1, von Althühnern Tab. 14.2.
Seit Jahren gilt das Rebhuhn in seinem Bestand in der Bundesrepublik als äußerst gefährdet, wofür wechselnd Habichte, Jäger, Landwirte verantwortlich gemacht werden.
In den Jahren 1977/78 wurde deshalb erstmals eine Untersuchung eines hessischen Rebhuhnbestandes vorgenommen. Die Fläche betrug etwa 26 km^2 (1 km^2 = 100 ha = 10.000 a; 1 ha = 10.000 m^2) in der Zentralzone Wetterau, die landwirtschaftlich sehr intensiv genutzt wird. Infolge moderner Bearbeitungsmethoden wird die abwechslungsreiche, kleinparzellierte Feldflur in große Schläge umgewandelt. Hecken oder Brachflächen werden in diesem Gebiet weitgehend beseitigt. Die Versorgungswege sind meistens betoniert. Wegränder und Feldraine wurden in der Vegetationsperiode regelmäßig gemäht, die Ufervegetation an dem begradigten Fluß Nidda von Schafen abgeweidet, Büsche und Heckenpflanzen verbissen. So verbleiben im Gebiet weniger als 1 km Nist- und Deckungsstreifen für Rebhühner. Der Durchschnitt der Untersuchungen in beiden Jahren ergab einen sehr geringen Bestand, nämlich nur 1,7 Brutpaare pro km^2. Die Zahl der Rebhühner fällt erst nach Beginn der Paarbildung auf diesen Bestand.

Die Altvögel besetzen zuerst ihre angestammten, d.h. auch die besten Brutreviere, die sie auf Sichtweite abgrenzen und verteidigen. Die Jungvögel besetzen die weniger guten Reviere, wenn sie nicht von den Altvögeln vertrieben werden. Ist keine Deckung vorhanden, so daß die Paare sich auf große Entfernung sehen können, geschieht das unweigerlich. In Rebhuhnrevieren mit ausreichender Deckung sind diese Brutterritorien daher dank zahlreicher natürlicher "Sichtblenden" verhältnismäßig klein.
Die zurückbleibenden Paare brüten schließlich im Getreide, das jedoch zum entscheidenden Zeitpunkt der Paarbildung zu niedrig ist, so daß es nicht als "Sichtblende" dient. Mindestens 25 % der Hühner, die als höheres Brutpotential in Frage kämen, werden zur Abwanderung gezwungen. Kein anderer Faktor, weder die Ausschaltung des Raubwildes und der Greifvögel noch eine Verbesserung des Nahrungsangebotes können in dieser Population zu einem gewünschten Anstieg führen, solange der Faktor Deckung nicht verbessert wird. Erst bei dichterem Rebhuhnbesatz wirkt sich auch der Faktor Feind eindeutig aus.

Tab. 14.1: Nahrungsanteile beim Junghuhn, mehrmals täglich aufgenommen (nach *Spittler, H.*: Zur Situation des Rebhuhns. Nieders. Jäger H.2,5,7 (1984))

1 - 14 Tage:	7 % pflanzl. Futter -	93 % tier. Futter (meist Insekten)
15 - 21 Tage:	50 % pflanzl. Futter -	50 % tier. Futter (vorwiegend Insekten)
über 21 Tage:	97 % pflanzl. Futter -	3 % tier. Futter (vorwiegend Insekten)

Tab. 14.2: Äsungspflanzen ausgewachsener Rebhühner (aus *Brüll, H.*: Landschaftsnutzung und Niederwildhege. Zeitschr. f. Jagdwissenschaft 26, S. 219 (1980))

Waldpflanzen:	keine
Wildkräuter des Grünlandes:	6,7 % (Vol. %)
Wildkräuter der Kultursteppe:	44,4 % (Vol. %)
Kulturpflanzen:	47,5 % (Vol. %)

Text 14.2

"Rührend ist es", schildert *Naumann*, "die unbegrenzte Sorgfalt der Eltern um ihre lieben Kleinen zu beobachten. Ängstlich spähend, von welcher Seite Unglück drohe, oder ob es abzuwenden sei, läuft der Vater hin und her, während ein kurzer Warnungslaut der Mutter die Jungen um sich versammelt, ihnen befiehlt, sich in ein Versteck zu begeben, schnell einem jeden ein solches im Getreide, Grase, Gebüsche, hinter Furchen, in Fahrgeleisen und dergleichen anweist und, sobald sie alle geborgen glaubt, mit dem Vater alles aufbietet, um den Angriff zu vereiteln oder abzuwenden. Mutig stellen sich beide Eltern nun dem Feinde entgegen, greifen ihn, im Gefühle ihrer Schwäche, jedoch nicht an, sondern suchen seine Aufmerksamkeit von den Jungen ab und auf sich zu lenken, ihn von den Jungen abzuziehen, bis sie glauben, ihn weit genug entfernt zu haben. Dann fliegt zuerst die Mutter zu den Jungen, welche ihr angewiesenes Versteck indessen um keinen Fußbreit verlassen haben, zurück und versucht, diese eiligst ein Stück weiter fortzuschaffen. Sieht endlich der Vater alle seine Lieben in Sicherheit, so enttäuscht auch er seinen Verfolger und fliegt davon. Sobald nun ringsumher alles wieder ruhig und die feindliche Störung verschwunden ist, läßt er seinen Ruf hören, welchen die Mutter sogleich beantwortet, worauf er sofort zu seiner Familie eilt. Kein Raubtier kann die Wachsamkeit der zärtlichen, sorgsamen Eltern hintergehen, weder bei Tage noch bei Nacht, wenn nicht besondere Umstände den Feind begünstigen. Aber auch die unbedingte Folgsamkeit, die liebenswürdige Anhänglichkeit der Kinder zu den Eltern hat man oft zu bewundern Gelegenheit."

(aus: *Brehms* Tierleben (gekürzte Ausgabe der 2. Originalauflage). Safari-Verlag 1956)

Erwartete Lösung zu Vorschlag 14

1.1 Wiedergabe des Schemas nach *Bakker* (s. dazu *W. Altenkirch:* Ökologie. Diesterweg, Salle, Sauerländer 1977, S. 49), ausgeführt in 10 Punkten, Eigenschaften von Individuum und Kollektiv.

1.2 Definition des Begriffs (Requisitenausstattung des Habitats zur Bildung der Minimalumwelt) erläutert an 7 Punkten des Schemas.

2.1 Umsetzung von ca. 14 Punkten aus den Vorlagen, ggf. Hinweis auf Fehlendes.

2.2 Angabe des Prinzips - Deckung als Minimalfaktor, der wegen des artspezifischen Verhaltens nur begrenzt kompensierbar ist.

2.3 Angabe der Requisitenausstattung (Reviergröße, Sicht, Brutraum, Nahrungsbedarf in verschiedenen Lebensaltern), Bedeutung abiotischer Faktoren am Habitat (Klima), Bedeutung von Opponenz und Interferenz, damit primär Änderung der Dispersion.

3 Zusammenhang zwischen Größe des Brutterritoriums und Bestandesdichte mit Auswirkung auf die Größe des Genpools; mangelnde Flexibilität der Reaktion auf Änderung der Umweltfaktoren bei kleinem Genpool infolge Inzuchtdepression; Territorialverhalten mindestens teilweise angeboren, so daß Größe der Population bedeutungsvoll ist.

4 Angaben unter Beachtung landwirtschaftlicher Belange (Gebüsche anpflanzen, Nidda-Ufer bepflanzen, Brachen anlegen, nur spezifische Insektizide benutzen o.ä.).

5.1 Anthropomorphe Darstellung; Textbelege wie: „Sorgfalt der Eltern", „mutig".

5.2 Wiedergabe enthält Reaktion von Küken und Alttieren; Vorgehen des Alttieres: biologisch sinnvoll, erhöht die Chance seine Gene weiterzugeben.

VORSCHLAG 15 - ÖKOLOGIE/EVOLUTION

Thema: Ökosystem Forst

Aufgabe

1 Zu welchem Baum gehört der vor Ihnen liegende Zweig?
An welchen Merkmalen erkennen Sie ihn? An welchen Merkmalen würden Sie den Stamm erkennen?

2 Der Standort

2.1 Erläutern Sie anhand von schematischen Darstellungen die Profile von Braunerde und Podsol.
Was passiert bei der Umwandlung von Braunerde in Podsol?
Welche Faktoren begünstigen diese Umwandlung?
Was versteht man unter Basensättigung? Wie verändert sich die Basensättigung des Bodens bei der Podsolierung?

2.2 Erörtern Sie anhand von Abb. 15.1, unter welchen Voraussetzungen man Rotbuchen, Stieleichen oder auch Kiefern auf podsoliertem Boden pflanzen könnte.
Erläutern Sie in diesem Zusammenhang auch, was man unter standortgemäßem Waldbau versteht.

3 Ökosystem Wald

3.1 Erläutern Sie anhand von Text 15.1, von welchen Faktoren die Anzahl der Insektenarten an einem Standort abhängen kann. Erläutern Sie in diesem Zusammenhang die Begriffe *Ökosystem* und *ökologische Nische*; geben Sie Definitionen dieser Begriffe.

3.2 Abb. 15.2 beschäftigt sich mit dem Auftreten verschiedener Kiefernschädlinge. Erläutern Sie am Beispiel *Forleule*, auf welchem Wege solch ein Schmetterling ganze Wälder vernichten kann.

3.3 Welche Aussagen enthält Abb. 15.2?

3.4 Versuchen Sie, das Zustandekommen der in Abb. 15.2 zusammengefaßten Ergebnisse zu erklären. Beziehen Sie in Ihre Erklärung auch die im Text enthaltenen Aussagen mit ein.

4 Schädlingsbekämpfung

4.1 Zeitgemäßer Forstschutz verlangt nicht den völligen Verzicht auf Einsatz von Chemikalien, sondern die Durchführung notwendiger Bekämpfungsmaßnahmen unter Berücksichtigung des Ökosystems als Ganzes. Erläutern Sie diese Aussage, indem Sie chemische, biologische und integrierte Schädlingsbekämpfung einander gegenüberstellen und an Beispielen veranschaulichen. Stellen Sie Beziehungen zu Abb. 15.2 und dem Text her.

4.2 In Ihren Ausführungen zu 4.1 erwähnten Sie vermutlich auch das Auftreten resistenter Organismen. Erläutern Sie unter Einbeziehung Ihrer Kenntnisse über Genetik und Evolution, wie es zu resistenten Formen kommen kann.

5 In der Biologie wird monokausales Denken immer mehr von systemorientierten Denkansätzen ersetzt. Erläutern Sie diese Aussage anhand Ihrer Ausführungen unter 4.1.

Text 15.1: Beziehungen zwischen der Komplexität der Flora und der Zahl der Insektenarten

Die Zahl der Insekten in einem bestimmten Gebiet ist abhängig vom "Alter der Flora". Werden in einem definierten Areal alle Pflanzen gerodet, so beginnt eine sukzessive Neubesiedelung. Zuerst erscheinen verschiedene krautige Pflanzen und Gräser, dann Sträucher und Büsche und schließlich Bäume. Mit dieser Umstrukturierung ändert sich auch die Zahl der Insektenarten und Individuen.

Im Silwood Park in Berkshire (England) wurde von *T.R.E. Southwood* und Mitarbeitern (Imperial College, London) untersucht, von welchen Faktoren die Änderung der Anzahl der Insektenarten abhängt. Zunächst wurden Insektenarten von drei verschiedenen Stadien der Pflanzenbesiedelung gesammelt: von einem "jungen Gebiet" (ein bis zwei Jahre nach der Rodung), von einem "älteren Gebiet" (sechs Jahre nach der Rodung) und einem Waldgebiet (etwa 60 Jahre alt).

Nach einer genauen Analyse stellte sich heraus, daß der Insektenreichtum in erster Linie von zwei wichtigen Faktoren abhängt: der Zahl der Pflanzenarten und der "Komplexität der Pflanzenstruktur". Darunter versteht man die verschiedenen äußeren Beschaffenheiten, die bei einer Pflanze vorkommen können, zum Beispiel Blütenart, Blattoberfläche oder Rindenbeschaffenheit. So weisen Bäume eine höhere Strukturkomplexität auf als Büsche, die wiederum komplexer sind als Gräser. Außerdem wurde die Verschiedenheit der Pflanzen (zum Beispiel Dichte, Blütenstand) in verschiedenen Höhen registriert. Auch in dieser Hinsicht wiesen naturgemäß Bäume eine höhere Komplexität auf als kleinere Gewächse. Bei der gesamten Untersuchung wurden 31 solcher Strukturbesonderheiten berücksichtigt.

Folgende Beziehungen ließen sich erkennen: In einem frisch gerodeten Gebiet steigt innerhalb der ersten 16 Monate die Zahl der Insektenarten in der gleichen Weise wie die Zahl der Pflanzenarten. In den "älteren Gebieten" jedoch stagniert die Zahl der Pflanzenarten, aber die Zahl der Insektenarten nimmt weiterhin zu. Das weitere Ansteigen der Insektenarten korreliert jetzt mit der Zunahme der Strukturkomplexität der Vegetation. Im letzten Abschnitt der Sukzession konnte die Insektenvielfalt besser unter Hinzunahme der "Höhenkomplexität" der Pflanzen erklärt werden.

Die Befunde sind ein einleuchtendes Beispiel für die Beziehungen in einem Ökosystem. Die steigende Pflanzenkomplexität ermöglicht den Insekten offenbar die Besetzung weiterer ökologischer Nischen. Interessant wäre in diesem Zusammenhang aber auch, inwieweit die Insekten die Pflanzensukzession beeinflussen.

(aus: Naturwissenschaftliche Rundschau. 34. Jahrg., Heft 5 (1981))

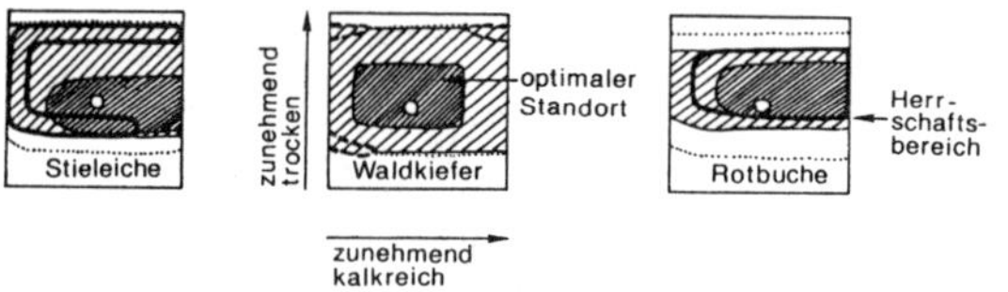

Abb. 15.1: Feuchtigkeits- und Säurebereich einiger Baumarten (nach: *Ellenberg, Heinz:* Vegetation Mitteleuropas mit den Alpen. Ulmer, Stuttgart 1978)

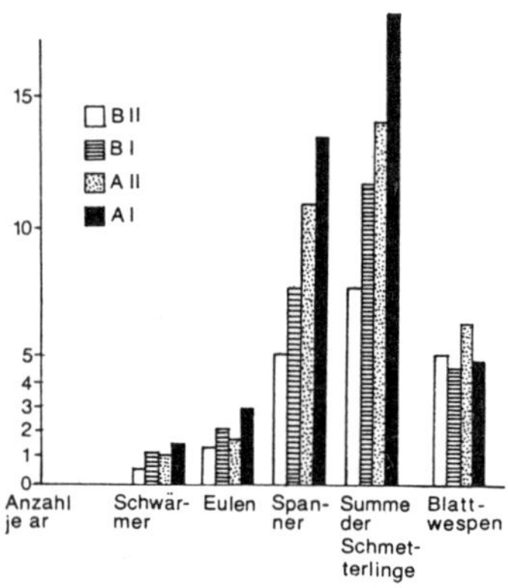

I = "stark disponierte Bestände" wurden früher sehr häufig durch Massenvermehrungen der nebengenannten Insekten geschädigt.

II = "schwach disponierte Bestände" wurden nur selten geschädigt.

A = ohne Laubholz = Probestand nicht oder nur mit weiträumig verteiltem niedrigem, einzeln stehendem Laubholz von Knie- bis etwa 1 m Höhe durchstellt, keine oder nur vereinzelt eingestreute ältere Laubbäume, wenig Gebüsch

Kiefernbestände

B = mit Laubholz = dicht bis sehr dicht geschlossener, gutwüchsiger Laubholzunterstand, mannshoch und höher, mancherorts auch Buschwerk (Schlehen, Faulbaum u.ä.) in stärkerem Umfang

Abb. 15.2: Durchschnittliche Belagsdichte der Überwinterungsstadien von Kieferngroßschädlingen in verschiedenen Bestandestypen (nach *Lüdge, M.*: Der Einfluß von Laubholzunterbau auf die Schädlingsdichte in den Kiefernbeständen der Schwetzinger Hardt. Allg. Forst- u. Jagdzeitung, 142, Jg. 7, S. 173 ff)

Erwartete Lösung zu Vorschlag 15

1 Gemeine Waldkiefer; 2-nadlige Kurztriebe, rötlich borkige Rinde, lockere Krone.

2.1 Braunerde-Profil mit A_h, B_v und C-Horizont. Betonung der Verbraunung durch freigesetzte Eisen-Ionen; Podsol-Profil mit A_o, A_h, E_h, E_{fe}, E_{al}, B_h, B_{fe}, B_{al} und C-Horizont; vor allem E- und B_h und B_{fe} sollte klar dargestellt sein; begünstigt durch Niederschläge und niedrigen pH-Wert; Humusbestandteile sowie Kationen werden aus Oberboden herausgelöst und im Unterboden angereichert.

Basensättigung: Anteil der Summe der Calcium-, Magnesium-, Kalium- und Natrium-Ionen der Kationen-Austauschkapazität; vor allem im A- und E-Horizont ist Basensättigung reduziert.

2.2 Rotbuche: Nicht zu sauer, nicht zu naß, hinreichend feucht, genügend Basensättigung.
Kiefer und Stieleiche: Saurere, feuchtere und trockenere Standorte; standortgemäßer Waldbau berücksichtigt sehr differenziert abiotische Faktoren.

3.1 Abhängigkeit von der Anzahl der Pflanzenarten, von Strukturkomplexität und Höhenkomplexität, damit von der Menge unterschiedlicher ökologischer Nischen; Ökosystem: Gesamtgefüge aus Biotop und Biozönose mit seinen Wechselwirkungen und Abhängigkeiten; ökologische Nische: Gesamtheit aller abiotischen und biotischen Umweltfaktoren, die für die Existenz einer bestimmten Art wichtig sind.

3.2 Forleule: Das Weibchen legt seine Eier im Frühjahr an vorjährigen Nadeln ab. Die Raupen befressen erst Knospen und Maitriebe, danach auch ältere Nadeln, sie fressen also die Bäume kahl und vernichten so ganze Kiefernwälder.

3.3 Bei Laubholzunterbau weniger Eulen und weniger Spanner; Blattwespen fast unverändert; gilt für stark und schwach disponierte Bestände.

3.4 Komplexität durch größere Artenzahl und Struktur erhöht, also mehr ökologische Nischen; verändertes Konkurrenzverhältnis; Zunahme von Parasiten und Räubern (z.B. Vögel); evtl. Rückwirkung auf Umsetzungen im Boden, damit veränderte "Disposition".

4.1 Chemische Schädlingsbekämpfung: Beispiele DDT, Lindan; Erörterung von biologischer Abbauzeit, Anreicherung in Nahrungskette, Resistenz, Töten fast aller tierischen Lebewesen, biologische Bekämpfung: Beispiel Bacillus thuringiensis u.a., gezielt, teuer; integrierte Bekämpfung durch Kombination von biologischer, chemischer Bekämpfung, mit genauer Planung, Beachtung des Standortes und anderer Faktoren. Veränderung des Unterbaus bzw. der Pflanzenanzahl und -struktur entspricht integrierter Schädlingsbekämpfung.

4.2 Spontanes Auftreten von Mutationen; viele dieser Mutationen sind unter "normalen" Bedingungen, z.B. durch veränderte Enzyme nicht selektionsbegünstigt. Großeinsatz von Chemikalien wie DDT schafft veränderte Selektionsbedingungen für solche mutierten Formen; chemische Schädlingsbekämpfung betrifft vor allem ein Grund-Folge-Verhältnis; integrierte Schädlingsbekämpfung effektiv, weil sie das Ökosystem als System begreift.

VORSCHLAG 16 - ÖKOLOGIE/STOFFWECHSELPHYSIOLOGIE

Thema: Ökosystem See

Aufgabe

1.1 Fertigen Sie für den See A und den See B eine graphische Darstellung der vorliegenden Werte (Tab. 16.1), und beschreiben Sie die Graphen mit wenigen Worten.

1.2 Ordnen Sie die beiden Seen dem entsprechenden Seetyp zu, und begründen Sie Ihre Zuordnung unter Charakterisierung der bekannten Seetypen.

1.3 Erklären Sie die Veränderungen des Sauerstoff-, Kohlenstoffdioxid-, Phosphat-, Nitrat- und Ammoniumgehaltes in den verschiedenen Wassertiefen.

1.4 Stellen Sie, ausgehend von den Änderungen des Kohlenstoffdioxidgehaltes, Nitratgehaltes und Ammoniumgehaltes im See A, den vollständigen Kreislauf für Kohlenstoff und Stickstoff auf!
Kennzeichnen Sie die Vorgänge im sauerstoffreichen Milieu mit ausgezogenen Linien und die Vorgänge bei Sauerstoffmangel mit gestrichelten Linien.

2 Vergleich von Photosynthese und Chemosynthese

2.1 Formulieren Sie die Photosynthesegleichung.
Erklären Sie die Bedeutung des Wassers bei der Photosynthese genau.

2.2 Beschreiben Sie die Chemosynthese farbloser Schwefelbakterien.

2.3 Welche Rolle spielen die unterschiedlichen chemischen Partner Wasser bzw. Schwefelwasserstoff in der Photosynthese und Chemosynthese?

3 Vervollständigen Sie die Tabellen beider Seen in bezug auf An- bzw. Abwesenheit von H_2S und SO_4^{2-} durch + oder -, und begründen Sie diese Angaben.

Tab. 16.1: Angaben zu den Seen A und B (mg/l)

See A am 24.6.1933

Tiefe [m]	O_2	CO_2	NO_3^-	PO_4^{3-}	H_2S	SO_4^{2-}	NH_4^+
0	9,3	0,5	0,16	Spuren			0
10	8,5	2,7	0,16	Spuren			0
20	0,6	14,0	0,21	Spuren			0,2
30	0	38,3	Spuren	0,17			2,5
40	0	54,8	Spuren	0,47			4,5

See B am 16.6.1933

Tiefe [m]	O_2	CO_2	NO_3^-	PO_4^{3-}	H_2S	SO_4^{2-}	NH_4^+
0	9,6	1,2	0,21	Spuren			0
10	10,3	-	-	Spuren			0
20	10,3	2,0	0,26	Spuren			0
55	9,2	2,2	0,25	Spuren			0

Erwartete Lösung zu Vorschlag 16

1.1 Übertragung der Meßwerte in Graphen;
Beschreibung der Graphen.

1.2 Zuordnung: See A eutrophes Gewässer;
See B oligotrophes Gewässer;
Charakterisierung der Gewässer.

1.3 See A: Hoher O_2-Gehalt im Epilimnion durch Photosynthese, Abnahme im Hypolimnion, Anstieg des CO_2-Gehaltes durch Abbau organischer Substanzen durch Mikroorganismen; Gärungen bewirken CO_2-Anstieg.
Zunahme von Nitrationen durch Nitrifikation (aerober Abbau); Ammonifikation unter anaeroben Bedingungen.
Zunahme des Phosphatgehalts durch Absterben von Organismen, Freisetzung des organisch gebundenen Phosphates.

See B: Hohe Sauerstoffsättigung, geringe Sauerstoffproduktion, wenig Mikroorganismen, daher kleiner Sauerstoffverbrauch, niedriger Kohlenstoffdioxidgehalt. Zunahme des Nitratgehaltes durch Nitrifikation auch in tieferen Schichten; keine Ammonifikation, weniger Organismen sterben ab (kaum Phosphat).

1.4 Kreislauf des Kohlenstoffs;
Kreislauf des Stickstoffs.

2.1 Photosynthesegleichung
(Photolyse des Wassers): Entladung von OH^--Ionen, Transport von Elektronen zum Photosystem II, Elektronentransportkette, Synthese von NADPH + $H^{\oplus}$ und ATP, Reduktion von CO_2 zu Kohlenhydrat.

2.2 Oxidation von H_2S zur Energiegewinnung, Aufbau von Nährstoffen ohne Lichtenergie, autotrophe Ernährung.

H_2O: Reduzierung von CO_2

H_2S: Energiegewinnung durch Oxidation

3 Vervollständigen der Tabellen

See A: SO_4^{2-}-Gehalt in der Sprungschicht groß (Oxidationsprodukt von H_2S); auch Vorkommen phototropher Schwefelbakterien - kaum H_2S in der Sprungschicht. Zunahme von H_2S in größeren Tiefen als Produkt anaeroben Eiweißabbaus.

See B: Kein Faulschlamm, daher weder H_2S- noch SO_4^{2-}-Bildung.

VORSCHLAG 17 - ÖKOLOGIE/GENETIK

Thema: Malaria und Koevolution

Aufgabe

1 Grundlagen

1.1 Beschreiben Sie kurz unter Benutzung von Abb. 17.1 den Entwicklungszyklus des Malaria-Erregers Plasmodium und auch die Entwicklung des Malariaüberträgers Anopheles. Erläutern Sie in diesem Zusammenhang das Krankheitsbild der Malaria.

1.2 Erläutern Sie die Meiose anhand schematischer Darstellungen, und nennen Sie Effekte von Mitose und Meiose. Weisen Sie auf Orte von Mitose und Meiose im Entwicklungszyklus von Plasmodium hin.

2 Bekämpfung der Malaria

2.1 Ordnen Sie die im Text aufgeführten Formen der Bekämpfung von Anopheles in die Ihnen bekannten Formen von Schädlingsbekämpfung ein. Erörtern Sie unerwünschte Folgen dieser Bekämpfungsmethoden.

2.2 Erklären Sie möglichst gründlich, wie sich die starke Zunahme von Malaria während des letzten Jahrzehnts erklären läßt. Gehen Sie dabei auch auf die Rolle von Mitose und Meiose ein.

2.3 Erläutern Sie anhand einer schematischen Darstellung die Immunreaktion des menschlichen Körpers. Zeigen Sie anhand dieser Darstellung das Grundprinzip der aktiven Immunisierung.

2.4 Erörtern Sie, wie es zum unterschiedlichen Antigencharakter verschiedener Malariastämme und wie es zum wechselnden Antigencharakter der Merozoitenfolge nach einer einzigen Infektion kommen kann.

3 Versuchen Sie, den Textinhalt im Sinne von Koevolution zu interpretieren. Erläutern Sie dabei den Begriff Koevolution an einem bekannten Beispiel.

4 Erläutern Sie am Beispiel der Malariabekämpfung die Bedeutung von systemorientiertem Denken.

Text 17.1

Nachdem man Ende des vorigen Jahrhunderts Erreger und Überträger der Malaria entdeckt hatte, gelang es endlich, die Malaria effektiv zu bekämpfen:
- Man goß Öl auf die Sümpfe: Der dünne Ölfilm verhindert das Atmen der Anopheles-Larven;
- man entwässerte die Sümpfe und machte sie zu Ackerland;
- man bespritzte das Innere der Häuser, ja ganze Landschaften mit DDT.

Vor allem die Bekämpfung der Malaria bzw. des Überträgers Anopheles mit DDT hatte große Erfolge; man hoffte, die Malaria ausrotten zu können. Jetzt ist jedoch die Malaria überall wieder auf dem Vormarsch:

Neuerkrankungen an Malaria, Beispiel Türkei

1968	37 Fälle
1972	1.000 Fälle
1976	30.485 Fälle
1978	120.000 Fälle

Die bisher genannten Bekämpfungsmethoden galten dem Malariaüberträger, es gelang jedoch auch, mit Medikamenten, wie Chinin, Proguanil und anderen gegen den Erreger vorzugehen.

Auch die Bekämpfung des Malariaerregers macht immer wieder Schwierigkeiten. Wirkungsvolle Medikamente versagen nach einer Weile und müssen durch andere Heilmittel ersetzt werden.
Zur Zeit mühen sich Forscher um die Herstellung von Impfstoffen gegen die Sporozoiten, Merozoiten und Gametocyten der verschiedenen Malariaerreger. Diese Arbeit wird durch die Tatsache, daß Stämme verschiedener Herkunft derselben Malaria-Erreger-Art unterschiedlichen Antigencharakter haben, erheblich erschwert. Ja, man beobachtete auch, daß der Antigencharakter in der Merozoitenfolge nach einer Infektion wechselte.

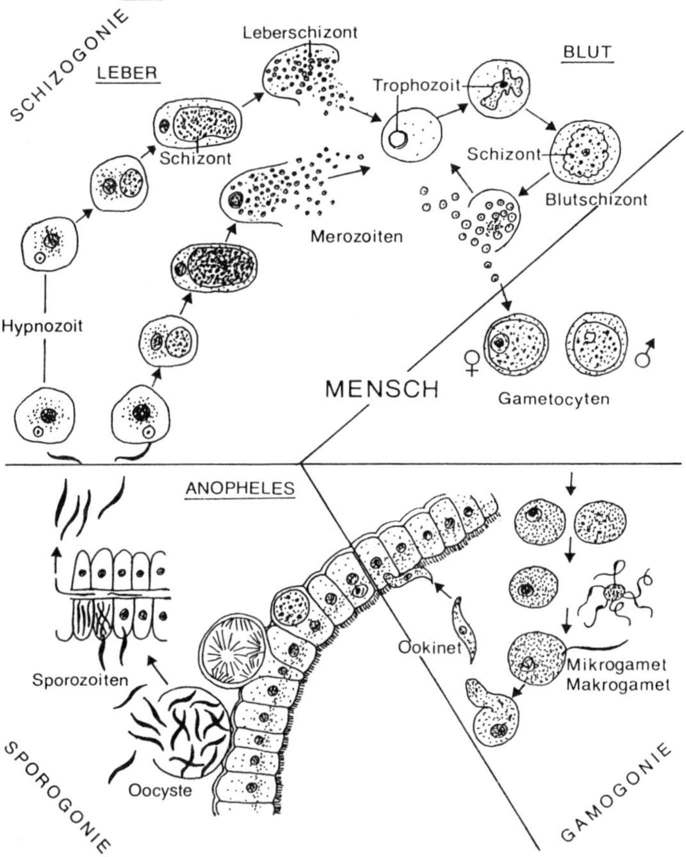

Abb. 17.1: Entwicklungszyklus von Plasmodium vivax (aus: *Maier, W.A.*: Neue Wege zur Bekämpfung der Malaria; Biologie in unserer Zeit 14 (1984) S. 6 - 12, Abb. 1. VCH, Weinheim)

Erwartete Lösung zu Vorschlag 17

1.1 Sporozoiten werden beim Mückenstich zusammen mit dem Speichel übertragen. Nach kurzem Aufenthalt im Blut dringen die Sporozoiten in Leberzellen ein, vermehren sich dort und werden als Schizonten freigesetzt. Dann bilden sich Merozoiten, die Eythrozyten befallen, sich dort vermehren und, meist begleitet von einem Fieberanfall, wiederum Merozoiten freisetzen. Daneben kommt es zur Gametocytenbildung, die mit dem Blut von der stechenden Anopheles-Mücke aufgenommen werden. In der Mücke kommt es zur Verschmelzung der aus den Gametocyten entstandenen Gameten und zur Sporozoitenbildung.

Anopheles: Ei, im Wasser lebende Larve, Imago. Fieberanfälle beim Freisetzen der Merozoiten; evtl. mit tödlichem Ausgang durch giftige Stoffwechselprodukte; Schwächung durch Verlust von Erythrozyten.

1.2 Meiose: Paarung der homologen Chromosomen in der Prophase, Reduktionsteilung und schnell folgende mitotische Teilung; Effekte: Umordnung des Genoms, Umbau der Chromosomen, Reduktion der Chromosomenzahl; Mitose: identische Teilung; Plasmodium: Meiose bei Sporozytenbildung; Mitosen bei Merozoitenbildung.

2.1 Ölfilm - mechanische Schädlingsbekämpfung; Entwässerung: mechanische Schädlingsbekämpfung; DDT - chemische Schädlingsbekämpfung.
Ölfilm stört bzw. zerstört die betreffenden Ökosysteme; Entwässerung zerstört Feuchtbiotope; DDT reichert sich in der Nahrungskette an, vergiftet Organismen; bewirkt Anreicherung resistenter Formen.

2.2 Durch DDT-Einsatz wurden resistente Formen herausgezüchtet, die sich nun mitotisch stark vermehren; auch das Versagen hochwirksamer Medikamente erklärt sich durch die im Rahmen der Meiose entstehenden Neukombinationen der Gene, die zufällig zu resistenten Formen führen.

2.3 Erkennungsphase, Differenzierungsphase, Antigen-Antikörper-Reaktion; Impfung führt zu gezielter Immunisierung, die durch Gedächtniszellen erhalten bleibt.

2.4 Unterschiedlicher Antigencharakter, also verändertes "Kleid" des Erregers, beruht auf unterschiedlichem Genom aufgrund von Mutation und Meiose; unterschiedlicher Antigencharakter nach einer Infektion müßte auf unterschiedlicher Genexpression beruhen.

3 Koevolution als abhängige Evolution zweier oder mehrerer Partner, Beispiel: Biene und Salbeiblüte; Evolution von Plasmodium ist von der Existenz von Anopheles und Mensch abhängig, aber nicht umgekehrt; auch das Auftreten von Resistenzen läßt sich als Koevolution auffassen.

4 Ölfilm und DDT-Bekämpfung beruhten auf monokausalem Denken; gleichzeitiger Einsatz von Medikament und Impfung beachtet eine Vielzahl sich gegenseitig beeinflussender Faktoren.

VORSCHLAG 18 - SINNESPHYSIOLOGIE/VERHALTENSLEHRE

Thema: Führerscheinprüfung - Tauglichkeit von Sinnesorganen

Aufgabe

Viele von Ihnen sind bereits im Besitz eines Führerscheines, andere werden die Fahrprüfung in absehbarer Zeit ablegen; somit tragen Sie alle in irgendeiner Form als Führer eines Fahrzeuges eine besondere Verantwortung. Neben einigen Kenntnissen (z.B. Verkehrszeichen) werden beim Fahren vorwiegend die Sinnesorgane und das Nervensystem gebraucht.

1 Erkennt man beim Fahren ein Hindernis, so vergeht ein kleiner Augenblick ("Schrecksekunde"), ehe man die Bremse betätigt. Brauchte man aber in allen Gefahrsituationen eine volle Sekunde, so wäre die Zahl der Verkehrsunfälle noch größer. Mit besonderen Geräten kann man die Reaktionszeit direkt messen, sie beträgt in günstigen Fällen 0,3 sec..

1.1 Was spielt sich in einem Menschen von dem Moment an ab, wo er mit den Augen eine Gefahr erkennt, bis zur Betätigung der Bremse? (Sorgfältige Gliederung nach den einzelnen Stationen!) Welche Faktoren können die Reaktionsgeschwindigkeit beeinflussen?

2 Zur Prüfung ihrer Verkehrstüchtigkeit werden zwei Personen A und B einem Seh- und Hörtest unterzogen (s. Anlage).

2.1 Wie erklären Sie das zuerst unterschiedliche und dann gleiche Sehvermögen von A und B? Wie beurteilen Sie die Eignung zum Führen eines Kraftfahrzeugs bei beiden Personen?

2.2 Erläutern Sie zunächst an der Person mit dem normalen Hörvermögen, was die Kurven Reizschwelle und Schmerzschwelle aussagen! Nehmen Sie dann Stellung zu dem andersartigen Hören, und geben Sie eine mögliche Ursache an.

3 Während die Verkehrsampel auf "Grün" schaltet, kann das erste Auto nicht anfahren. Die Wartenden beginnen zu hupen; jede Hupe erzeugt eine Lautstärke von 100 Phon. - Eine Autohupe ist ein technisches Gerät zur Erzeugung eines Warnlautes. Wir vergleichen sie in einem Klangspektrum mit den Warnlau-

ten drei verschieden aussehender Singvögel (Amsel, Kohlmeise und Buchfink) und dem normalen Gesang von drei Laubsängern (Fitis, Weiden- und Waldlaubsänger), die sich in ihrem Federkleid sehr ähnlich sind.

3.1 Welche Lautstärke ergibt sich, wenn zuerst 3, dann 6 und zuletzt 10 Autos gleichzeitig hupen? Wieviel Autos müßten hupen, um die Schmerzschwelle 130 Phon zu erreichen? (Verwenden Sie zur Berechnung einen Taschenrechner!)

3.2 Welche Wirkung kann der Lärm auf das Nervensystem ausüben? Warum kommt es bei vielen Autohupen schon zur Schmerzempfindung, ehe 130 Phon erreicht sind?

3.3 Vergleichen Sie die Autohupe mit den Warnlauten der Vögel! Sehen Sie einen biologischen Sinn in der Unterschiedlichkeit der normalen Gesänge und der Ähnlichkeit der Warnlaute?

Sehtest: Beide Personen halten sich eine bestimmte Zeit im Dunkeln auf. Zeigt man ihnen noch während der Dunkelheit eine gleich große (Durchm. 1 cm) weiße Scheibe in 5 m Entfernung, so ist eine gewisse Beleuchtungsstärke erforderlich, um die Scheibe sichtbar zu machen. Beide Personen dürfen während des Versuches die Augen bewegen (s. Abb. 18.1).
Verbietet man aber bei dem Versuch jede Augenbewegung und läßt die weiße Scheibe fixieren, so hat A die gleichen Ergebnisse wie B.

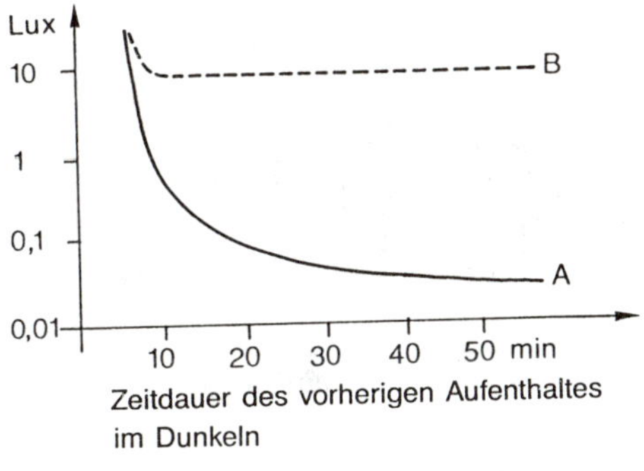

Abb. 18.1: Graphische Darstellung der Versuchsergebnisse

Hörtest: Jede der beiden Personen A und B erhält über einen Kopfhörer einen Ton von einem Frequenzgenerator. Der Ton wird vom Versuchsleiter zunächst mit so geringer Lautstärke gegeben, daß er nicht wahrgenommen wird. Bei zunehmender Lautstärke müssen A und B ein Zeichen geben, wann sie den Ton wahrnehmen. Wird die Lautstärke vergrößert, so beginnt der Ton im Ohr Schmerzen hervorzurufen; auch dieser Punkt wird mitgeteilt. Nach diesem Muster werden A und B viele Töne zur Wahrnehmung übertragen. Die Ergebnisse sind graphisch dargestellt.

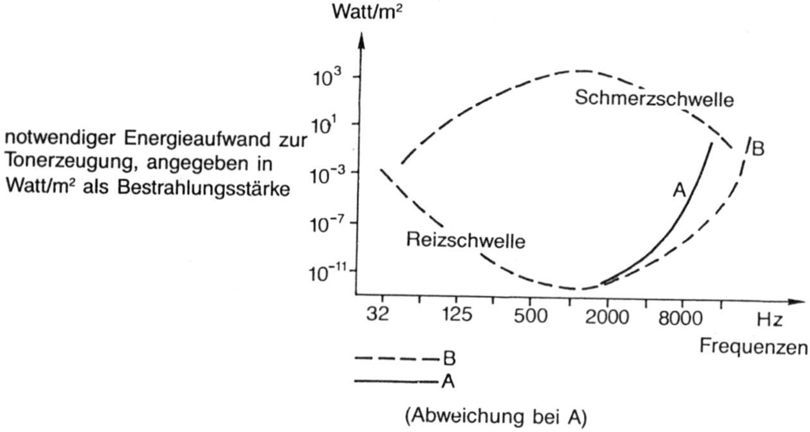

Abb. 18.2: Ergebnis des Hörtests

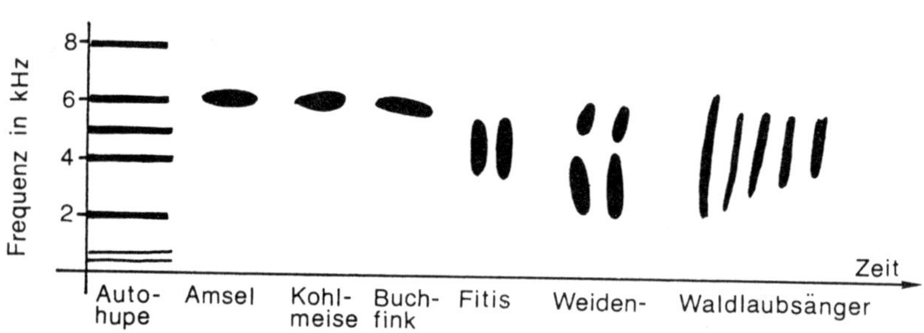

Abb. 18.3: Vergleich der Frequenzen von Autohupe und Warnlauten der verschiedenen Vögel

Erwartete Lösung zu Vorschlag 18

1.1 Reiz erregt Sinneszellen; Erregungsleitung: Schaltzelle, Sehnerv, primäres Sehzentrum im Thalamus, sekundäres Zentrum im Hinterhauptslappen, Wahrnehmungsfeld, Erinnerungsfeld; Verbindung der Felder durch Assoziationsfasern, motorisches Rindenfeld mit Pyramidenzellen; Pyramidenbahn leitet Impulse für willkürliche Bewegungen; Beeinflussung der Reaktion: ausgeruht/übermüdet, Medikamente, Coffein, Alkohol usw.

2.1 A: Verbesserung des Sehvermögens durch Anpassung an die Dunkelheit; Adaptation: Wanderung der Sehzellen und Steigerung der Empfindlichkeit; Stäbchen sind lichtempfindlicher als Zapfen.
B hat hohen Schwellenwert, ist nachtblind (Mangel an Vitamin A), ungeeignet zum Fahren bei Dunkelheit.
Versuch ohne Augenbewegung: Beim Fixieren fällt das Bild auf gelben Fleck, hier vorwiegend Zapfen, deshalb bei Dunkelheit hier kaum eine Wahrnehmung.

2.2 Bei mittlerer Frequenz liegt Reizschwelle niedrig; Tonwahrnehmung benötigt wenig Energie; hoher Energiebedarf bei hohen und tiefen Tönen. Deshalb auch bei mittlerer Frequenz erst Schmerz bei hoher Lautstärke.
A hat ab 2000 Hz zunehmend höhere Reizschwelle, evtl. altersbedingt, oder Schaden an Basilarmembran.

3.1 Formel: L = Lautstärke
I = Intensität, mit der ein Ton erzeugt wird
I_o = Intensität, um die Reizschwelle zu erreichen

$L = 10 \cdot \log \frac{I}{I_o}$ bei 100 Phon: $L = 10 \cdot \log 10^{10} = 100$

I ist 10^{10} mal höher als I_o.

3 Autos: $L = 10 \cdot \log 10^{10} \cdot 3 = 10 \, [\log 10^{10} + \log 3] =$
$10 \cdot (10 + 0{,}48) = 104{,}8$ Phon

6 Autos: $L = 10 \cdot \log 10^{10} \cdot 6 = 10 \, [\log 10^{10} + \log 6] =$
$10 \cdot (10 + 10{,}78) = 107{,}8$ Phon

10 Autos: 110 Phon, 100 Autos: 120 Phon, 1000 Autos: 130 Phon

3.2 Basilarmembran mit Sinneszellen überreizt. Folge: Schwerhörigkeit. Wirkung auf das vegetative Nervensystem, psychische Wirkungen (Unruhe) schon ab 30 - 65 Phon.
Es kommt schon früher zur Schmerzempfindung, weil auch höhere Frequenzen in der Autohupe enthalten sind. Bei ihnen liegt der Wert der Schmerzschwelle wesentlich niedriger.

3.3 Autohupe hat mehrere scharf voneinander getrennte Frequenzen.
Verschiedene Vogelarten haben den gleichen Warnlaut. Wenn eine Amsel schreit, sind auch Kohlmeise und Buchfink gewarnt. Entsprechendes gilt für Fitis, Weiden- und Waldlaubsänger. Vogelgesang dient auch zur Werbung und Arealabgrenzung. So wird die Paarung verschiedener Arten untereinander verhindert (Artschranken).

VORSCHLAG 19 - NERVENPHYSIOLOGIE/EVOLUTION

Thema: Reflexe

Aufgabe

1 Begründen Sie zunächst allgemein die Notwendigkeit der eindeutigen Begriffsbildung in den Naturwissenschaften.

2.1 In Text 19.1 wird von zwei verschiedenen "Reflexen" gesprochen.
Ordnen Sie die Ihnen bekannte Definition des Reflexes einem der hier genannten zu.

2.2 Vervollständigen Sie die Abb. 19.1, indem Sie die für den Tränensekretionsreflex zuständigen Neuronen einzeichnen (Beschriftung!).

2.3 Stellen Sie den Ablauf des Tränensekretionsreflexes anhand des Regelkreises dar. (Arbeitsgrundlage: Abb. 19.1 und Abb. 19.2)

3.1 Wie ist der Begriff "Schließungsapparat" in Text 19.1 zu verstehen?

3.2 Erläutern Sie die Abb. 19.3, und versuchen Sie, einen Zusammenhang mit dem *Pawlow*schen Text herzustellen!

4 Welche Evolutionstheorie ist Grundlage der im letzten Abschnitt des Textes aufgestellten Hypothese? - Erläutern Sie die Hypothese, und nehmen Sie Stellung dazu!

Text 19.1

"Die Grundtätigkeit des höchsten Abschnitts des Zentralnervensystems ist das Schließen neuer zeitweiliger Verbindungen zwischen den äußeren Erscheinungen und der Funktion der verschiedenen Organe sowie die Zerlegung der Gesamtheit der äußeren Welt durch den Organismus in Einzelheiten; kurz gesagt die Tätigkeit des Schließungs- und Analysatorenapparates.
Die ständige Verbindung zwischen den Erscheinungen der Umwelt und der Arbeit der Organe wurde als Funktion des niederen Abschnittes des Zentralnervensystems schon lange von den Physiolo-

gen unter der Bezeichnung der Reflexe studiert. Die Funktion der höheren Abschnitte ist die Bildung neuer, zeitweiliger Reflexe. Das bedeutet aber, daß das Nervensystem nicht nur einen Leitungs-, sondern auch einen Schließungsapparat darstellt. Auf diese Weise hat die gegenwärtige Physiologie zwei Arten von Reflexen vor sich: einen beständigen und einen zeitweiligen (einen angeborenen und einen erworbenen, einen arteigenen und einen individuellen).
Wir haben sozusagen vom rein praktischen Gesichtspunkt aus den ersten Reflex als unbedingten und den zweiten Reflex als bedingten bezeichnet.
Es ist höchstwahrscheinlich, daß die neu entstehenden Reflexe in beständige übergehen, wenn in einer Reihe aufeinanderfolgender Generationen die gleichen Lebensbedingungen erhalten bleiben."

(*Pawlow, I.*: Die bedingten Reflexe. Kindler Studienausgabe. München: Kindler 1972, S. 52 - 53 (aus Klett: Kursheft Ethologie 1, S. 38))

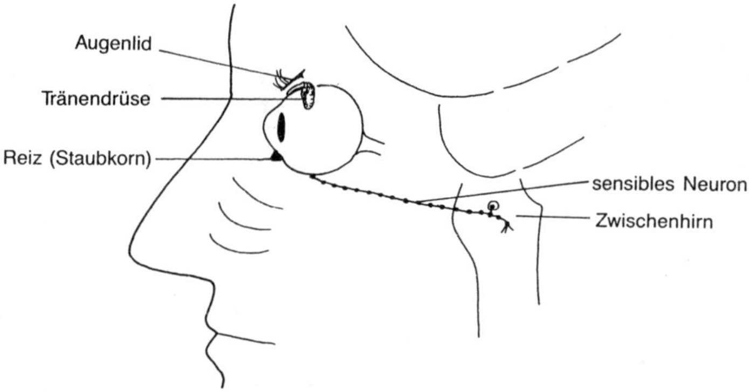

Abb. 19.1: Organische Grundlagen des Tränensekretionsreflexes (nach *Blume, D.*: Kursheft Ethologie 2. Klett, Stuttgart 1981)

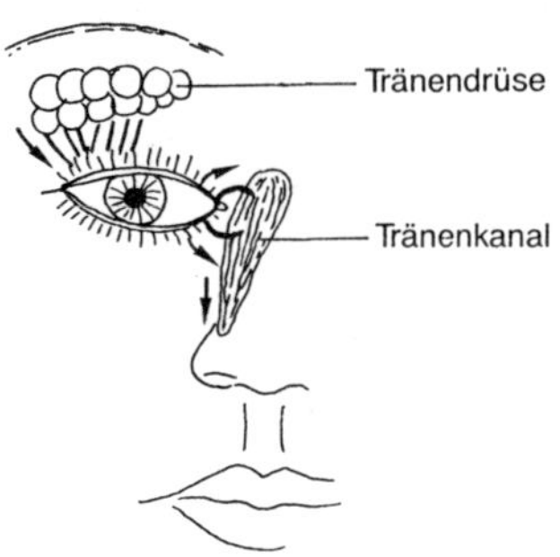

Abb. 19.2: Weg der Tränenflüssigkeit

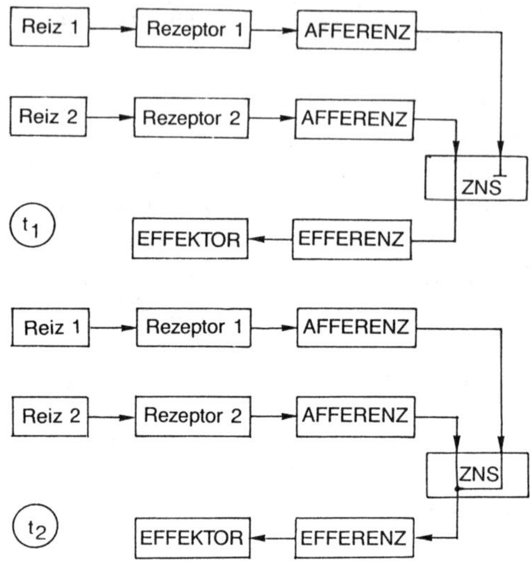

Abb. 19.3: Schematische Darstellung (nach *Blume, D.*: Kursheft Ethologie 2. Klett, Stuttgart 1981)

Erwartete Lösung zu Vorschlag 19

1 Kommunikationsmöglichkeit zwischen den Wissenschaftlern; Überprüfbarkeit von aufgestellten Hypothesen durch andere; Voraussetzung für einen exakten Versuchsplan u.ä.

2.1 Reflex als "stereotype, artspezifische, nicht ermüdbare Reaktion auf einen spezifischen Reiz hin" ist dem unbedingten Reflex zuzuordnen, der nach *Pawlow* beständig, angeboren und arteigen ist.

2.2 Richtige Beschriftung mit Interneuron und drei motorischen NZ. zum Augenlid, zur Tränendrüse und zum Tränenkanal.

2.3 Störgröße (Druck des Staubkorns), Regelgröße (best. Reibung der Tränenflüssigkeit), Meßglied (Mechanorezeptoren), Regelglied (Zwischenhirn), Stellglieder (Augenlid, Tränendrüse, Tränenkanal). Übersichtliche Darstellung.

3.1 Schließungsapparat entspricht den Assoziationszentren des Großhirns, wobei das Schließen neuer zeitweiliger Verbindungen dem Neuverknüpfen synaptischer Verbindungen entspricht

3.2 Abb. 19.3 entspricht einer schematisierten Darstellung der Klassischen Konditionierung, wobei t1 vor der Lernphase und t2 nach der Lernphase einzuordnen ist. Aus einem neutralen Reiz 1 wird der bedingte Reiz durch zeitlich parallele Koppelung der Reizdarbietung mit Reiz 2 während der Lernphase. Zeitliche Koppelung führt zur Assoziation der Verknüpfung beider Reize, so daß Reiz 1 als bedingter Reiz die Reaktion hervorruft, die zuvor nur der unbedingte auslösen konnte: bedingter Reflex, der in der Lernphase erworben und individuell ist.

4 Evolutionstheorie von *Lamarck* mit Erläuterung und eigener Stellungnahme.

VORSCHLAG 20 - VERHALTENSLEHRE/NERVENPHYSIOLOGIE

Thema: Verhalten in Konfliktsiuationen

Aufgabe

1.1 Geben Sie die Ihnen aus dem Unterricht bekannte Definition einer Konfliktsituation an.

1.2 In Abb. 20.1 wird ein Diagramm vorgestellt, das eine Verhaltenssituation beschreiben soll.

1.2.1 Begründen Sie kurz, wieso sich die unter 1.1 genannte Definition nur bedingt auf dieses Diagramm anwenden läßt.

1.2.2 Erläutern Sie dieses Diagramm ausführlich unter Verwendung geeigneter Fachausdrücke.
Begründen Sie, daß es sich hier um ein "Modell" zur Erklärung einer Verhaltenssituation handelt. Welche Gefahren sind Ihres Erachtens mit einer Modellbildung in der Ethologie verbunden?

2 Ziehen Sie Text 20.1 und 20.2 der Arbeitsmaterialien heran.

2.1 Begründen Sie, daß es sich in beiden Texten um die Beschreibung einer Konfliktsituation handelt.
Welche weitere Gemeinsamkeit läßt sich hinsichtlich der vorgestellten Verhaltenssituationen erkennen?

2.2 Geben Sie eine ausführliche theoretische Begründung für das Verhalten der Schmarotzer-Raubmöwen und der Hähne. - Ziehen Sie zur Erörterung das Diagramm aus Abb. 20.2 heran.

3 Ziehen Sie Text 20.3 der Arbeitsmaterialien heran.

3.1 Begründen Sie, daß die von *D. Morris* aufgestellte Hypothese in bezug auf das Verhalten der Möwen in Text 20.1 gilt, in bezug auf das Verhalten der Hähne in Text 20.2 jedoch nicht gilt.

3.2 Inwiefern wird anhand von Text 20.3 die Problematik von Verhaltensanalysen in der Ethologie deutlich?

3.3 Versuchen Sie eine Wertung der von *Morris* vorgegebenen Verhaltensanalyse und des in Abb. 20.2 dargestellten Erklärungsschemas! - Welcher Hypothese würden Sie den Vorzug geben? - Begründen Sie Ihre Antwort!

3.4 Welches Hormon könnte nach *D. Morris* das Verhalten in Konfliktsituationen steuern? Begründen Sie Ihre Vermutung, indem Sie auch auf das Hierarchiesystem des Hormonhaushaltes eingehen!

Text 20.1

Schmarotzer-Raubmöwen zeigen, wenn sich ein Mensch ihrem Nest nähert, gelegentlich intensives Badeverhalten am trockenen Boden. Dabei machen sie nicht nur die charakteristischen Schüttelbewegungen mit den halbgespreizten Flügeln, sondern auch die tief beugenden Schöpfbewegungen von Kopf und Brust, mit denen sie sich beim richtigen Baden Wasser über den Rücken werfen. Dazu braucht weder Wasser noch lockerer Sand in der Nähe zu sein. Entfernt sich der Beobachter etwas, hört der Vogel sofort auf; bei erneuter Annäherung erfolgen die gleichen beschriebenen Verhaltensweisen.

Text 20.2

Es ist zu beobachten, daß Hähne mitten im Kampf plötzlich wie bei der Futtersuche auf den Boden picken, ohne jedoch Nahrung aufzunehmen. Unmittelbar danach tritt das Kampfverhalten wieder in voller Stärke hervor.

Text 20.3

D. Morris hob die physiologischen Begleiterscheinungen von Konflikten hervor, zu denen erhöhte Durchblutung der Haut oder Gefäßverengung, Aufstellen von Haaren oder Gefieder und ähnliches gehören. Solche peripheren Effekte könnten Putzen, Kratzen und andere Hautpflegehandlungen hervorrufen. Auch könnte im Konflikt die Wärmeregulierung beeinflußt werden, was vielleicht Tätigkeiten wie Keuchen, Trinken oder Schütteln zur Folge hätte. Experimentelle Daten über diese Möglichkeiten sind aber kaum vorhanden.

(aus: *Immelmann, K.* (Hrsg.): Verhaltensforschung. Zürich 1974)

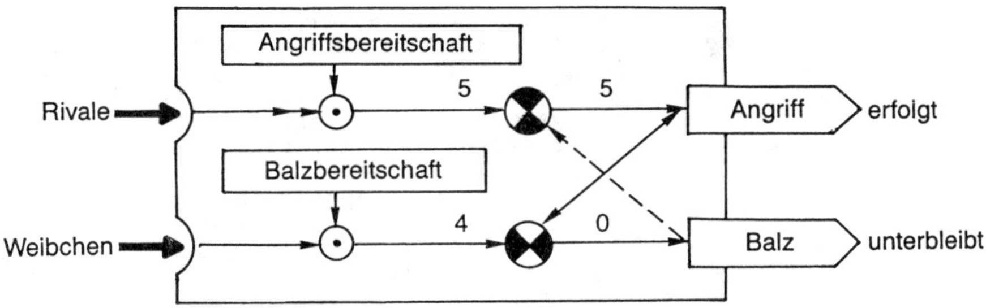

Abb. 20.1: Modellvorstellung zur Unterdrückung einer Handlung (nach: *Hassenstein, B.*: Verhaltensbiologie des Kindes. Piper, München 1973)

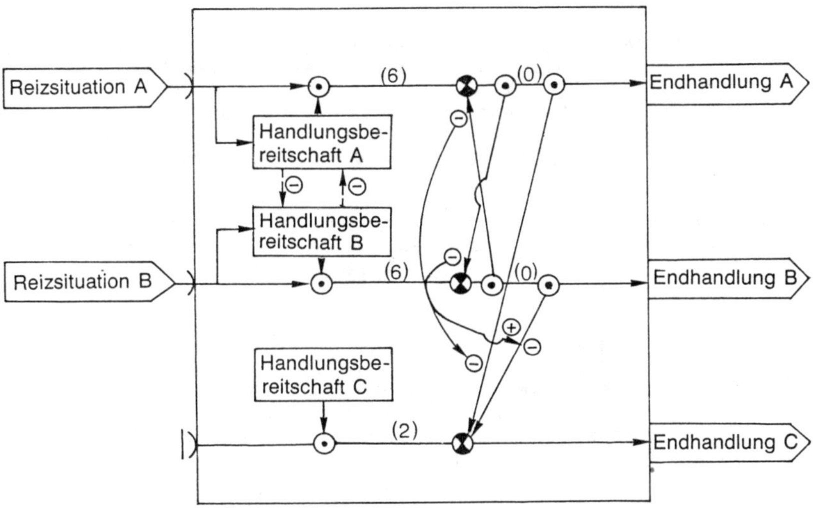

Abb. 20.2: Modellvorstellung zur Deutung des Konfliktverhaltens

Erwartete Lösung zu Vorschlag 20

1.1 Konfliktsituation liegt vor, wenn zwei sich einander ausschließende Handlungsalternativen vorliegen und die zugehörigen Verhaltenstendenzen gleich stark sind.

1.2.1 Vorliegen sich ausschließender Handlungsalternativen (Angriff oder Balz; ausschließendes "oder"), jedoch sind die Verhaltenstendenzen (4 bzw. 5) nicht gleich stark, sondern nur annähernd gleich.

1.2.2 Unabhängige Variable: Rivale und Weibchen; abhängige Variable: Angriff bzw. Balz; intervenierende Variable: Handlungsbereitschaften zum Angriff bzw. zur Balz; Verrechnung der jeweiligen Handlungsbereitschaften mit der Reizsituation (Prinzip der Doppelten Quantifizierung) führt zu Verhaltenstendenzen, die gegenseitig verrechnet werden; Hemmung einer Endhandlung und Ausführung der Alternativendhandlung. Modell bzw. Erklärungsmuster: übersichtlich gestaltete, wesentliche Merkmale der Verhaltenssituation hervorhebende und redundante Ereignisse weglassende Darstellung einer Situation; Gefahren liegen insbesondere in der möglichen Vernachlässigung der Gesamtsituation; ganzheitliche Betrachtung der Phänomene mit sämtlichen Wechselwirkungen mit der Umwelt könnten vernachlässigt werden; Abstraktion könnte zu stark werden.

2.1 Jeweiliges Vorliegen zweier sich ausschließender Handlungsalternativen (Brüten/Flucht bzw. Angriff/Flucht); es treten Verhaltensweisen in der Reizsituation auf, die einem situationsfremden Funktionskreis entspringen (Putzverhalten bzw. Futtersuche).

2.2 Konkurrenzkreis der Handlungsbereitschaften mit Erörterung; Interpretation der Verrechnungsmuster: gegensinnige und gleichsinnige Steuerungen sowie Aufhebungen der Hemmungen zwischen den Funktionskreisen bzw. Handlungsalternativen; Vergleich zwischen Auftreten der unabhängigen Variablen (Schlüsselreize) und dem Auftreten der abhängigen Variablen (Endhandlungen).

3.1 In Text 20.1 tritt Körperpflegehandlung auf (genauer Vergleich von Text 20.3 und 20.1, in Text 20.2 liegt Futtersuche als situationsfremdes Verhalten vor: Nahrungsaufnahme steht aber eher im Kontrast zu den physiologischen Begleiterscheinungen im Sinne von *Morris* (vgl. auch 3.4)).

3.2 Verhaltensanalysen entsprechen zum großen Teil der Entschlüsselung der "black box", also der intervenierenden Variablen; da diese nicht beobachtbar und zum Teil auch experimentell kaum nachprüfbar sind, können mehrere Theorien nebeneinander Gültigkeit haben. Eindeutige Erklärungen für Verhaltensmuster sind selten.

3.3 Eigene Wertung hinsichtlich der Komplexität und Plausibilität bzw. Überprüfbarkeit; innere Konsistenz und Widerspruchsfreiheit mit den gegebenen Daten. Beide Theorien ergänzen sich.

3.4 Adrenalin, dessen schnelle Produktion durch Nervenimpulse ausgelöst wird und das als Stresshormon bzw. Transmittersubstanz im Sympathicus in der Konfliktsituation das Verhalten steuern kann.

VORSCHLAG 21 - VERHALTENSLEHRE/ÖKOLOGIE

Thema: Rotwildkälber

Aufgabe

1.1 Geben Sie an, was man allgemein unter Instinktverhalten versteht.

1.2 Legen Sie an bekannten Beispielen dar, wie es zur Auslösung eines Instinktverhaltens kommt.

1.3 Erläutern Sie kurz, welche Positionen innerhalb der Diskussion um den Instinktbegriff bezogen werden.

2 Interpretieren Sie den vorliegenden Beobachtungsbefund (Text 21.1), und verwenden Sie dabei Ihre Angaben zu Aufgabe 1.

3 "Prägung" ist ein sehr umstrittener Begriff für einen vom Genotyp abhängigen, frühkindlichen Lernprozeß mit sehr stabilem Ergebnis.
Untersuchen Sie die Anwendbarkeit des Begriffes in der vorliegenden Definition auf das im Text beschriebene Verhalten des Hirschkalbes.

4 In freier Wildbahn sondert sich das Muttertier vor der Geburt vom Rudel ab und kehrt erst nach Wochen mit seinem Kalb zurück; den Tagesablauf eines 5-tägigen Kalbes zeigt Abb. 21.1. Geben Sie eine differenzierte teleonomische Erklärung für die Mutter-Kind-Beziehung im ursprünglichen Ökotop des Rotwildes (offene Landschaft und lichte Auewälder).

Text 21.1

An einer Reihe von Hand aufgezogener Rotwildkälber wurden neue Einblicke in die Sozialstruktur der kleinsten Einheit, der Mutter-Kind-Gruppe gewonnen:
"Die Bindung zwischen Kalb und Muttertier ist beim Rotwild stark

ausgeprägt. Nach meinen Beobachtungen dulden Kälber eine soziale Fellpflege, wie z.B. das Belecken der Augen und Ohren, nur von ihrer Mutter, nicht aber von weiteren Artgenossen. Das verschiedene Verhalten der handaufgezogenen Kälber ergab die Frage nach der Natur der Bindung. Hatten sie nur eine sogenannte Futterzahmheit, d.h. eine mit dem Hunger zusammenhängende Nachfolgereaktion, entwickelt oder war eine echte Mutter-Kind-Beziehung zustande gekommen? Augenfällige Unterschiede zeigten sich zwischen Kälbern, die bis zur Entnahme nur die Mutter gesehen hatten, und solchen, die, als ich sie bekam, schon mit mehreren Artgenossen Kontakt gehabt hatten (Gehege-Situation). Die letztgenannten Kälber zeigten mir gegenüber keine Mutter-Kind-Bindung, sie lehnten soziale Körperpflege und selbst eine Berührung durch mich ab. Die anderen Tiere forderten mich zum Belecken (Streichen mit den Fingern), zum Ausstreichen der Augen oder zur Reinigung der Ohren auf und suchten ausnahmslos körperlichen Kontakt zu mir. Beobachtungen in Gehegen zeigen, daß Stunden nach der Geburt die Mutter individuell von anderen unterschieden wird. Es ist demzufolge anzunehmen, daß Rotwildkälber nicht innerhalb einer festgelegten Zeitspanne nach der Geburt ihr festes Bild von der Mutter entwickeln, sondern erst dann, wenn die Tiere durch Vorhandensein von mindestens zwei bewegten Bezugsobjekten eine Entscheidung fällen müssen. Wenn in Gehegen Kälber bei ihren ersten Kontaktaufnahmen mit Artgenossen auch andere Rudelmitglieder anbettelten, wurden sie von diesen dann ausnahmslos abgewehrt durch Drohgebärden, Bisse oder Vorderlaufschläge. In gleicher Weise wie die Gehege-Tiere reagierten die von mir aufgezogenen: näherten sich meine Tiere kontaktsuchend anderen Personen und wurde die Annäherung geduldet oder gar gefördert (streicheln), lockerte sich in der Folge die Bindung zu mir. Wenn das Tier aber abgewiesen wurde, ich es aber bei Annäherung annahm und mich mit ihm beschäftigte, stabilisierte sich die Beziehung zu mir. Das Kalb beroch mich ausgiebig und sog meinen Atem ein. Fortan wurde Körperkontakt zu anderen nicht mehr geduldet."

(nach *Wölfel, H.*: Zur Jugendentwicklung, Mutter-Kind-Bindung und Feindvermeidung beim Rothirsch (Cervus elaphus). Zeitschr. f. Jagdwiss. 29, S. 133 f. u. S. 197 f., Parey, Hamburg 1983)

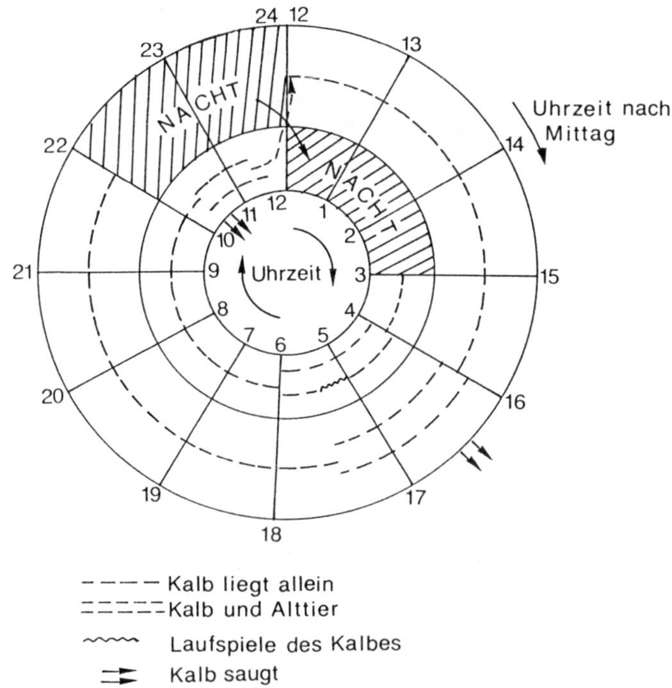

Abb. 21.1: Zeitdiagraphische Darstellung des Tagesablaufs eines 5 Tage alten Rotwildkalbes (nach *Wölfel, H.*: Zur Jugendentwicklung, Mutter-Kind-Bindung und Feindvermeidung beim Rothirsch (Cervus elaphus). Zeitschr. f. Jagdwiss. 29, S. 133 f. u. S. 197 f., Parey, Hamburg 1983). Zum Sprachgebrauch: Rotwild: Sammelbezeichnung für die Art Rothirsch (*Cervus elaphus*); Rotwildkalb: Junges/ Kind; Alttier: Erwachsenes weibliches Tier

Erwartete Lösung zu Vorschlag 21

1.1 Definition Instinktverhalten mit Motivation, Appetenzverhalten, Schlüsselreiz, Angeborener auslösender Mechanismus, Taxis und Erbkoordination.

1.2 Angabe innerer (Stoffwechsel, Hormone) und/oder äußerer (z. B. Tageslänge) Faktoren am Beispiel

1.3 Zwei Hauptpositionen: a) angeboren oder gelernt (*Tinbergen/ Lorenz*), b) nicht trennbar, alle Übergänge im Zusammenhang mit Entwicklungsphasen und Umwelt (*Baerends/Lehrmann*).

2 Interpretation Futterzahmheit, echte Bindung mit individueller Kenntnis, Erkennen der Mutter angeboren oder sehr schneller Lernprozeß; stoffwechselphysiologische Grundlage des Hungers motiviert zum Saugen; Mutter mit Schlüsselreizfunktion, Taxis/Erbkoordination erklären; Bildung einer Gruppenbezie-

hung über soziale Fellpflege, Körperkontakt usw.; schnelles Lernen nicht ausschließbar, Umwelt- und Entwicklungsabhängigkeit sprechen eher für *Lehrmanns* Position.

3 "frühkindlich" - Mutter-Kind-Bindung früh gelernt, im vorliegenden Fall kein Umlernen nachweisbar; "vom Genotyp abhängig" - schwieriger Begriff, da Lernfähigkeit mit genetischer Komponente; die Angaben der Lernbedingungen sprechen gegen "starr angeborenes Verhalten" im Sinne von *K. Lorenz*: "Lernprozeß nachweisbar": "stabiles Ergebnis" nachgewiesen; ob der Begriff Prägung hier exakt anwendbar ist, bleibt problematisch, da es sich hier um eine kurzzeitige Mutter-Kind-Bindung handelt.

4 Erklärung des Verhaltens als Überlebensstrategie (Feinde, Auffindbarkeit der Mutter),
Notwendigkeit der Verstärkung des Lernens bei gleichbleibendem Reiz (Geruch als Kennmuster).

VORSCHLAG 22 - VERHALTENSLEHRE/EVOLUTION

Thema: Biokommunikation

Aufgabe

1 Was versteht man unter "Semantisierung"? - Geben Sie eine allgemeine Definition. - Erläutern Sie anschließend, wie die Semantisierung seitens des Senders und Empfängers jeweils erfolgen kann.

2.1 Fassen Sie die Abb. 22.1 kurz in Worten zusammen.

2.2 Die Heuschreckenarten a und b besiedeln dasselbe Areal, die Arten c, d und e dagegen getrennte Areale. Begründen Sie ausführlich anhand der Sonogramme diesen Sachverhalt und die Verwandtschaftsverhältnisse zwischen den Arten.

3.1 Definieren Sie den Begriff "Ritualisierung". - Stellen Sie kurz dar, daß eine Ritualisierung eine spezielle Form der Semantisierung sein kann.

3.2 Nehmen Sie unter Verwendung des Textes 22.1 Stellung zu der Behauptung, daß die Balzrituale bei den Entenvögeln im Laufe der Evolution aus Konfliktsituationen hervorgegangen sind. - Wie läßt sich dieser Vorgang anhand der beteiligten intervenierenden Variablen erklären?

4.1 Was versteht man unter "Homologie"? - Geben Sie die drei Ihnen bekannten Homologiekriterien an.

4.2 Versuchen Sie, die Homologiekriterien umzuformulieren, so daß diese auf Verhaltensweisen angewandt werden können.

4.3 Zeigen Sie anhand von Text 22.1 und Abb. 22.2 auf, wie man aus dem Vergleich ritualisierter Verhaltensweisen auf die stammesgeschichtliche Verwandtschaft von Tierarten schließen kann.

4.4 Geben Sie eine Erklärung für die Behauptung, daß Träger scheinbar homologer Verhaltensmerkmale nicht notwendigerweise von einer gemeinsamen Vorform abstammen müssen. - Geben Sie ein Beispiel an.

5 Diskutieren Sie den Nachweis angeborenen Verhaltens bei Tieren.

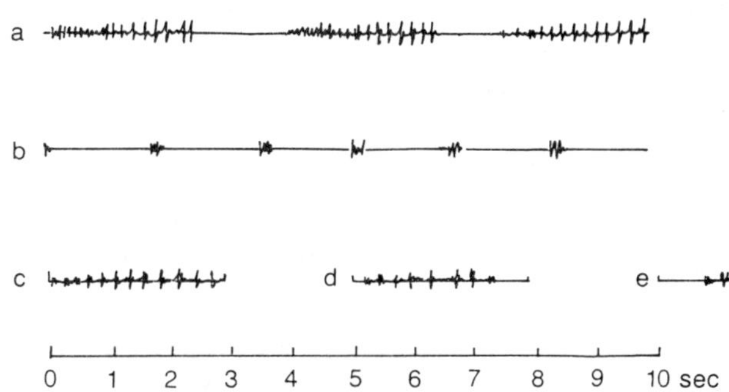

Abb. 22.1: Lockrufe von fünf Heuschreckenarten

Text 22.1

Bei allen Enten führen die Erpel eine mehrere Wochen dauernde Gesellschaftsbalz durch. An deren Ende wählt die Ente unter den balzenden Erpeln ihren Partner, indem sie vor ihm die Instinktbewegung des sogenannten "Hetzens" ausführt. (Sie weist dabei mit dem Kopf und Schnabel über die Schulter nach hinten.) Nimmt der Erpel die Werbung an, so beantwortet er die Bewegung des Weibchens mit dem "Scheinputzen" und "Antrinken":

1. (Abb. 22.2A) Das Antrinken und Scheinputzen sind bei dem Mandarinerpel zu einer obligat gekoppelten Bewegungsfolge geworden. Auf ein überbetontes Antrinken folgt ein Scheinputzen, das stärker formalisiert und durch stärkere morphologische Differenzierung unterstrichen ist als bei irgendeiner anderen Ente: Der Mandarinerpel betippt von innen her die große rostrote innerste Armschwinge, die während jeglicher Balzerregung gleich einem Segel emporragt. Besonders häufig bringt der Erpel die Antrink-Scheinputz-Bewegung, wenn er neben seiner Ente am Ufer steht. Dann trinken beide Gatten genau gleichzeitig, und anschließend betippt der Erpel seine Schmuckfeder, und zwar mit absoluter Regelmäßigkeit diejenige der der Ente zugewandten Körperseite. Beim Antrinken bewegt sich die Haube des Hinterkopfes so, daß die Bewegung dadurch unterstrichen wird (vgl. Abb. 22.2A1).

2. (Abb. 22.2B) Wenn ein Stockentenerpel gegenüber einer von ihm umworbenen Ente angetrunken hat, langt er häufig mit dem Schnabel hinter den leicht angehobenen Flügel, ganz als wolle er sich dort putzen, fährt aber statt dessen mit dem Schnabel kurz und rauh über die Unterseite der Kiele seiner Schwingen, so daß ein ziemlich lauter auf viele Meter hörbarer rrr-Laut entsteht. Stockerpel beginnen das Scheinputzen, das so gut wie immer mit Antrinken einhergeht (nicht aber umgekehrt), nicht nur bei der Begegnung mit dem Weibchen, sondern ebenso und vielleicht noch intensiver bei der Begegnung mit Erpeln, wenn Stimmung zur sozialen Balz aufkommt.

3. (Abb. 22.2C) Das einleitende Sichschütteln, das Antrinken und das Scheinputzen spielen beim Knäckerpel eine eigenartige Rolle. Das Antrinken findet sich nämlich nicht nur als unabhängige Einleitung des Gesellschaftsspieles, sondern auch als fest in bestimmte Balzhandlungen eingebauter Bestandteil. Andererseits ist das Scheinputzen stark an der Einleitung der Balz beteiligt und erfolgt bei manchen Balzen fast ebensooft wie das einleitende Sichschütteln. Im Gegensatz zu den meisten anderen Schwimmerpeln putzen sich die Knäckerpel dabei an der Außenseite des Flügels, wobei das hellblaue Flügelkleingefieder sehr auffällt.

Abb. 22.2: Balzverhalten von Enten
A Mandarinerpel - B Stockentenerpel - C Knäckerpel
(aus *Lorenz, K.*: Über tierisches und menschliches Verhalten. Piper, München 1965)

Erwartete Lösung zu Vorschlag 22

1 Vorgänge zur Verbesserung der Kommunikation; seitens des Empfängers durch Erhöhung der Leistungsfähigkeit der Sinnesorgane, der Verfeinerung des Auslösemechanismen oder der Schwellenwerterniedrigung; seitens des Senders durch Funktionsänderung von Verhaltensweisen, Intensivierung von Bewegungen, Erstarren von Bewegungen, Wirksamkeitssteigerung durch rhythmische Wiederholung oder Organveränderung.

2.1 Hinweis auf großen Unterschied der Lockrufe zwischen a) und b) und diesen beiden zu den anderen dreien sowie auf die große Ähnlichkeit von c), d) und e).

2.2 a) und b) sympatrisch: starke Unterschiede in den Lockrufen und damit eine Verschiedenheit der jeweiligen Schlüsselreize verhindern eine Artbastardierung, Anwendung des Konkurrenzausschlußprinzips; da bei c), d) und e) die Tiere in verschiedenen Lebensräumen vorkommen, können die Schlüsselreize weitgehend übereinstimmen, da eine Artbastardierung von vornherein ausgeschlossen wird.

3.1 Umwandlung einfacher Ausdrucksweisen zu prägnanten, auffälligen Signalen entspricht einer Semantisierung durch den Sender (vgl. 1.1).

3.2 Während der Balzrituale treten Elemente der Nahrungsaufnahme und des Putzverhaltens, also situationsfremde Verhaltensweisen, auf. Konfliktsituationen können sich durch Übersprunghandlungen (Verhaltensweisen, die einem anderen nicht situationsadäquaten Funktionskreis entspringen) äußern, so auch durch Nahrungsaufnahme und Putzverhalten während der Balz, in der ein Konflikt zwischen Balz und Flucht oder Werben um das Weibchen und Angriff des Rivalen o.ä. möglich ist. Aus den ursprünglich situationsfremden Verhaltensweisen werden durch Ritualisierung Signale für das Weibchen. Hinsichtlich der intervenierenden Variablen muß eine Verknüpfung der entsprechenden Nervenbahnen zwischen den Gehirnbereichen für die Instinkthandlungen genetisch fixiert sein.

4.1 Ursprungsgleichheit; Nennung des Qualitäts-, Lage- und Stetigkeitskriteriums.

4.2 Qualitätskriterium: Verhaltensweisen sind abstammungsgleich, in je mehr Sondermerkmalen sie übereinstimmen (je komplexer die Sondermerkmale sind und je größer die Übereinstimmungen sind).
Lagekriterium: Verhaltensweisen sind dann homolog, wenn sie beim Ablauf mehrerer Verhaltensweisen in einer Handlungskette an gleicher Stelle auftreten.
Stetigkeitskriterium: Verhaltensweisen sind homolog, wenn es verbindende Übergangsformen gibt, bei denen die entsprechenden Verhaltensweisen nach den beiden anderen Kriterien homologisiert werden können.

4.3 Anwendung von Qualitätskriterium und Lagekriterium auf die Rituale bei der Entenbalz

4.4 Kriterien 1 und 2 können zutreffen, obwohl keine stammesgeschichtliche Verwandtschaft vorliegt: z.B. Gesangsübernahme bei Brutparasitismus (Witwenvögel bei Prachtfinken).

5 Möglichkeiten von Kreuzungsexperimenten, *Kaspar-Hauser*-Versuchen, Verhaltensvergleich (s.o.) mit entsprechenden Schwierigkeiten.

VORSCHLAG 23 - VERHALTENSLEHRE/ÖKOLOGIE/NERVENPHYSIOLOGIE

Thema: Sandwespen

Aufgabe

1 Definieren Sie den Begriff "ökologische Nische". Wenden Sie den Begriff für die genannten Sandwespen an (s. Text 23.1, Tab. 23.1). Zeigen Sie dabei verschiedene Einnischungsmöglichkeiten bei gleichem Lebensraum.

2.1 Beschreiben Sie kurz den Ablauf der 2. und 3. Phase des Brutgeschäfts bei der Wespe *Ammophila p.* (Text 23.3, Abb. 23.2).

2.2 Stellen Sie anhand von Text 23.2 eine entsprechende Formel für *Ammophila* auf; ordnen Sie danach das Brutverhalten der drei Wespenarten *Pompilus*, *Bembex* und *Ammophila* den Begriffen "Brutpflege" bzw. "Brutfürsorge" zu, und begründen Sie dies kurz.

2.3 Überlegen Sie, durch welches Experiment bewiesen werden könnte, inwieweit *Ammophila* im Handlungsablauf der 1. Phase zwanghaft handelt (vgl. Abb. 23.1). Denken Sie dabei auch in die Richtung: "circulus vitiosus". Ordnen Sie danach diesen Ablauf in die Ihnen bekannten Kategorien ein.

2.4 Zeichnen Sie ein Flußdiagramm für das Brutverhalten von *Ammophila* (vgl. Texte 23.3 und 23.4) (Nestbau und Beutefang aus der 1. Phase sind vereinfacht als Befehlsglieder zu sehen), und erläutern Sie, wie und wo *Baerends* bei *Ammophila* Befehls- und Entscheidungsglieder nachgewiesen hat.

2.5 Geben Sie eine Definition für den Begriff "Lernen". Zeigen Sie an einigen Ihnen bekannten Lernformen, daß Ihre Definition angewendet werden kann.
Entscheiden Sie danach: Zeigt *Ammophila* während der Beobachtung Lernverhalten? Klassifizieren Sie dies Verhalten.

3 Die Stoffe γ-Aminobuttersäure und Glycin (sog. Hemm-Transmitter) rufen vermutlich eine Hyperpolarisation der postsynaptischen Membran hervor; die Stoffe Histamin, Serotonin und Glutaminsäure haben offenbar z.T. Transmitter-Funktion.
Im Gift der Wespen sind freie Aminosäuren sowie Histamin und Serotonin nachgewiesen worden. Diskutieren Sie auf dieser Basis Angriffsorte und Wirkungsweisen des Wespengiftes.

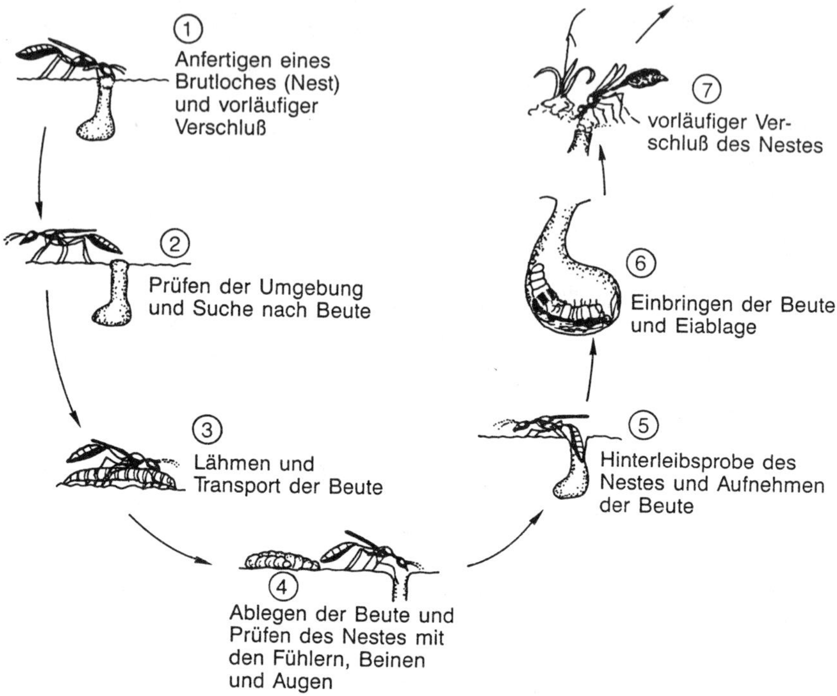

Abb. 23.1: 1. Phase des "Brutgeschäftes" von *Ammophila p.* (deutscher Name: Dreiphasenwespe) (nach *Schaefer, G.*: Kybernetik und Biologie. Metzler, Stuttgart 1972)

Die Arbeit eines Weibchens von Ammophila pubescens an den 5 nacheinander angelegten Nestern I – V während acht Tagen (Ordinate).
Δ Ausgraben eines neuen Nestes; ▲ Eintragen der ersten ersten Raupe und Eiablage; o Inspektionsbesuch ohne mitgebrachte Raupe; ● Eintragen einiger Raupen; ■ endgültiger Nestverschluß

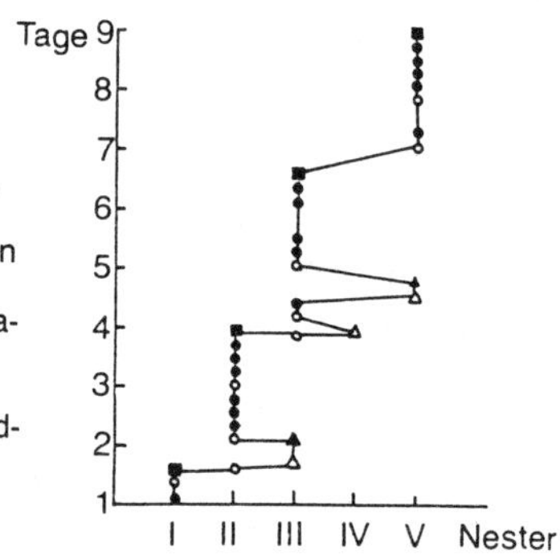

Abb. 23.2 (nach *Baerends, G.P.*: Fortpflanzungsverhalten und Orientierung der Grabwespe *Ammophila campestris Jur.*. Tijdschr. End. 84, S. 68 - 275, 1941)

Text 23.1

Die Sandwespen bzw. Wegwespen kommen überwiegend in Mitteleuropa, Asien und Nordafrika vor. In Mitteleuropa existieren ca. 300 Arten. Sie leben solitär, die ♀♀ versorgen in unterschiedlicher Weise die Brut mit erbeuteten und gelähmten Gliedertieren. Die Nester werden oft in sandigem Boden gebaut.

Tab. 23.1

Wespenart	Beute pro Larve	Auftreten der ♀♀ im Jahresverlauf	Biotop
Pompilus	eine Spinne	Hochsommer	Sandböden mit Doldenblütlern
Bembex	Schwebfliegen	Juli, August	Sandböden mit versch. Blütenpflanzen
Ammophila	viele Raupen	Juni - Oktober	Sandböden mit versch. Blütenpflanzen
Podalonia	eine große Raupe	Juni, Juli	Sandböden mit versch. Blütenpflanzen, Laub

Text 23.2

Der Handlungsablauf beim Brutgeschäft besteht aus verschiedenen Tätigkeiten: Nestbau, Jagd auf Beute, Lähmung durch Stich, Transport, Eiablage sowie vorläufiger oder endgültiger Verschluß.
Man kann die Arten durch eine Formel aus den Anfangsbuchstaben der einzelnen Handlungen kennzeichnen:
z.B. Pompilus: JSTNEV - Bembex: NJSTEvV $(JST)^n$ V

Text 23.3

Am Morgen besucht *Ammophila p.*, ohne eine Raupe gejagt zu haben, ihre Nester (Inspektion). Ist in einem die Larve noch nicht geschlüpft, so scharrt sie das Nest zu und fliegt zum nächsten Nest. Sitzt darin eine kleine (junge) Larve, so bringt sie ihr 1 oder 2 Raupen. Nach vorläufigem Verschluß wendet sie sich einem dritten Nest zu oder legt ein neues an. Findet sie bei der Inspektion eine große Larve im Nest, so trägt sie viele Raupen ein, wozu sie manchmal noch den nächsten Vormittag braucht, und schließt dann das Nest endgültig.

Text 23.4

Nach Versuchsprotokollen über die Dreiphasenwespe *Ammophila* von *Baerends* (1941):

- Wenn A. in der 1. Phase mit der 1. Raupe am Nest ankommt, biete ich ihr eine Raupe in der Kammer an. Sie wirft diese Raupe hinaus, zieht ihre eigene hinein und belegt diese mit einem Ei.
- Ersetze ich vor einem Inspektionsbesuch (Dauer jeweils ca. 10 sec.) das im Nest liegende Ei durch eine große Larve, so trägt A. viele Raupen hinzu.
- Dann stattet A. dem Nest X den ersten Inspektionsbesuch der 3. Phase ab. Bevor sie danach eine Raupe einträgt, ersetze ich die Larve durch eine Raupe mit Ei; sie bringt ihre Raupe ein, ohne sich durch die Abwesenheit der Larve stören zu lassen.
- In der 3. Phase räume ich, nachdem A. schon eine Raupe herbeigebracht hat, das ganze Nest Y völlig aus. Sie trägt soviel Raupen ein wie im Normalfall, verschließt das Nest endgültig und besucht es nicht wieder.

Erwartete Lösung zu Vorschlag 23

1 Begriffsdefinition als Planstelle im Ökosystem; Einnischung durch verschiedene Beutetiere und Jagdreviere, durch unterschiedliches zeitliches Auftreten.

2.1 Beschreibung des Verhaltens im Sinne der Frage (kurzer Text)

2.2 Danach käme als Formel, im Unterschied zu den anderen beiden Wespen, in Frage:
N J S T E vV / $(J\ S\ T)^n$ vV / $(J\ S\ T)^n$ V
Dementsprechend wäre das Brutverhalten von *Ammophila* als "Brutpflege", das von *Pompilus* und *Bembex* als "Brutfürsorge" einzuordnen - wobei dies bei *Bembex* durchaus strittig gesehen werden kann.

2.3 Entscheidend ist die Wegnahme der Beute nach dem Ablegen; erneute Beutesuche, Ablegen, Wegnahme der Beute usw.; Teufelskreis.
Zentraler Begriff für den Handlungsablauf ist "Handlungskette".

2.4 Darstellung des Flußdiagramms.
Versuchsanlage zur Entscheidung zwischen Befehls- und Entscheidungsgliedern, z.B. die Veränderung der Larvengröße oder die Ei-Wegnahme.

2.5 Gedächtnis als Grundlage für nachhaltige Verhaltensänderungen.
Beispiele für Lerntypen.
Es geht hier um eine obligate Lernform und ein zeitlich begrenztes Gedächtnis; (Wiederfinden des Nestes), die Einordnung ist jedoch schwierig.

3 Kurze Beschreibung der Synapsenfunktion; Heraufsetzen der Erregbarkeitsschwelle durch freie AS bzw. Dauererregung durch AS, Histamin und Serotonin.

VORSCHLAG 24 - VERHALTENSLEHRE/NERVENPHYSIOLOGIE/GENETIK

Thema: Aggressionsverhalten

Aufgabe

1 Wenn sich zur Fortpflanzungszeit zwei rivalisierende Eidechsenmännchen begegnen, zeigen sie sich die Breitseite und rücken mit nach unten abgeknicktem Kopf aufeinander zu. Anschließend beißen sie sich solange in den Hinterkopf, bis ein Partner beginnt, schnell auf der Stelle zu treten (treteln). Daraufhin stellt der Partner den Kampf ein und läßt den Rivalen fliehen.

1.1 Interpretieren Sie den Kampf als eine besondere Form des Aggressionsverhaltens, und erläutern Sie die Elemente dieses Kampfes.

1.2 Nennen Sie Gründe, weshalb es im Lauf der Evolution zu einer solchen Form von Aggressionsverhalten gekommen ist.

1.3 Deuten Sie die aus den Kurven in Abb. 24.1 ablesbare Jahresperiodizität. Beziehen Sie in Ihre Deutung nicht nur die Veränderungen in der aggressiven Gestimmtheit und Brutbiologie ein, sondern auch hormonelle Grundlagen.

1.4 Die Revierbehauptung ist eine Möglichkeit, die Populationsdichte einer Art zu regeln. Begründen Sie dies kurz.
Stellen Sie allgemein anhand eines Regelkreisschemas die Regulation der Populationsdichte einer Art durch biotische und abiotische Faktoren dar.

2.1 Deuten Sie die Untersuchungsergebnisse der Texte A und B in Hinblick auf die Ursachen tierischer Aggressivität.

2.2 Erläutern Sie anhand eines geeigneten Schemas den Erbgang von reinerbigen "Mördermäusen", die man mit reinerbig zahmen gekreuzt hat.

2.3 Erklären Sie molekulargenetisch den Zusammenhang zwischen Aggresssionsgen und hohem Blutspiegel an Catecholamin.

2.4 Deuten Sie die Untersuchungsergebnisse von Text C in Hinblick auf die Ursachen der Aggression.

2.5 Erklären Sie das Zustandekommen der Ergebnisse der Texte D und E mit Hilfe des kybernetischen Modells.

2.6 Vergleichen Sie die von Ihnen gewonnenen Ergebnisse hinsichtlich der Ursachen tierischer Aggressivität, und fassen Sie die Erkenntnisse in einem Denkmodell zusammen.

Text 24.1

A Von Geburt an isoliert aufgezogene Mäuse bekämpfen ihre später zugesetzten Rivalen mit artspezifischen Kampfbewegungen, die auch die nicht isolierten Tiere zeigen.

B Bei Hausmäusen erhält man nach gezielter Auslese und Kreuzung reine Stämme, die sich in ihrer Aggressivität erheblich unterscheiden. Eine einzige Erbanlage, ein Gen, macht eine brave Labormaus zur "Mördermaus": Sie greift innerhalb von 5 Minuten an, wenn eine zahme Maus in den Käfig gesetzt wird.
Werden die Kinder von "Mördermäusen" mit sehr hoher Aggressivität von zahmen Mäusemüttern aufgezogen, dann hat die "Kinderstube" keinen Einfluß auf ihr späteres Verhalten.
Kreuzt man Angehörige verschiedener Stämme miteinander, so liegt die Aggressivität der F_1Nachkommen zwischen der der Ausgangsstämme. Forscher fanden heraus, daß im Blut der "Mördermäuse" ein Stoff, das Catecholamin, der mit der Aggressionsneigung zusammenhängt, in doppelt so hoher Menge im Blut vorkommt wie bei normalen Mäusen.

C "So erweisen sich Mäusemännchen, die in ihrer Kindheit regelmäßig von Hand gestreichelt wurden, später als besonders zahm und friedfertig.

Umgekehrt wurden Mäuse, die schon sehr frühzeitig um ihr Futter kämpfen mußten, später sehr aggressiv und kämpften um ihr Futter selbst dann, wenn sie gar nicht hungrig waren.
Ganz allgemein können Kampferfolge bei Mäusen die spätere Aggression steigern, während häufige Mißerfolge bzw. Niederlagen die Kampfbereitschaft dämpfen.
Dabei treten diese Eigenschaften um so ausgeprägter hervor, je früher im Leben diese entsprechenden Erfahrungen gesammelt wurden." (*Immelmann* 1976)

D "Werden vorher isoliert gehaltene erwachsene Mäuse zueinander gesetzt, so kämpfen sie. Nach Kastration der erwachsenen Tiere kämpfen auch männliche Mäuse nicht. Wird diesen Kastraten jedoch Testosteron gespritzt, so kämpfen sie wieder. Werden weibliche Mäuse zueinander gesetzt, so finden keine Kämpfe statt." (*v. Falkenhausen* 1981)

E Hungrige Ratten, die gelernt hatten, nach dem Durchlaufen eines Labyrinths mit Nahrung belohnt zu werden, greifen Altersgenossen sofort an, wenn sie ihnen den Weg ins Labyrinth versperren.

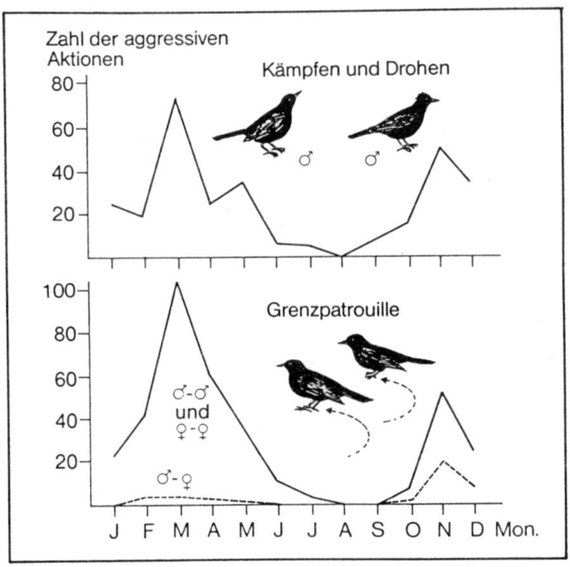

Abb. 24.1: Aggressive Aktionen bei Amseln. Oben: Bei Besetzung und Behauptung der Reviere. Unten: Grenzpatrouille an festgelegten Reviergrenzen (Parallel-Laufen) (aus *Blume, D.*: Kursheft Ethologie 2, S. 62. Klett, Stuttgart 1981)

Erwartete Lösung zu Vorschlag 24

1.1 Kommentkampf, Beschreibung, Analyse, richtige Zuordnung.

1.2 Gleichgewicht von Flucht und Angriff;
besseres Finden des Partners, Zeit zur Brutpflege,
Regelung von Besitz und Rangverhältnissen,
geringer Energieverbrauch, Schutz der Jungtiere,
Durchsetzen des besten Erbgutes.

1.3 Hohe Anzahl aggressiver Aktionen zwischen gleichgeschlechtlichen Tieren vor und während der Brutzeit, dabei Grenzpatrouille häufiger; im Sommer keine Aktionen, erneuter, schwächerer Anstieg im November; zwischen und während der Brutzeit kaum entsprechende Aktionen, stärker jedoch im November; jahresperiodischer Verlauf der Brutstimmung induziert durch Hormonspiegeländerungen, diese wiederum abhängig von Temperatur, Tageslänge, endogenen Rhythmen.

1.4 Individuelle Reviergröße legt Zahl der Art-Individuen pro Areal fest; Sicherung der Nahrungsgrundlage, Aufzuchtfähigkeit;
Populationsgröße als Regelgröße, biotische und abiotische Faktoren als Stör- bzw. Stellglieder; Darstellung auch im erweiterten Pfeildiagramm möglich.

2.1 Angeborenes Verhalten, dazugehörige Elemente, Erbkoordination.

2.2 Intermediärer Erbgang, Zeichnung und Erklärung.

2.3 Ein-Gen-Ein-Enzym-Hypothese und Anwendung.

2.4 Aggression erlernbar - in den Grenzen, die das Erbgut setzt;
Lernformen: Nachahmen, Erfolg;
Aggression durch Frustration.

2.5 Kybernetisches Modell, Aggression durch Ungleichgewichtszustände im Körper, hormonbedingt, abhängig von Geschlecht und Alter, Füllungsgrad des Magens.

2.6 Interaktionsmodell in eigenen Worten.

VORSCHLAG 25 - VERHALTENSLEHRE/EVOLUTION

Thema: Verhalten von Primaten

Aufgabe

1.1 Skizzieren Sie einen Stammbaum der Primaten mit Zeitskala. Kennzeichnen Sie die Stellung der Totenkopfäffchen; zeichnen Sie wichtige Stadien der Entwicklung des Menschen ein, charakterisieren Sie diese Stadien in einer kurzen Erläuterung.

1.2 Erklären Sie, weshalb die Analyse von Proteinen, wie Cytochrom c oder Alpha-Hämoglobin zur Bestätigung stammesgeschichtlicher Zusammenhänge geeignet ist und genauere Ergebnisse liefert als z.B. ein Vergleich von Gliedmaßenskeletten.

2.1 Was zeigt die in Abb. 25.1 wiedergegebene Soziogrammfolge?

2.2 Helfen Untersuchungen wie diese hier am Totenkopfäffchen, die stammesgeschichtliche Entwicklung menschlichen Verhaltens besser zu verstehen?

3.1 Geben Sie den Inhalt des Textes in eigenen Worten wieder.

3.2 Erläutern Sie die Hauptthese des Textes anhand von Abb. 25.2.

3.3 Stellen Sie Verbindungen zwischen den Untersuchungen zum Verhalten des Totenkopfäffchens und dem Inhalt von Text 25.1 her.

4 Wir hatten im Unterricht Wissenschaft als methodisch geordnete systematisierte Suche nach objektiven und in einem Begründungszusammenhang eingeordneten Erkenntnissen definiert.

4.1 Erläutern Sie den Inhalt dieser Definition von Wissenschaft am Beispiel Analyse von Proteinen zur Bestätigung stammesgeschichtlicher Zusammenhänge.

4.2 Erörtern Sie, ob diese Definition den Aussagen des Textes widerspricht.

Text 25.1

Es ist gewiß kein Zufall, daß die "Idee", die evolutive Triebfeder der Menschwerdung sei der Konkurrenzdruck (und damit die Selektion) auf dem Feld der "umweltbewältigenden" materiellen Werkzeugverwendung und -herstellung gewesen, in einer Epoche des nahezu unbegrenzten Vertrauens in den technischen Fortschritt und die technologische "Machbarkeit" geboren und gehegt wurde. Von der Aufrichtung des Menschen zur Bipedie bis hin zur Sprachentwicklung, alles wurde für viele Jahrzehnte fast ausschließlich unter diesem umweltbewältigenden Aspekt gesehen und gedeutet. Unter dem Eindruck der so mit besonderem Gewicht versehenen paläanthropologischen und prähistorischen Werkzeugfunde avancierte[1] die "planmäßige Herstellung zweckmäßiger Werkzeuge" geradezu zum differentialdiagnostischen[2] Definitionskriterium des Menschen gegenüber allen anderen Organismen. Auch die Entwicklung menschlicher Sprachfunktionen wurde zunächst in diesem Kontext[3] interpretiert; sie galten primär als ein weiteres Instrument der Umweltbewältigung und der Naturaneignung, und zwar auf dem Wege über "benennendes Denken" und Bewußtseinsentfaltung. Materielle und verbale "Werkzeugentwicklung" schienen originär gleichermaßen auf Umweltbewältigung gerichtet. Wie die materielle Werkzeugverwendung und -herstellung ursprünglich auf individueller Leistung beruht, so erscheinen auch die Sprachfunktionen als etwas Individualisiertes, also vorwiegend auf den einzelnen bezogen. Für den Prozeß der Hominisation zählten in diesem Licht vor allem die konkurrierenden individuellen Fähigkeiten.
Diese Grundeinstellung (bzw. Werthaltung) aber entstammte primär nicht den empirischen Wissenschaften, sondern sie war außerwissenschaftlich längst vorgegeben. Ihr Einfluß blieb sehr lange und nachhaltig forschungsorientierend wirksam.
Wie gründlich hat sich die Szene in den letzten Jahrzehnten gewandelt! Es verblaßte das Vertrauen in die technologische "Machbarkeit" und in technokratische Problemlösungen. Im öffentlichen Bewußtsein machte sich zunehmend Unbehagen gegenüber dem technischen Fortschritt als Eigenwert breit. "Lebensqualität" trat als

1) avancieren = aufrücken, aufsteigen, befördert werden
2) Differentialdiagnose = Unterscheidung ähnlicher Organismengruppen anhand von charakteristischen Erkennungsmerkmalen
3) Kontext = Sinnzusammenhang

das erstrebenswerte Ziel an seine Stelle. Diese wiederum hat sich an Grundbedürfnissen des Menschen und der Gesellschaft zu orientieren. Der Mensch "als primär gesellschaftliches Wesen" wurde wiederentdeckt und rückte in den Mittelpunkt des Interesses. Das umso mehr, als es vor allem soziale Probleme sind, die zunehmend und offensichtlich weltweit die Menschheit belasten. Die Absage an die individualisierende "Leistungsgesellschaft" wird formuliert, die neue Losung heißt: Miteinander statt Gegeneinander; Altruismus statt Konkurrenz! Die außerwissenschaftlichen Wertvorstellungen haben sich gründlich verschoben. Dies dürfte einen entscheidenden Impuls dafür gegeben haben, daß sich dann auch die Forschung intensiv gerade sozialen Problemen und Fragestellungen zugewandt hat. Das gilt nicht nur hinsichtlich des Aufschwungs. Man entdeckte neue Zusammenhänge und Bedingungskonstellationen. Man fand unter anderem erst jetzt heraus, daß die intensive Verwendung "sozialer Werkzeuge" in der Primaten-Evolution offenbar der "materiellen" Werkzeugbenutzung und -herstellung vorausging, ja daß erstere sehr wahrscheinlich die kognitiven Voraussetzungen für letztere geschaffen und voll entwickelt hat. So geschah es in sehr massierter Form erst auf dem Internationalen Anthropologenkongreß 1973 in Chicago, daß in zahlreichen Vorträgen die alte, durch Tradition schon fast "tabuisierte" Theorie vom Sokkel gestoßen wurde, die instrumentell-materielle Umweltbewältigung sei Haupttriebfeder der cerebralen Leistungssteigerung in der Evolution der höheren Primaten und bei der Hominisation gewesen. Anthropologen verkündeten, daß die Bedeutung der materiellen Werkzeugbenutzung und -herstellung für die Hominisation viel zu stark hervorgehoben worden sei, ihnen assistierten zahlreiche Ethologen mit ihren neueren Befunden über die Schlüsselrolle des Sozialverhaltens für die kognitive Entwicklung. Parallel dazu verlagerte sich auch der Schwerpunkt der Forschungen zur Sprachentstehung und Sprachentwicklung zusehends auf die sozial-kommunikativen Funktionen, auf ihre intensive Verflechtung mit einer "gelungenen" individuellen Sozialisation und auf ihre ursprünglichen Hauptaufgaben als soziales Regulativ sowie als Traditionsvermittler.

Gewiß kann man eine derartige Konzeptentwicklung bzw. -änderung auch als einen allein *innerhalb* der Wissenschaften sich vollziehenden Prozeß betrachten, doch wird man damit der forschungsproduzierenden Wirklichkeit sicher nicht gerecht. Ich glaube übrigens nicht, daß jemand ernsthaft die kühne Behauptung verteidigen wollte, in dem eben vorgeführten Beispiel eines Konzeptumschwunges sei das Primärereignis innerhalb der Wissenschaft zu suchen, die allgemeine Einstellungsänderung dagegen sei erst eine sekundäre Folge dieses wissenschaftlichen Prozesses gewesen. Die Grenzen zwischen wissenschaftlichem Denken und außerwissenschaftlichen Einstellungen sind gelegentlich fließend, letztere haben durchaus auch einen "kanalisierenden" Effekt auf bestimmte Forschungsrichtungen, und sie liefern ein gerüttelt Maß an Forschungsmotivation. Ich möchte in diesem Zusammenhang betonen, daß durch derartige neue Denkorientierungen in den empirischen Naturwissenschaften nicht etwa die zuvor bereits eindeutig als "wahr" ermittelten Fakten, Zusammenhänge und Aussagen ihren grundlegenden "Wahrheitscharakter" verlieren, sondern daß bisher übersehene Einflußgrößen (Parameter) in das System einfließen können, die dazu führen, daß der bestimmten Faktoren zuvor im Rahmen einer übergreifenden theoretischen Konzeption beigemessene Stellenwert sich ändern kann oder muß. Und da das zu interpretierende Beziehungsgefüge ein allseitig offenes System ist, wird dieser Prozeß auch zukünftig am Werke sein.

(Text nach *C. Vogel*: "Zum biologischen Selbstverständnis des Menschen." In: Naturw. Rdsch. Jg. 30, 1977, H. 7, S. 248/49; leicht gekürzt und verändert.)

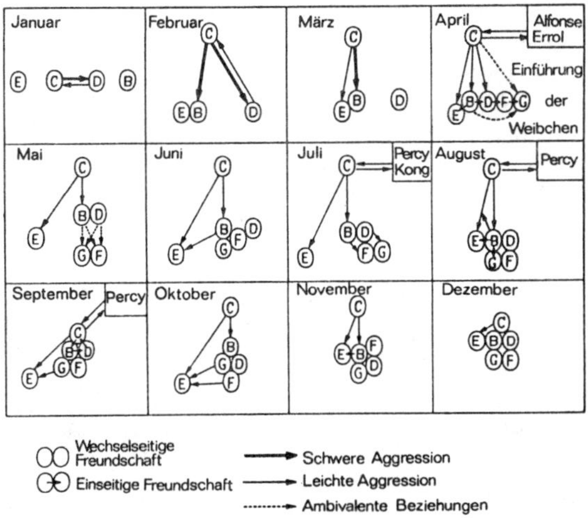

Abb. 25.1: Entwicklung der sozialen Struktur und Rangordnung von Totenkopfaffen (Saimiri scireus). Die Soziogramme fußen einerseits auf der numerisch erfaßten Häufigkeit und Verteilung einer größeren Anzahl von typischen Verhaltenselementen, andererseits auf fortlaufenden qualitativ deskriptiven Beobachtungen. Jedes Oval stellt ein Tier mit der Initiale seines Namens dar. B, C, D und E sind männliche, F und G weibliche Affen. (Aus *Ploog, D.*: Kommunikation in Affengesellschaften. In *Gadamer/Vogler* (Hrsg.): Neue Anthropologie Bd. 2. Thieme Verlag, Stuttgart 1972)

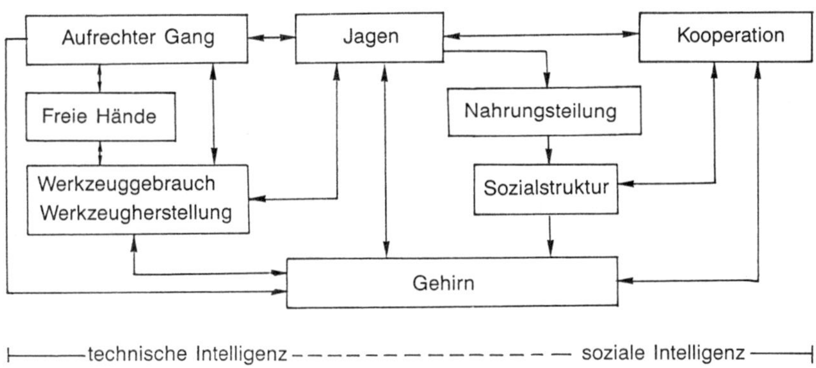

Abb. 25.2: Rückkopplungsmodell zum Hominisationsprozeß
Zeichenerklärung: ⟶ einseitige Förderung; ⟷ wechselseitige Förderung. (nach *Lethmate, J.*: Das Verhalten von Menschenaffen als Modell des Hominisationsprozesses. In: Unterricht Biologie 31, S. 42. Friedrich Verlag, Seelze 1979)

Erwartete Lösung zu Vorschlag 25

1.1 Stammbaum: Verzweigung Neuweltaffen/Altweltaffen vor mehr als 40 Mill. Jahren, Altweltaffen/Hominoidea vor 30 - 40 Mill. Jahren, Menschenaffen/Hominiden vor ca. 20 Mill. Jahren; Totenkopfäffchen als Neuweltaffen; Australopitheciden, Homo erectus, Neandertaler, Homo sapiens, Angaben zu Schädelinhalt, Jagdtiere, Kultur.

1.2 Aminosäurefolge erlaubt Rückschluß auf Basensequenz; Veränderungen quantitativ faßbar.

2.1 A bringt andere Männchen unter Kontrolle; übernimmt Verteidigung; E als Omega-Tier; nach 3 Monaten Rückgang aggressiver Auseinandersetzung; schließlich hierarchische Struktur, Rollenverteilung, Gruppenzusammenhalt.

2.2 Nicht direkt, hierarchische Gruppenstruktur könnte Analogie sein; jedoch auch hier komplexe Sozialstruktur.

3.1 Bis vor wenigen Jahren Sicht: technisch-ökonomisch, Umweltbewältigung, Leistung des einzelnen, Konkurrenzdenken; heutige Sicht: Sozialer Aspekt, Kommunikationsanalyse.

3.2 Frühere Sicht: linker Teil der Abbildung;
heutige Sicht: rechter Teil der Abbildung.

3.3 Untersucht Sozialgefüge, also neuere Sicht.

4.1 Z.B. methodisch geordnet Aufbau der Proteinanalyse, Vergleich der Ergebnisse; objektive = intersubjektive Daten eingeordnet in Begründungszusammenhang; Evolutionstheorie.

4.2 Widerspricht nicht: s. Text; evtl. Beispiel Soziogramm zum Verhalten von Totenkopfäffchen.

VORSCHLAG 26 - VERHALTENSLEHRE/GENETIK

Thema: Das Verhalten von Löwen in der Sicht unterschiedlicher Theorien

Aufgabe

1 Grundlagen der Soziobiologie am Beispiel der Honigbiene

1.1 Erklären Sie an einem selbstgewählten Beispiel aus dem Verhalten der Arbeitsbiene die Begriffe Schlüsselreiz und Endhandlung.

1.2 Erläutern Sie am Beispiel Arbeitsbiene Hauptthese und Argumentationsweise der Soziobiologen.

2 Erklären Sie aus genetischer und evolutionsbiologischer Sicht den biologischen Sinn des Auswanderns bzw. des Einwanderns der jungen Löwenmännchen.

3.1 Versuchen Sie, das Verhalten von Löwen im Sinne der soziobiologischen Theorie zu erklären:
- das Töten der Jungen nach Übernahme des Rudels
- das Verhalten gegenüber den Jungen an der Beute bei Futtermangel

3.2 Den Löwenmännchen gelingt es nach Übernahme des Rudels nie, alle Löwenbabies zu töten. Erörtern und begründen Sie, welche Jungen, wenn die soziobiologische Theorie sich bewährt, bevorzugt getötet werden sollten.

4 Erörtern Sie, ob das unter 3 behandelte Verhalten von Löwen im Sinne der klassischen Verhaltenstheorie deutbar ist.

5 Erläutern Sie am Beispiel der soziobiologischen Theorie, welche Funktion Theorien in der Wissenschaft haben und welche Anforderungen an Theorien gestellt werden. Erörtern Sie auch, ob die soziobiologische Theorie beim Anlegen solcher Maßstäbe eine gute Theorie ist.

Text 26.1

Die in der Serengeti-Steppe (Ostafrika) frei lebenden Löwen wurden über Jahre genau beobachtet: Sie leben in Rudeln von 3 bis 12 geschlechtsreifen Weibchen und 1 bis 6, meist 2 ausgewachsenen Männchen zusammen. Jedes Rudel hat ein Revier von mehreren Kilometern Durchmesser, aus denen fremde Löwen - meist durch die Männchen - vertrieben werden.
Die Jagd übernehmen vorwiegend die etwa 120 kg schweren Weibchen. Sie jagen zu mehreren zusammen. Bei der Jagd schleichen sie sich meist von mehreren Seiten her an die Beutetiere wie Zebras und Gazellen an, denn bei der Verfolgung der schnell und ausdauernd laufenden Beutetiere haben sie nur geringe Chancen. Die etwa 180 kg schweren Männchen sind relativ wenig an der Jagd beteiligt.
Die Weibchen bekommen mit etwa 4 Jahren ihre ersten Jungen, 2 bis 3 pro Wurf. Sie bleiben ungefähr 13 Jahre fruchtbar und sterben ungefähr mit 18 Jahren. Die Trächtigkeit dauert nur 14 bis 15 Wochen. Dementsprechend sind die Jungen bei der Geburt recht klein und müssen 6 bis 8 Monate gesäugt werden. Zwei Jahre hindurch sind die Jungen von den Erwachsenen abhängig. Weibchen werden erst wieder trächtig, wenn die Jungen 20 bis 30 Monate alt sind.
Heranwachsende weibliche Tiere bleiben meist im Rudel. Nur wenn das Rudel sehr groß ist, werden sie vertrieben.
Anders die Männchen: Im Alter von etwa 3 Jahren werden sie, falls sie nicht freiwillig gehen, aus der Familie ausgestoßen. Diese Männchen ziehen zu Gruppen von etwa 6 Männchen umher, haben aber kein eigenes Revier, denn das als Revier geeignete Gelände ist besetzt. Im Alter von 5 oder 6 Jahren versuchen diese Männchen, ein Rudel zu übernehmen. Meist arbeiten dabei zwei Geschwister zusammen. In kurzem Kampf oder auch langsam einschleichend verdrängen sie Haremsbesitzer, die nicht mehr im Vollbesitz ihrer Kräfte sind. Soweit bekannt, gehen Löwenmännchen dabei nie in das Rudel zurück, in dem sie aufgewachsen sind. Im Durchschnitt können Männchen nur 2 oder 3 Jahre lang das von ihnen beherrschte Rudel behalten, denn ihre Kräfte verschleißen in vielen Kämpfen.
Wenn die Löwenmännchen ein Rudel übernehmen, bringen sie vorgefundene Löwenbabies um - ohne sie aufzufressen. Später, gegen-

über den eigenen Jungen, verhalten sie sich freundlich. Ja, wenn das Futter knapp ist, lassen sie die Jungen etwas eher an die Beute, als die Löwinnen das tun.
Auch Junge der Nachbarrudel werden von Löwenmännchen nicht getötet. Die Löwinnen wehren sich gegen die Angriffe auf ihre Jungen, aber nicht mit letzter Kraft.
Wurden die Jungen getötet, so kommen die Löwinnen bald wieder in den Östrus, können also von neuem begattet werden.
Meist kommen die Weibchen zu gleicher Zeit in den Östrus, dann werden zu gleicher Zeit Junge geboren. Solch gleichzeitig geborene Junge haben erhöhte Chance aufzuwachsen. Der Verwandtschaftsgrad der nach dem eben geschilderten Muster lebenden Löwen läßt sich errechnen: Er liegt für die Weibchen eines Rudels bei $r = 0.22$; mittlerer Verwandtschaftsgrad des Männchens zu den Jungen $r = 0.31$; mittlerer Verwandtschaftsgrad des Weibchens zu den Jungen des Rudels $r = 0.14$; mittlerer Verwandtschaftsgrad der Weibchen zu den eigenen Jungen $r = 0.5$.

(nach: *Winkler, W.*, u. *Seibt, U.:* Das Prinzip Eigennutz. Hoffmann und Campe, Hamburg 1977)

Erwartete Lösung zu Vorschlag 26

1.1 Ein Schlüsselreiz löst über einen angeborenen auslösenden Mechanismus eine bestimmte Endhandlung aus. Beispiel: Die Bewegung der Mundwerkzeuge der Larven löst bei jungen Arbeiterinnen Futterverhalten aus.
Die genetisch fixierte Endhandlung läßt Taxis - durch Außeneinflüsse gerichtet - und die starre, genetisch fixierte Muskelkoordination unterscheiden. Beispiel: Das Hervorwürgen von Futtersaft ist eine Erbkoordination, ausgerichtet auf die Larve hin - Taxiskomponente.

1.2 Das Verhalten der Tiere steht im Dienste maximaler Weitergabe der eigenen Gene an die nächste Generation. Soziobiologen berechnen Verwandtschaftsgrad und damit Genomanteile und stellen Kosten-Nutzen-Rechnungen auf. Das bislang nicht erklärbare altruistische Verhalten der Bienenarbeiterinnen bei der Aufzucht von Geschwistern ist sinnvoll, denn sie haben mit ihren Geschwistern 3/4 ihrer Gene, mit eigenen Nachkommen aber nur 1/2 ihrer Gene gemeinsam.

2 Das Auswandern der jungen Löwenmännchen verhindert Inzucht, also das Manifestwerden ungünstiger rezessiver Gene. Das Einwandern fremder Männchen ergibt größere genetische Vielfalt und damit Reaktionsmöglichkeit bei veränderten Selektionsbedingungen. Nur kampfkräftige Tiere pflanzen sich fort.

3.1 Das Töten nicht verwandter Löwenjungen bewirkt, daß die Löwinnen bald in den Östrus kommen. Damit können während der kurzen Herrschaftszeit dieses Löwen eigene Junge heranwachsen. Löwenmännchen lassen die Jungen etwas eher an die Beute, denn sie sind mit den Jungen näher verwandt als die Löwinnen. Die eigenen Jungen sind Träger eigener Gene, in die schon relativ viel investiert wurde.

3.2 Die Jüngsten, denn dann ist der Zeitgewinn gegenüber normaler Aufzucht am größten.

4 Das Töten von Jungen ist im Sinne der Arterhaltung widersinnig; auch über Schlüsselreiz, Aggressionstrieb und dergl. ist es nicht erklärbar.
Im Sinne der Arterhaltung ist das Verhalten gegenüber den Jungen bei knapper Beute erklärbar. Jeder "Brutfürsorgetrieb" und dergl. sollte allerdings zu größerer Fürsorge der Löwinnen führen.

5 Theorien bestehen aus einem System von Hypothesen; sie klären größere Zusammenhänge. Wissenschaft besteht aus einem System von Theorien. Theorien sollten in sich widerspruchsfrei sein; sie sollten überprüfbar sein, Erklärungen ergeben und Prognosen ermöglichen.
Die soziobiologische Theorie klärt große Komplexe tierischen Verhaltens; sie enthält Hypothesen über Gene und deren Weitergabe, über phylogenetische Entwicklung.
Die soziobiologische Theorie ist in sich widerspruchsfrei; sie ermöglicht Erklärungen. Sie ermöglicht Prognosen und ist wegen ihrer präzisen Aussagen gut überprüfbar. Also ist sie eine gute Theorie.

VORSCHLAG 27 - GENETIK/STOFFWECHSELPHYSIOLOGIE

Thema: Phenylketonurie

Aufgabe

1.1 Stellen Sie kurz das Krankheitsbild der Phenylketonurie, so wie es in Text 27.1 deutlich wird, dar. Erläutern Sie anhand des Krankheitsbildes den Begriff Polyphänie (Pleiotropie).

1.2 Erläutern Sie anhand einer Skizze, was man unter einem genetischen Block versteht und wie es zur Phenylketonurie kommt.

1.3 Versuchen Sie, die in Text 27.1, Z. 23 - 34, dargestellten Beobachtungen, Überlegungen und Verfahren der Ärzte zu erklären. Beziehen Sie dabei Abb. 27.1 ein; erläutern Sie dabei auch die Struktur dieser Aminosäuren.

1.4 Neben der im Text dargestellten "klassischen" Phenylketonurie gibt es auch eine gleichfalls erbliche milde Form der Phenylketonurie.
Erläutern Sie unter Rückgriff auf Ihre Kenntnisse der molekularen Genetik, wie es zu beiden Formen der Phenylketonurie kommen kann.

2 Eine Frau, deren Bruder unter Phenylketonurie leidet, sucht zusammen mit ihrem Mann ein Institut für genetische Familienberatung auf. Sie will wissen, ob sie Aussicht auf ein gesundes Kind hat.
Welche Fragen versucht der Berater zu klären?
Welche Untersuchung wird er vorschlagen?
Welche Auskunft ist zu erwarten?

3 Das in Text 27.1 dargestellte Vorgehen der Ärzte entspricht ganz der naturwissenschaftlichen Arbeitsweise. Erläutern Sie diese Aussage anhand des Textes.
Versuchen Sie - wiederum anhand des Textes - auch Grenzen naturwissenschaftlichen Denkens nachzuweisen.

Text 27.1

Bickels Vorgehen

Bickel berichtete 1953 über sein Vorgehen bei der Behandlung von Phenylketonurie. Es handelte sich um ein zweijähriges idiotisches Mädchen, das weder stehen noch laufen noch sprechen konnte, kein Interesse an seiner Umgebung und an seiner Nahrung zeigte und ständig schrie, stöhnte und mit dem Kopf hin und her schlug. Da man vermutete, die Störungen würden durch die ungewöhnlich hohe Konzentration von Phenylalanin und seinen Abbauprodukten im Blute hervorgerufen - man kannte den genetischen Block in der Umwandlung von Phenylalanin zu Tyrosin - beschlossen die behandelnden Ärzte, das Kind phenylalaninfrei zu ernähren. Um diese Diät herzustellen, hydrolysierte man Casein und entfernte das Phenylalanin mit Aktivkohle. Die auf diesem Wege ebenfalls entfernten Tyrosin, Tryptophan und Cystein fügte man wieder hinzu. Für vier Wochen ernährte man das Kind mit dieser phenylalaninfreien Diät. In dieser Zeit verschwand der für Phenylketonurie typische muffige Geruch, der Phenylalanin-Spiegel in Blut und

Urin ging auf normale Werte zurück, es wurden keine Abbauprodukte wie Phenylbrenztraubensäure mehr ausgeschieden. Das Kind verlor an Gewicht.
Jedoch schien sich nach dem verheißungsvollen Erfolg der ersten Wochen eine Enttäuschung anzubahnen. *Bickel* stellte eine Ansäuerung des Harns durch Ausscheiden von Aminosäuren fest. Er vermutete den Abbau von Gewebseiweiß, der durch akuten Mangel an Phenylalanin hervorgerufen sein könnte. Deshalb setzten *Bickel* und seine Mitarbeiter nun der Nahrung kleine Mengen von Phenylalanin in Form von Vollmilch zu. Auf diese Weise ließ sich die Stoffwechsellage normalisieren. Das Kind nahm an Gewicht zu. Während der nächsten Monate lernte es stehen und laufen. Es hörte auf zu schreien und mit dem Kopf zu schlagen. Die Augen gewannen an Glanz, das Haar wurde dunkler.
Um zu beweisen, daß diese Besserung wirklich auf die Diät zurückzuführen war, setzte man der Nahrung nun für kurze Zeit relativ hohe Mengen von Phenylalanin zu. Diesen Zusatz teilte man der Mutter vorher nicht mit, dadurch hatte man in der Mutter einen unbefangenen Beobachter aller auftretenden Veränderungen. Die Mutter bemerkte bald eine deutliche Veränderung im Befinden ihres Kindes. Innerhalb von sechs Stunden nach Veränderung der Diät begann das Kind, mit dem Kopf zu schlagen und zu schreien, ja, nach 24 Stunden konnte es nicht mehr stehen und kaum noch kriechen.
Dieser Versuch wurde später noch einmal im Krankenhaus wiederholt, wieder mit dem Ergebnis, daß die typischen Verhaltensveränderungen und ebenso die chemischen Befunde prompt zurückkehrten.
Erfolg:
Heute verordnen Ärzte in aller Welt phenylketonuriekranken Kindern die von *Bickel* gefundene Diät. Bekommen die Kinder diese Diät früh genug (schon in den ersten Lebenswochen) und wird die Diät sorgfältig auf die Bedürfnisse des Kindes abgestimmt und regelmäßig eingehalten, so sind die heranwachsenden Kinder gesund und zeigen normale Intelligenz. Ohne diese Diät würden diese Kinder früh sterben oder schwer schwachsinnig dahinvegetieren.

(aus *v. Falkenhausen, E.*, u. *Reichenbach, G.*: Genetik, Medienmappe, Aulis Verlag 1985)

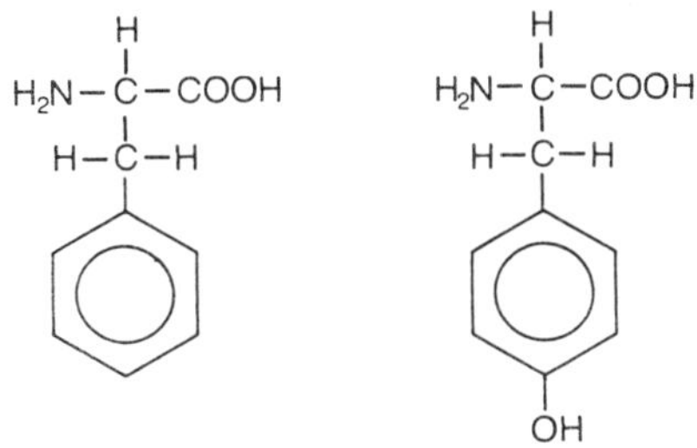

Phenylalanin (Phe) — Tyrosin (Tyr)

Abb. 27.1: Strukturformeln von Phenylalanin und Tyrosin

Erwartete Lösung zu Vorschlag 27

1.1 Krankheitsbild: Schwachsinn, mangelhafte motorische Koordination, Geruch muffiger Phenylbrenztraubensäure im Harn; diese vielen Merkmale lassen sich auf den Ausfall eines Enzyms und damit eines Gens zurückführen = Polyphänie.

1.2 Skizze; Phenylalanin wird nicht in Tyrosin umgesetzt (Stoffwechselblock). Das angereicherte Phenylalanin wird zu Phenylbrenztraubensäure umgesetzt (Stoffwechselnebenweg).

1.3 Beobachtung: Ansäuerung des Harns durch ausgeschiedene Aminosäuren. Phenylalanin ist eine essentielle Aminosäure, kann also nicht im Körper hergestellt werden. Fehlt sie, so wird Eiweiß abgebaut, um an anderer Stelle Eiweiß aufbauen zu können. Vorgehen: Gabe von Milcheiweiß, um das notwendige Phenylalanin zu liefern. Phe und Tyr sind α-Aminoalkansäuren; Derivate des Alanins mit einem aromatischen Ring in der Seitenkette; Tyr ist ein phenolisches Oxidationsprodukt des Phe.

1.4 Milde Phenylketonurie durch Ausfall oder Austausch nicht wesentlicher Aminosäuren; klassische Phenylketonurie durch Störung im Bereich des aktiven Zentrums.

2 Der Berater klärt, ob der Bruder wirklich an klassischer Phenylketonurie leidet - dafür ist der rezessive Erbgang bekannt; er versucht festzustellen, ob in der Sippe des Mannes Phenylketonurie auftritt; der Berater schlägt einen Belastungstest vor und stellt damit fest, ob einer der Eltern - hier insbesondere die Frau - für das betreffende Gen heterozygot ist. Vermutlich ist der Mann unbelastet, d.h. kein Kind wird unter Phenylketonurie leiden.

3 Charakteristisches Vorgehen von Naturwissenschaftlern ist der Wechsel von Hypothese und Test. Hypothese: hohe Konzentration von Phenylalanin und genetischer Block. Test: Phenylalaninfreie Diät; Hypothese: essentielle Aminosäure Phenylalanin fehlt; Test: Gabe von kleinen Mengen von Phenylalanin; Kontrollversuch: hohe Gaben von Phenylalanin.
Grenzen naturwissenschaftlichen Denkens: Gefühle der Mutter gar nicht beachtet, da naturwissenschaftlich nicht erfaßbar.

VORSCHLAG 28 - GENETIK/STOFFWECHSELPHYSIOLOGIE

Thema: Bluterkrankheit bei Hunden

Aufgabe

1 Grundlagen der Bluterkrankheit

1.1 Zeichnen und erläutern Sie das Ihnen bekannte Schema der Blutgerinnung beim Menschen. Erklären Sie in diesem Zusammenhang auch die Funktion der Blutgerinnung.

1.2 Die meisten Formen der Bluterkrankheit beruhen auf Enzymdefekten. Klären Sie anhand einer schematischen Darstellung den Bau von Enzymen. Zeigen Sie, wie kleine Veränderungen der Enzymstruktur die Funktion des Enzyms beeinträchtigen können.

2 Auch unter Hunden gibt es Bluter, ja, man kann auch hier verschiedene Formen der Bluterkrankheit unterscheiden. Abb. 28.1 und Abb. 28.2 bringen Stammtafeln zur Vererbung der Bluterkrankheiten A und B und der *von Willebrandt*schen Bluterkrankheit.
Analysieren Sie beide Stammtafeln.
Geben Sie für die bezifferten Individuen den Genotyp, evtl. mehrere mögliche Genotypen, an;
erläutern Sie den Vererbungsmodus;
erklären Sie auffällige Phänomene auch unter Berücksichtigung des Geschenens in der Zelle.

3 Bei der Züchtung wertvoller Hunderassen spielt Inzucht eine wichtige Rolle - weshalb eigentlich?
Gerade die hochgezüchteten Rassehunde sind häufig Träger von Erbkrankheiten. Wie kommt es dazu? Beziehen Sie in Ihre Aussagen auch die Stammtafeln mit ein.

4 Bei 9 % aller Tiere einer bestimmten Hundepopulation tritt die *von Willebrandt*sche Krankheit auf. Nun möchten die Züchter wissen, mit welchem Anteil an Heterozygoten sie in dieser Population rechnen müssen: Ansatz, Rechnung, Ergebnis.

5 Unter 3) benutzten Sie die *Hardy-Weinberg*-Formel und damit eine Grundlage des *Hardy-Weinberg*-Gesetzes.

5.1 Was ist ein Gesetz (Naturgesetz)? Beantworten Sie diese Frage am Beispiel 1. *Mendel*sches Gesetz.

5.2 Was besagt das *Hardy-Weinberg*-Gesetz? Ist es im eben erläuterten Sinne ein "Naturgesetz"?

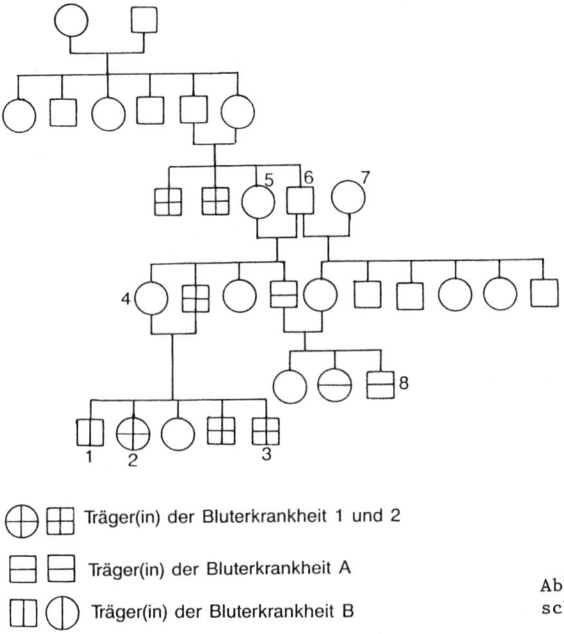

Abb. 28.1: Schematischer Stammbaum 1

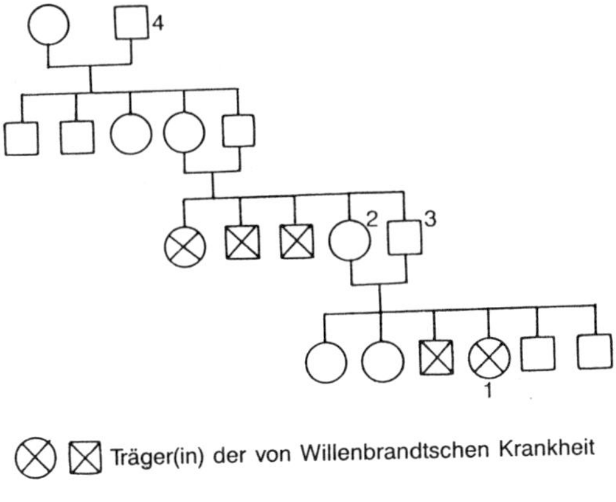

Abb. 28.2: Schematischer Stammbaum 2

Erwartete Lösung zu Vorschlag 28

1.1 Schema berücksichtigt: Prothrombin, Thrombokinase, Calciumionen, Thrombin, Fibrinogen, Fibrin; Blutgerinnung stoppt Blutfluß, zieht Wundränder zusammen.

1.2 Schematische Darstellung mit Primärstruktur, Sekundärstruktur und Tertiärstruktur; stabilisierende Bindungen wie Disulfidbrücken, Ionenbeziehungen, H-Brücken und hydrophobe Bindungen. Bedeutung des aktiven Zentrums und der Coenzyme. Kleine Veränderungen in der Aminosäuresequenz führen evtl. zu erheblichen Veränderungen der Enzymstruktur.

2 Stammbaum 1: Vererbung gonosomal-rezessiv: Generationen übersprungen, vorherrschend männliche Tiere als Krankheitsträger, bei kranken weiblichen Tieren auch der Vater krank. Kopplung und Entkopplung durch Crossing-over;
Genotypen: 1-ab y; 2-aabb; 3-ab y; 4-AaBb; 5-AaBb; 6-AB y; 7-aaBb oder AABB; 8-Ab y
Stammbaum 2: autosomal-rezessiver Erbgang:
Generationen übersprungen, krankes Weibchen mit gesundem Vater. Genotypen: 1-cc; 2-Cc; 3-Cc; 4-Cc oder cc.

3 Erwünschte Eigenschaften oft polygen bedingt; es ist sinnvoll, Träger günstiger Eigenschaften zu paaren; die Träger der seltenen günstigen Genkombination sind jedoch oft nahe verwandt.
Diese Verwandtenkreuzung führt zur Reinerbigkeit hinsichtlich der erwünschten Merkmale und ebenso zur Reinerbigkeit im Hinblick auf vorher nicht in Erscheinung getretene, rezessive Gene für Krankheitsmerkmale wie der Bluterkrankheit.

4 $p + q = 1$;
$p^2 + 2\,pq + q^2 = 1$;
q^2 ($\hat{=}$ 9 % aller Individuen) $= 0{,}09 \Rightarrow q = 0{,}3$
$p + 0{,}3 = 1 \Rightarrow p = 0{,}7 \Rightarrow p^2 = 0{,}49$
$0{,}49 + 2\,pq + 0{,}09 = 1$
$2\,pq = 0{,}42$
Anteil der Heterozygoten = 42 %

5.1 Naturgesetz als synthetische Allaussage, die eine Klasse von Phänomenen erfaßt;
1. *Mendel*sches Gesetz gilt für alle F_1-Generationen, erfaßt also eine Klasse von Phänomenen;
Allaussage, da alle ersten Filialgenerationen;
synthetisch, da wenn Elterngeneration hinsichtlich des beachteten Gens reinerbig, dann .....;
Hinweis auf Einengung des 1. *Mendel*schen Gesetzes durch geschlechtschromosomengebundene Vererbung.

5.2 *Hardy-Weinberg*-Gesetz: Wenn ..., dann bleibt Verhältnis von Phänotypen und Genotypen über die Generationen hinweg erhalten; also Naturgesetz.

VORSCHLAG 29 - GENETIK/EVOLUTION

Thema: Milchzuckerunverträglichkeit

Aufgabe

1 Grundlagen der Milchzuckerverdauung

1.1 Auch Darmbakterien verfügen nicht ständig über milchzuckerabbauende Enzyme. Diese Enzyme finden sich nur bei Anwesenheit von Milchzucker in den Bakterienzellen. Welchen Selektionsvorteil sehen Sie in dieser Tatsache?

1.2 Erläutern Sie den diesem Verhalten von Bakterien zugrunde liegenden Regulationsmechanismus mit Hilfe einer Skizze.

1.3 Könnte beim Menschen ein entsprechender Mechanismus vorliegen? Begründen Sie Ihre Antwort anhand des Textes 29.1.

1.4 Erwachsene, die Milch nicht vertragen, können ohne spürbare Folgen Käse, Quark und Yoghurt essen. Woran könnte das liegen?

2 Vererbung und Genfrequenz

2.1 Nach Ansicht der Humangenetiker beruht der Mangel an Lactase auf dem Ausfall eines Gens. Untersuchen Sie den Stammbaum (Abb. 29.1). Was für ein Erbgang liegt hier vor? Geben Sie im Rahmen Ihrer Begründung Gene hinsichtlich der Lactose-Unverträglichkeit für die Personen 1, 2, 7, 8, 12 an.

2.2 Mit Hilfe der *Hardy-Weinberg*-Beziehung sollen Sie die Genfrequenz für das dem Lactasemangel zugrunde liegende Gen in der Mitteleuropäischen Bevölkerung bestimmen. Geben Sie vorab die *Hardy-Weinberg*-Beziehung an, und grenzen Sie deren Gültigkeit ab.

3 Erklären Sie nun, wie es im Verlauf der Evolution zu der im Text dargestellten Verteilung der Milchzuckerunverträglichkeit bzw. der Lactase-Produktion von Darmzellen in der Weltbevölkerung gekommen sein könnte. Geben Sie in diesem Zusammenhang an, ab wann sich das Auftreten von Homo sapiens sapiens und ab wann sich Haustierhaltung nachweisen lassen. Versuchen Sie in diesem Zusammenhang auch zu klären, wieso es in Mitteleuropa überhaupt Erwachsene mit Milchzuckerunverträglichkeit gibt.

Text 29.1

Wir sind mit der Überzeugung aufgewachsen, daß Milch die beste Nahrung der Natur sowohl für Kinder als auch für Erwachsene ist. Jedoch die meisten Menschen auf der Welt sind überzeugt davon, daß Milch für Erwachsene als Nahrung nicht geeignet ist. Vor einiger Zeit schickten westliche Hilfsorganisationen Milchpulver in Länder mit unterernährter Bevölkerung, um dort die Nahrungsqualität zu verbessern. Man war erstaunt, als man herausfand:

- Balinesen benutzten das Milchpulver als Abführmittel.
- In Guatemala benutzte man es zum Weißen der Häuser.
- Navaho-Indianer warfen es weg.

Tatsache ist: Kuhmilch ruft bei den meisten Menschen Übelkeit hervor, sobald sie älter als fünf Jahre sind. Denn die meisten Erwachsenen können die Lactose, den Milchzucker, schlecht verdauen. Wenn Lactose unverdaut in den Dickdarm gelangt, behindert sie die Absorption von Wasser, und man bekommt Durchfall. Außerdem wird sie dort von den Bakterien der Darmflora abgebaut, die dann große Mengen von "Darmgasen" produzieren.
Um vom Dünndarm absorbiert zu werden, muß die Lactose von dem Enzym Lactase in Glucose und Galactose gespalten werden.
Dieses Enzym findet man fast bei allen Kindern in ausreichend hoher Konzentration, die Konzentration nimmt aber bei den meisten Menschen vom fünften Lebensjahr an so stark ab, daß größere Mengen Lactose nicht mehr abgebaut werden können (s. oben!).
In Nord- und Mitteleuropa vertragen etwa 94 % der erwachsenen Bevölkerung Milchzucker. Etwa 6 % der Bevölkerung sind Lactose-intolerant. In den USA ist die Milchzuckerunverträglichkeit etwas stärker verbreitet. In Afrika vertragen nur die viehzüchtenden Stämme Lactose. Entsprechendes gilt für die asiatische Bevölkerung.

(nach: *Lenz, W.*: Medizinische Genetik. Thieme, Stuttgart 1979)

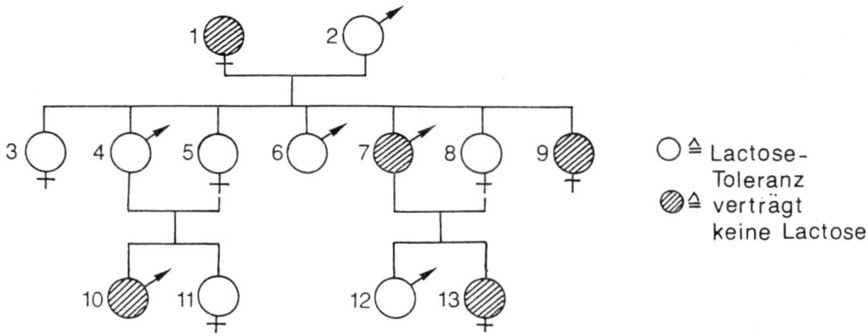

Abb. 29.1: Stammbaum zur Milchzuckerunverträglichkeit

Erwartete Lösung zu Vorschlag 29

1.1 Einsparen von Energie und Aminosäuren.

1.2 Genregulation durch Substratinduktion mit entsprechender Schemazeichnung.

1.3 Bis zum fünften Lebensjahr findet Lactase-Produktion statt. Bei Lactoseverträglichkeit bleibt die Enzymproduktion erhalten, oder aber auch ein zweites Gen produziert nun das Enzym Lactase.
Bei Lactose-Unverträglichkeit fehlt das zweite Gen bzw. das erste Gen wird abgeschaltet. Hier kommt es auf klare Argumentation an.

1.4 In Quark usw. ist der Milchzucker durch Milchsäurebakterien weitgehend gespalten.

2.1 Rezessiv-dominanter, autosomaler Erbgang. Person (P) 1 = aa, P 2 = Aa, 7 = aa / Aa, 8 = Aa, sonst wäre Lactose-Unverträglichkeit bei P 13 nicht möglich.
Autosomal, denn P 1 hat kranke Söhne und Töchter; Lactose-Unverträglichkeit bzw. das Vorhandensein von Lactase beruht auf rezessivem Gen, sonst dürfte P 10 nicht Träger des Merkmals Lactose-Unverträglichkeit sein.

2.2 $p^2 + 2pq + q^2$ = *Hardy-Weinberg*-Beziehung;
Bedingungen: Panmixie, keine Mutation, keine Selektion, genügend große Population;
$q^2 = 0.06$, $q = 0.2449$ = 24 % der mitteleuropäischen Bevölkerung.

3 Homo sapiens sapiens seit etwa 35.000 Jahren, Haustierhaltung seit etwa 10.000 Jahren; vorher war ein Lactase-Gen irrelevant; Homo sapiens sapiens besaß primär kein Lactase-Gen; sowie Milchtierhaltung einsetzt, können Träger des Lactase-Gens die Milch besser nutzen, sind also von der Selektion bevorzugt; die Mutation zum Lactase-Gen trat unabhängig voneinander bei Weißen, Schwarzen und Asiaten auf; Genfrequenz von q = 0.2449, d.h. 1/4 aller Mitteleuropäer trägt dieses Gen. Da die Heterozygoten nicht von der Selektion benachteiligt sind und auch die Homozygoten nur wenig benachteiligt sind, ist der Selektionseffekt gering.

VORSCHLAG 30 - GENETIK/STOFFWECHSELPHYSIOLOGIE

Thema: Maiserträge

Aufgabe

1 Die Erträge

1.1 Erläutern Sie - vom Merkmal Ertrag ausgehend - die Begriffe *alternierendes Merkmal*, *kontinuierlich variierendes Merkmal*, *umweltlabiles Merkmal*, *Polygenie*.

1.2 Geben Sie die Photosynthesegleichung an. Zeigen Sie, von dieser Gleichung ausgehend, weshalb nicht die allerhöchsten Maispflanzen die höchsten Erträge erbringen.

1.3 Wie läßt sich erklären, daß Mais höhere Erträge bringt als z.B. Weizen? Werten Sie zur Beantwortung dieser Frage Abb. 30.1 und Abb. 30.2 sorgfältig aus. Ziehen Sie auch die Angaben des Textes 30.1 heran.

1.4 Erörtern Sie, wiederum von Abb. 30.1 und Abb. 30.2 ausgehend, welchem Klima C_3- bzw. C_4-Pflanzen angepaßt sind.

2 Das Protein

2.1 Was versteht man unter vollwertigem Eiweiß?
Weshalb sind Pflanzen mit vollwertigem Eiweiß für die Welternährung wichtig?

2.2 Nach welchem Verfahren gehen Züchter vor, wenn sie z.B. lysinhaltigen Mais in ertragreiche, aber lysinarme Sorten einbringen wollen? Schema!
Welche Schwierigkeiten ergeben sich beim fremdbestäubten Mais?
Welche der *Mendel*schen Regeln gehen in diese Züchtungsverfahren ein? Begründung!

3 Hybridsorten
Die höchsten Maiserträge erzielt man mit Hybridsorten.

3.1 Erläutern Sie anhand von Abb. 30.3, was man unter Hybridzüchtung versteht. Erläutern Sie dabei sorgfältig, wie es zu den mickrigen und schwächlichen Inzuchtformen kommt.

3.2 Die Doppelhybriden sind etwas ertragsärmer, aber etwas weniger schädlingsanfällig und variabler hinsichtlich der Ansprüche an Boden und Klima als die Einfachhybriden. Versuchen Sie, diese Effekte zu erklären. Formulieren Sie die bei der Bearbeitung dieses Problems auftretenden Schwierigkeiten.

4 Welche Bedeutung hat die Züchtung für die Welternährung? Beantworten Sie diese Frage aufgrund der hier vorliegenden Angaben zur Maiszüchtung und Ihrer sonstigen Kenntnisse.

Text 30.1 Mais

Der aus Amerika stammende Mais (Zea mays) ist ein einjähriges Gras, das über 5 m hoch wachsen kann. Die männlichen Blüten wachsen in gipfelständigen Rispen, die weiblichen Blüten in dicken seitenständigen Kolben. Da sich die männlichen vor den weiblichen Blüten entwickeln, ist Fremdbestäubung gewährleistet.
Schon ehe Kolumbus Amerika erreichte, bauten die Indianer vielfältige, wenig ertragreiche Landsorten an. Jetzt bringt Mais von allen Getreiden die höchsten Erträge. Sie liegen bei Hochzuchtsorten (Hybridformen) unter optimalen Bedingungen bei 20 t/ha (Weizen 10 t/ha). Diese besonders hohen Erträge führt man auf die Tatsache zurück, daß Mais zu den C_4-Pflanzen gehört. Diese C_4-Pflanzen besitzen einen speziellen Reaktionsweg zur Festlegung von Kohlenstoffdioxid: Während bei C_3-Pflanzen wie Weizen durch die Reaktion eines Akzeptormoleküls mit CO_2 Phosphoglycerat (C_3-Körper) entsteht, verwenden C_4-Pflanzen eine andere Akzeptorsubstanz, die eine stärkere Affinität zu CO_2 besitzt. Bei dieser Reaktion entsteht Oxalacetat, ein C_4-Körper.
Die höchsten Erträge werden jedoch nicht von den besonders hoch wachsenden Sorten erzielt. Vielmehr zeigt sich ganz deutlich, daß Pflanzen mit kürzerem Sproß, aber vielen großen Blättern höhere Ernten bringen. Die Maiskörner haben einen relativ hohen Proteingehalt (9 %). Den alten Sorten fehlten jedoch einige essentielle Aminosäuren, z.B. Lysin. Nachdem man entsprechende Mutanten, z.B. Maiskolben mit lysinhaltigem Eiweiß, auffand, gelang es, Maissorten mit vollwertigem Eiweiß zu züchten.

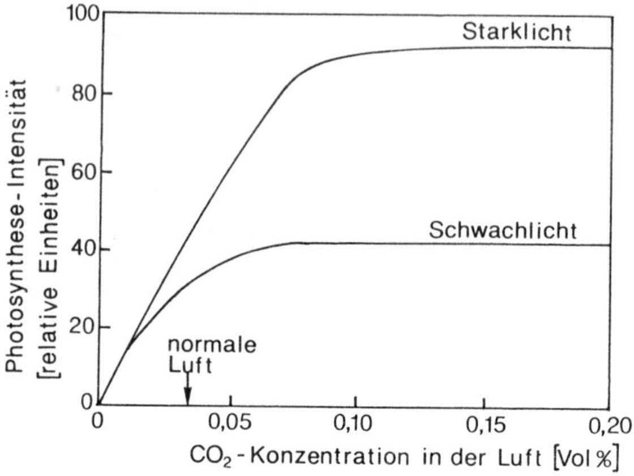

Abb. 30.1: Photosyntheserate unter verschiedenen Bedingungen bei C_3-Pflanzen

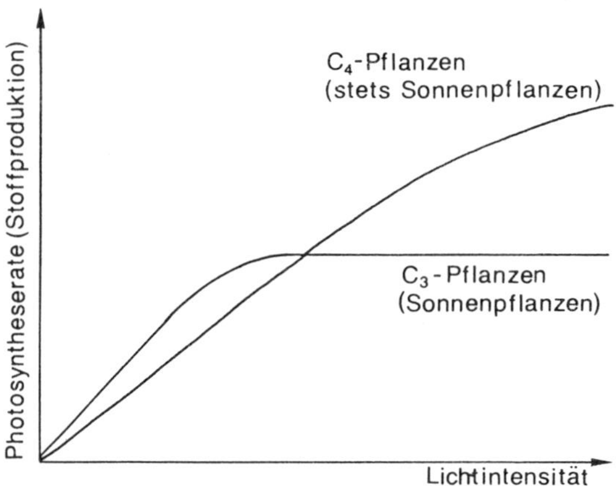

Abb. 30.2: Photosyntheserate von C_3- und C_4-Pflanzen, Kohlendioxid-Konzentration der Luft 0.03 %

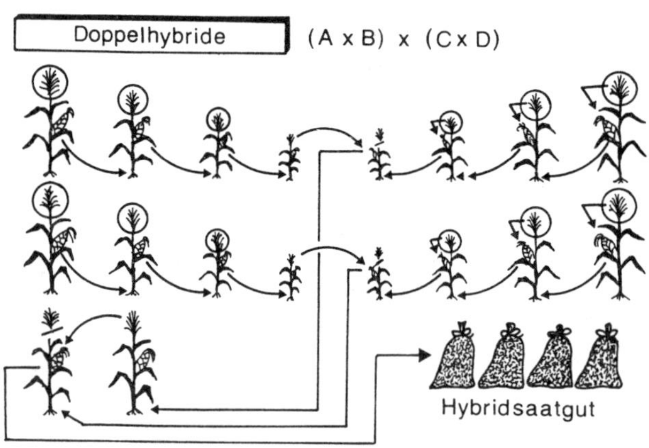

Abb. 30.3: Doppelhybriden (aus: Pflanzenzüchtung in Deutschland. Centrale Marketinggesellschaft der deutschen Agrarwirtschaft m.b.H., Bonn 1985)

Erwartete Lösung zu Vorschlag 30

1.1 Ertrag variiert kontinuierlich, nicht alternierend; ist von Boden und Klima beeinflußbar, also umweltlabil; hängt mit Korngröße, Körneranzahl, aber auch mit Bestockung und Bewurzelung zusammen, ist also von vielen Genen bedingt = Polygenie.

1.2 Photosynthesegleichung;
bei sehr hohen Pflanzen wird viel Biomasse zum Aufbau des Stengels verbraucht und geht damit nicht in die Körner ein.

1.3 Abb. 30.1: Kohlendioxid als Minimumfaktor, besonders deutlich bei hoher Lichtintensität.
Abb. 30.2: C_3-Pflanzen haben bei geringer Lichtintensität höhere Syntheserate, können sie aber bei höherer Lichtintensität nicht steigern. C_4-Pflanzen steigern die Photosyntheserate mit steigender Lichtintensität; also C_3-Pflanzen durch Mangel an CO_2 an Steigerung der Photosyntheserate gehindert, C_4-Pflanzen wegen anderer Akzeptorsubstanz nicht.

1.4 C_3-Pflanzen mäßige Lichtintensität; C_4-Pflanzen trockenes und stark sonniges Klima, da auch geringere Öffnung von Spaltöffnungen geringere Wasserverluste bringt.

2.1 Eiweiß etwa in der Aminosäurenzusammensetzung wie im Säugetiermuskel, alle essentiellen Aminosäuren enthaltend; Pflanzen als Eiweißquelle wegen der günstigeren Energiebilanz für Welternährung wichtig.

2.2 Schema zeigt Kombinationszüchtung, Massenauslese im A-Stamm entspricht F_2; Anlegen von B-, C-, D-Stämmen. Bei Fremdbestäubung sind künstliche Bestäubung und Eintütung notwendig. Bei reinerbigen Elternformen gleichmäßige F_1 = 1. *Mendel*regel; Aufspalten der F_2 = 2. *Mendel*regel; Neukombination der Gene = 3. *Mendel*regel.

3.1 Erstellen von reinerbigen Sorten, die sich in sehr vielen Genen unterscheiden; Kreuzung der reinerbigen Formen führt zum Heterosiseffekt: die dominanten Gene beider Inzuchtstämme ergänzen einander.
Inzuchtdepression, da jeder Organismus defekte Gene mitführt, die in reinerbigen Pflanzen manifest werden.

3.2 Problem: Doppelhybriden sind keine uniforme F_1, müssen also Aufspaltung zeigen; das führt zur leichten Ertragsminderung; weniger schädlingsanfällig und variabler wegen der größeren Genvielfalt.

4 Maiszüchtung führte zu vollwertigem Protein und zu viel höheren Erträgen, ist damit wichtig für Welternährung. Die ertragreichen Hochzuchtsorten sind aber häufig bald nicht mehr schädlingsresistent; Hochzuchtsorten mit hohem Bedarf an Kunstdünger haben evtl. negative Auswirkung auf Sozialstruktur.

VORSCHLAG 31 - GENETIK/STOFFWECHSELPHYSIOLOGIE

Thema: Antibiotika und Genmanipulation

Aufgabe

1.1 Nennen Sie kurz die Funktion von Enzymen im Organismus. Erläutern Sie, auf den Bau von Enzymen eingehend, wie es zur hohen Spezifität von Enzymen kommt.

1.2 Erläutern Sie, was man unter dem Begriff *Antibiotika* versteht und welche Bedeutung diese Substanzen für die Medizin haben.
Erklären Sie auch, wie es zu Resistenzen gegen Antibiotika kommt.

2 Benennen und diskutieren Sie folgendes im Hinblick auf die Form der Aussage:
- Wissenschaftler nutzen Plasmide, um Gene in Bakterien einschleusen zu können,
- Phagen scheiden Lysozym aus und durchdringen mit Hilfe dieses Enzyms die Bakterienwand,
- Bakterien produzieren Restriktionsenzyme, um sich mit Hilfe dieser Enzyme gegen Phagen zu wehren.

3 Genmanipulation - das Verfahren

3.1 Erläutern Sie das in Abb. 31.1 abgebildete Verfahren. Stellen Sie dabei die Bedeutung der im Unterricht nicht besprochenen Verfahrensanteile klar heraus.

3.2 Das unter 3.1 dargestellte Verfahren führt noch nicht zum gezielten Einbau bestimmter Gene. Erörtern Sie diese Aussage.

4 Genmanipulation - Chance und Gefahr

4.1 Erläutern Sie, von dem in Abb. 31.1 dargestellten Verfahren ausgehend, die großen Chancen von Genmanipulation (zwei Vorhaben).

4.2 Genmanipulation bringt auch Gefahren mit sich. Erläutern Sie eine solche Gefahr. Gehen Sie dabei wiederum von dem in Abb. 31.1 geschilderten Verfahren aus. Überprüfen Sie, was der in Abb. 31.2 wiedergegebene Versuch zur Beantwortung der Frage nach Gefahren der Genmanipulation beiträgt.

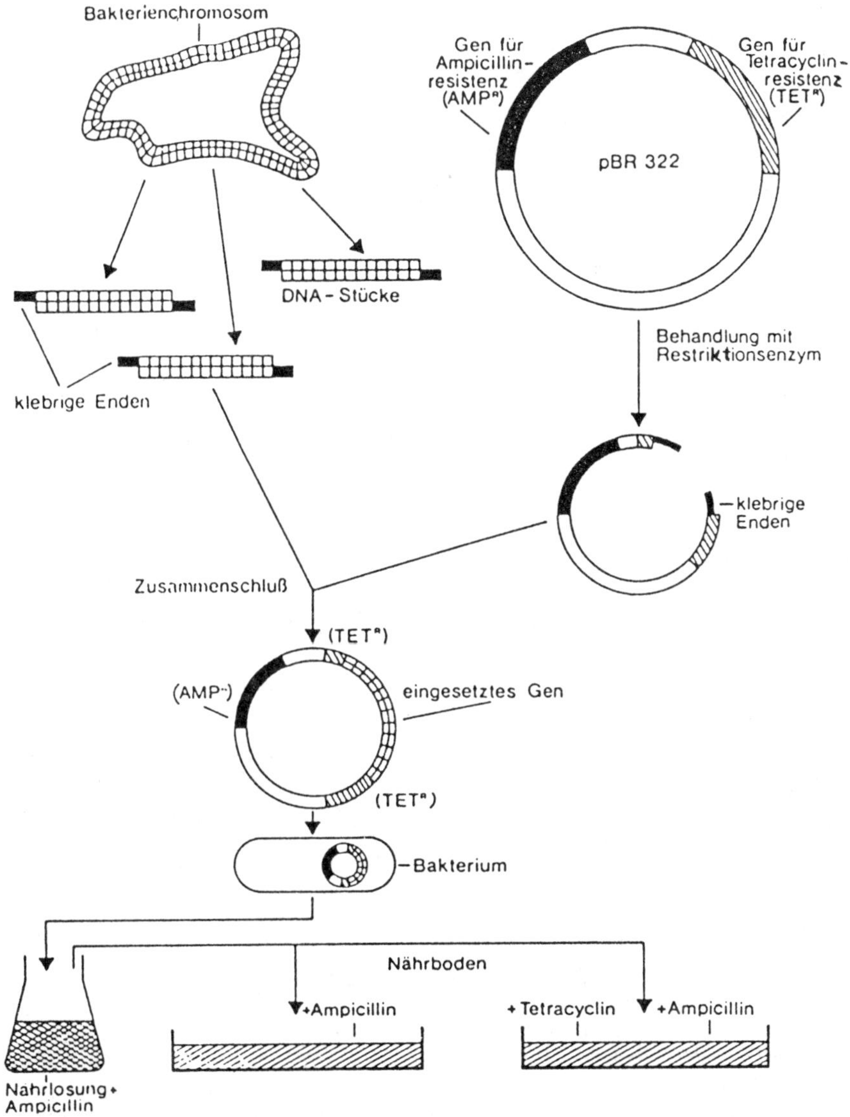

Abb. 31.1: Plasmide sind das ideale Gefährt, um fremde Gene in ein Bakterium wie *Escherichia coli* zu schleusen. Das hier gewählte Plasmid trägt zwei Gene, die dem Wirtsbakterium Resistenz gegen die Antibiotika Ampicillin und Tetracyclin verleihen (TET und AMP). Das Restriktionsenzym BAM HI öffnet den Ring. (aus *Howood, D.*: Die genetische Programmierung von Mikroorganismen. In: Spektrum der Wissenschaft, November 1981, S. 58 - 75 © Spektrum der Wissenschaft)

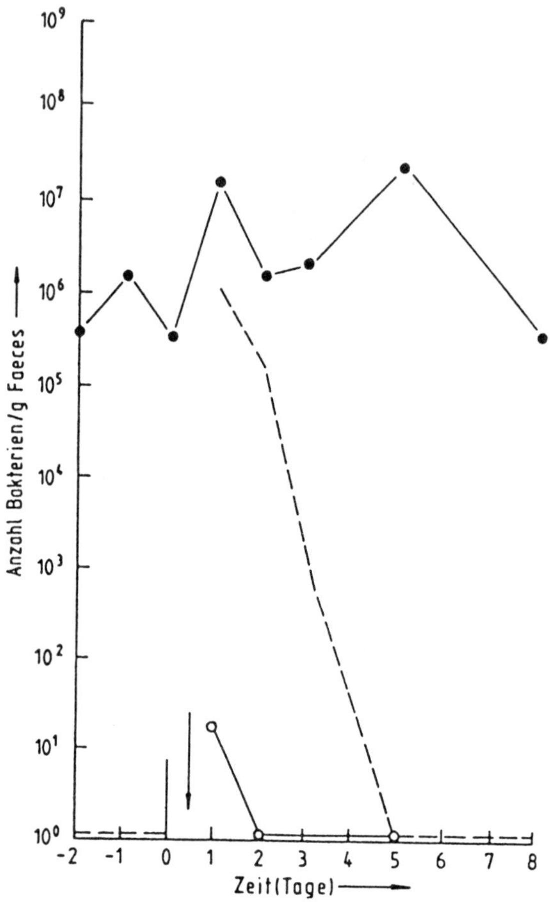

Abb. 31.2: E coli K 12 im menschlichen Darm. Einer Versuchsperson wurden zu dem auf der Abszisse markierten Zeitpunkt 10^{10} Bakterien E coli K 12 verabreicht. Sie enthielten ein Plasmid mit einem Gen für Tetracyclinresistenz. Zu verschiedenen Zeiten nach der Aufnahme der Bakterien wurden Stuhlproben auf den Gehalt an coliähnlichen Wildformen (.-.), E coli K 12 (---) bzw. Wildformen mit plasmidbedingter Tetracyclinresistenz (0-0) untersucht. (Aus: *Klingmüller, W.:* Genforschung im Widerstreit. Wissenschaftliche Verlagsgesellschaft, Stuttgart 1980)

Erwartete Lösung zu Vorschlag 31

1.1 Enzyme sind Biokatalysatoren; ihre Funktion beruht auf ihrer spezifischen Tertiärstruktur, die sich auf die spezifische Aminosäurenfolge - Primärstruktur - zurückführen läßt.

1.2 Von Organismen, meist Pilzen, produzierte, andere Organismen schädigende oder abtötende Substanzen. Spezifisch gegen Bakterien wirkendes Heilmittel. Auftreten von Mutanten, die unempfindlich gegen das Antibiotikum sind und die sich durch Einsatz des Antibiotikums anreichern können.

2 Aussage 1 = final, beim Menschen korrekt; Aussage 2 = kausal und korrekt; Aussage 3 = final, beim Bakterium nicht korrekt.

3.1 Restriktionsenzym spaltet Gen für Tetracyclinresistenz und DNA des Spenders, das ergibt passende klebrige Enden; das entstandene Plasmid mit eingebauter DNA ist ampicillinresistent und nicht tetracyclinresistent. Entsprechende Nährböden erlauben die Unterscheidung der gewünschten Form.

3.2 Verfahren ergibt Plasmide mit Spender-DNA, erlaubt aber keine Unterscheidung, ob DNA mit erwünschtem Gen eingebaut wurde.

4.1 Herstellung von menschlichem Insulin; Züchtung erdölvernichtender Bakterien oder anderes.

4.2 Gerade das in Abb. 31.1 dargestellte Verfahren könnte zu Bakterien führen, die den Menschen schädigende Eigenschaften haben.
Abb. 31.2 zeigt, daß Übertragung von Resistenz-Plasmiden vorkommt, aber nicht häufig ist; vor allem sterben alle Resistenz-Träger relativ bald ab - wahrscheinlich im Rahmen natürlicher Selektion; ergibt Hinweis auf relativ geringe Gefahr dieser Form von Genmanipulation.

VORSCHLAG 32 - GENETIK/EVOLUTION

Thema: Weizen und Koevolution

Aufgabe

1.1 Erörtern Sie, ob es sich bei der Beziehung zwischen Weizen und Rostpilz um Koevolution im Sinne des Textes 32.1 handelt.

1.2 Rostpilze vermehren sich einerseits ungeschlechtlich durch Abschnürung von Sporen und andererseits geschlechtlich (Befruchtung, Meiose, Sporenbildung). Welchen biologischen Sinn haben beide Formen der Vermehrung für die Koevolution Rostpilz - Weizen?

2 Im Verlauf der Entwicklung des Kulturweizens kam es im Weizengenom zu Translokationen. Solche Translokationen sind für die Züchtung interessant, denn obgleich sich der Genbestand nicht ändert, kommt es doch häufig zu Veränderungen der Modifikationsbreite bzw. der Anpassung an biotische und abiotische Faktoren. Kreuzt man eine Translokation enthaltende Weizensorte mit der keine Translokation enthaltenden Ausgangsform, so beobachtet man eventuell im Paarungsstadium der Meiose charakteristische Formen (s. Abb. 32.1).

2.1 Erläutern Sie anhand einer Schemazeichnung den Begriff Translokation. Zeigen Sie, daß der Genbestand erhalten bleibt, und erörtern Sie, unter welchen Bedingungen sich die Modifikationsbreite ändern könnte.
Kann solch eine Transformation das Verhältnis Weizen - Rostpilz beeinflussen?

2.2 Wie läßt sich die Form des Paarungsstadiums erklären (Schemazeichnung)?

3 Vor 1900 ernteten die Landwirte etwa 6 dz/ha Weizen, nach 1900 gelang es den Züchtern relativ schnell, neue, ertragreichere Sorten heranzuzüchten (heute etwa 50 dz/ha) und auch gezielt den verschiedenen klimatischen Bedingungen angepaßte Sorten zu erstellen.

3.1 Setzen Sie anhand kurzer Angaben zur Geschichte der Vererbungslehre auseinander, weshalb es nach 1900 zu den Erfolgen der Züchtung kam und wie sich die neuen Züchtungsverfahren von den älteren unterscheiden (genau!) und schließlich, wie sich die neuen Sorten von den alten Sorten unterscheiden.

3.2 Erörtern Sie, ob man in bezug auf Mensch und Weizen auch von Koevolution sprechen kann.

Text 32.1

"Koevolution liegt vor, wenn wechselseitige Anpassung eines Artenpaares gegeben ist. Es kommt dann im Laufe der Zeit zu immer besserer Passung der Beziehung und damit zu Koadaption (gegenseitiger Anpassung). Je enger die Wechselbeziehung, desto deutlicher sind die Koadaptionen zu erkennen. ... In der Regel werden Blüten jedoch von einem mehr oder weniger großen Bestäuberspektrum besucht und auch erfolgreich bestäubt, während umgekehrt die Bestäuber auch viele Blüten verschiedener Arten besuchen. Das Ergebnis der Koevolution dürfte dann stets das Mittel aller erfolgreichen Bestäuber bzw. Blüten sein. Wir haben daher eigentlich nicht nur zwei miteinander ko-evolutionierende Arten, sondern jeweils ganze Artenkomplexe."

(aus: *Paulus, H.*: Koevolution zwischen Blüten und tierischen Bestäubern. In: *Kraus, O.* (Hrsg.): Koevolution. Parey Verlag, Hamburg 1978)

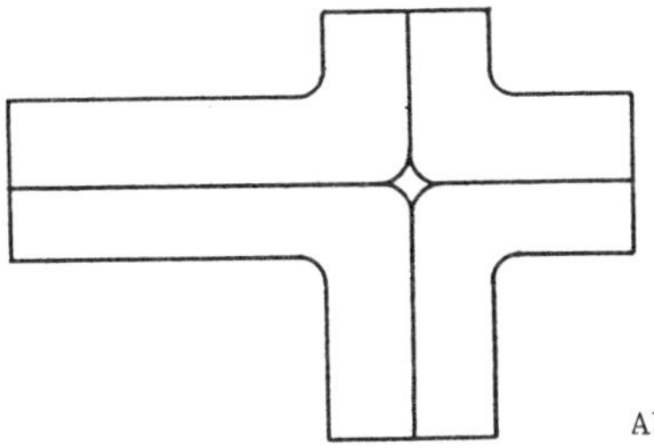

Abb. 32.1: Schema eines Paarungsstadiums

Erwartete Lösung zu Vorschlag 32

1.1 Koevolution der ersten 7 Textzeilen: Trifft zu. Koevolution im Sinne des zweiten Textteils nur in bezug auf den Weizen, der auch von anderen Schädlingen pflanzlicher und tierischer Art befallen wird.

1.2 Meiose ergibt neue Genkombinationen, evtl. verbesserte Möglichkeiten des Befalls; Mitose: schnelle Vermehrung und Erhaltung einer günstigen Gen- bzw. Merkmalskombination.

2.1 Translokation: Teilstück heftet sich an ein Chromatid eines nicht homologen Chromosoms; Bezug auf das Modell zur Genregulation: Bruch innerhalb des Operons verändert Regulation.

2.2

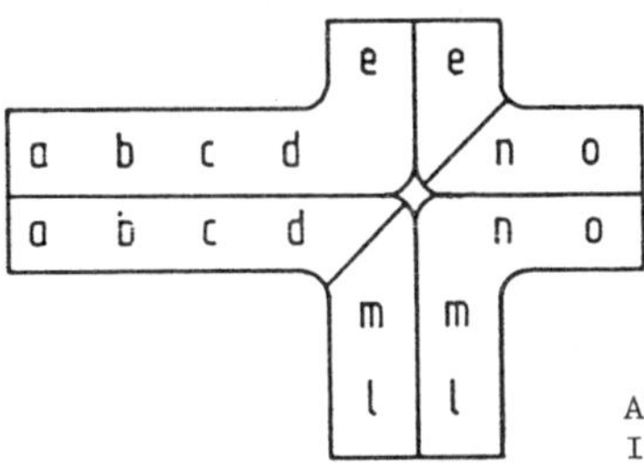

Abb. 32.2: Lösung zu 4.2: Translokation, Invers (heterozygot)

3.1 1900 Wiederentdeckung der *Mendel*schen Gesetze: 1904 Chromosomentheorie, ab 1911 Bestätigung der Chromsomentheorie. Bis 1900 nur Phänotyp bedacht, nach 1900 Berücksichtigung des Genotyps durch Anlage von Nachzuchten in A-, B-, C-Feldern; Inzuchtlinien; alte Landsorten sind genetisch vielfältig; Hochzuchtsorten sind ertragreich; Genvielfalt fehlt.

3.2 Begriff Koevolution müßte stark ausgeweitet werden, um anwendbar zu sein; andere Aussagen möglich.

(aus: *von Falkenhausen, E.*: Wissenschaftspropädeutik im Biologieunterricht. Aulis Verlag, Köln 1985)

VORSCHLAG 33 - GENETIK/ÖKOLOGIE

Thema: Züchtungserfolge und Züchtungsprobleme

Aufgabe

1 Belegen Sie die Aussagen des Textes über Erfolge der Weizenzüchtung anhand der Abbildungen 33.1 und 33.2. Erläutern Sie auch, weshalb nur Bauern, die über Geld verfügen, zu hohen Erträgen kommen.

2 Weshalb erzielt auf den Ergebnissen der Vererbungslehre beruhende Züchtung bessere Erfolge? Wie und wann kam es zu den Forschungsergebnissen, auf denen die ersten großen Züchtungserfolge beruhen? Erläutern Sie in diesem Zusammenhang auch den Unterschied zwischen alten Landsorten und modernen Hochzuchtsorten.

3 Weshalb erhofft man von den Ergebnissen der Pflanzenzüchtung eine Lösung der Welternährungsprobleme - von den recht beachtlichen Ergebnissen z.B. der Rind- und Schweinezucht ist in diesem Zusammenhang kaum die Rede.

4 Die Zwergmutante - Kurzstrohweizen - hat verkürzte Halme.

4.1 Wie kommt es eigentlich, daß ausgerechnet eine Zwergmutante höhere Erträge bringt?

4.2 Erläutern Sie das Prinzip der Genrepression anhand einer schematischen Darstellung, und überlegen Sie dann, wie sich das Wachstum der Zwergmutanten nach Zugabe des Wachstumshormons erklären läßt.

5 Zeigen Sie mit Hilfe eines Schemas und von der Art der Bestäubung ausgehend, weshalb Weizenzüchtung relativ einfach ist und weshalb der fremdbestäubte und meist selbststerile Roggen mehr Schwierigkeiten bereitet (wiederum ein Schema). Erläutern Sie in diesem Zusammenhang auch, weshalb die modernen Hochzuchtsorten leichter von Schädlingen bzw. Krankheiten geschädigt werden.

6 Stellen Sie abschließend - auch unter Berücksichtigung Ihrer sonstigen ökologischen und genetischen Kenntnisse - Vorteile und Nachteile des Einsatzes moderner Hochzuchtsorten zusammen.

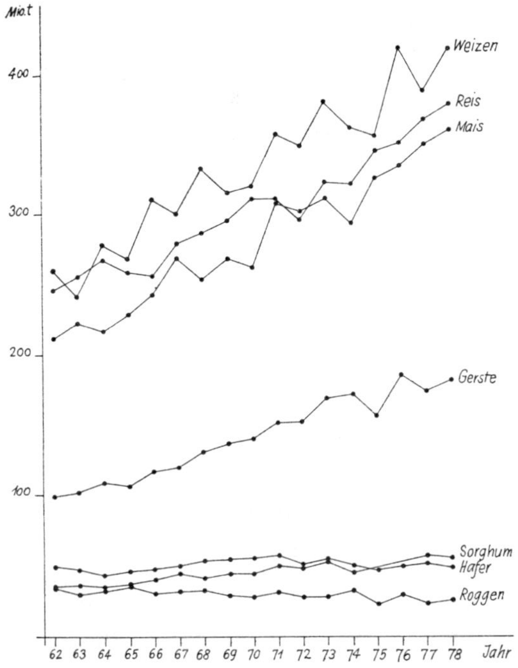

Abb. 33.1: Weltgetreide-Produktion 1962 - 1978

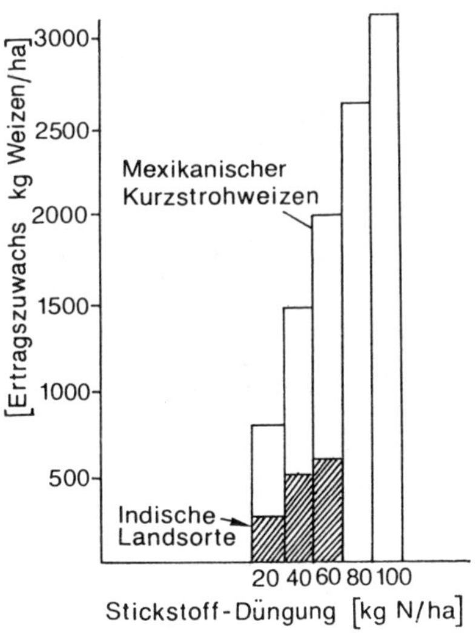

Abb. 33.2: Weizenerträge
gestreifte Kästen = indische Landsorte, weiße Kästen = mexikanischer Zwergweizen

Abbildungen nach *Simon*, *K.*: Nutzpflanzenzüchtung. Diesterweg, Frankfurt 1980)

Text 33.1

Die auf den Ergebnissen naturwissenschaftlicher Forschung beruhende moderne Pflanzenzüchtung führte zu besseren Ergebnissen als die Züchtungsarbeit früherer Jahre. Besonders ertragreich ist der mexikanische Zwergweizen, das ist eine Mutante, der ein Wachstumshormon fehlt, so daß der Stengel verkürzt ist, die Pflanzen wachsen nur etwa 60 cm hoch, während Weizenhalme sonst eine Länge von etwa 140 cm haben. Hingegen sind die Blätter dieser Pflanzen etwas größer. Fügt man den wachsenden Pflanzen das Wachstumshormon zu, so erreichen sie die volle Größe.
Mit neuen Sorten wie dem mexikanischen Zwergweizen hoffte man, der Hungersnot in der Dritten Welt entgegentreten zu können. Jedoch bringt der Einsatz der neuen Hochzuchtsorten auch Probleme mit sich: Hohe Erträge erzielen vor allem reiche Bauern. So verschärfen sich soziale Spannungen, reiche Bauern werden reicher, arme Bauern bleiben arm.
Außerdem konnte man die alten Landsorten viele Jahre hindurch anbauen. Hingegen werden die neuen Hochzuchtsorten in der Regel nach wenigen Jahren sehr stark von Schädlingen wie z.B. dem Rost befallen, so daß man neue Sorten züchten und einsetzen muß.
Während die Weizenzüchtung zu großen Erfolgen führte, sind die Erfolge der Roggenzüchtung vergleichsweise gering. Das liegt unter anderem daran, daß der Roggen fremdbestäubt und meist sogar selbststeril ist.

(nach *Simon, K.*: Nutzpflanzenzüchtung. Diesterweg, Frankfurt 1980)

Erwartete Lösung zu Vorschlag 33

1 Abb. 1 zeigt den im Text erwähnten Anstieg der Weltgetreideproduktion zwischen 1962 und 1978 von 270 auf 400 Mill. t. Abb. 2 zeigt die viel höheren Erträge des mexikanischen Kurzstrohweizens gegenüber indischer Landsorte; dabei wird die Abhängigkeit hoher Erträge bei der modernen Sorte von der Höhe der Stickstoffgaben, also vom relativ teuren mineralischen Dünger, deutlich.

2 Züchtung nach 1900 beachtet den Genotyp, während vor 1900 nur der Phänotyp beachtet werden konnte. Es werden vor allem die Ergebnisse *Mendels* bzw. die Ergebnisse der Wiederentdecker der *Mendel*schen Regeln nach 1900 benutzt. Die neue Züchtung führte schnell zu reinerbigen Hochzuchtsorten, während die alten Landsorten über eine viel größere genetische Vielfalt verfügten.

3 Hinweis auf die energetischen Beziehungen innerhalb der Nahrungskette; Energieverlust jeweils etwa 90 %.

4.1 Die Zwergmutante hat größere Photosynthesefläche und investiert weniger Photosyntheseprodukte in die Länge des Halmes, kann also mehr Reservestoffe in den Körnern speichern.

4.2 Genrepressionsschema zeigt Regulatorgen, Promotor, Operator, Strukturgene; der anfangs den Operator blockierende Repressor wird durch Hormon verändert.

5 Selbstbestäubung führt innerhalb weniger Generationen zu fast reinerbigen Formen, entsprechendes Schema. Kreuzungen des fremdbestäubten Roggens führen nicht zu reinerbigen Formen. Aufstellen eines Schemas wie Abbildung.
In den modernen Hochzuchtsorten sind die Pflanzen genetisch identisch. Wenn sich eine Variante, z.B. des Rostes, findet, die sich auf der neuen Sorte vermehren kann, so wird sie alle Pflanzen des Feldes befallen. Dieser Befall aller Pflanzen war bei den genetisch vielfältigen alten Landsorten kaum möglich.

		1AA	2Aa	1aa
Gameten		1A + 1A	2A + 2a	1a + 1a
1AA	1A	1AA + 1AA	2AA + 2Aa	1Aa + 1Aa
	1A	1AA + 1AA	2AA + 2Aa	1Aa + 1Aa
2Aa	2A	2AA + 2AA	4AA + 4Aa	2Aa + 2Aa
	2a	2Aa + 2Aa	4Aa + 4aa	2aa + 2aa
1aa	1a	1Aa + 1Aa	2Aa + 2aa	1aa + 1aa
	1a	1Aa + 1Aa	2Aa + 2aa	1aa + 1aa

Übersicht über das Verhalten einer F_2-Generation bei Fremdbefruchtung und Panmixie

6 Vorteil: Wesentlich höhere Erträge, Nachteil: Vermehrter Schädlingsbefall, damit verbunden vermehrter Einsatz von Pflanzenschutzmitteln, die ihrerseits das Ökosystem beeinflussen - Verminderung der Artenvielfalt; dazu Rückgang der Genvielfalt der gezüchteten Pflanzen. Schließlich auch unvorhergesehene Rückwirkungen auf den Menschen, z.B. Veränderung der Sozialstruktur.

VORSCHLAG 34 - GENETIK/STOFFWECHSELPHYSIOLOGIE

Thema: Hautfarbe und Intelligenz

Aufgabe

1.1 Erläutern Sie am Beispiel Hautpigmentierung die Begriffe *alternierendes* und *kontinuierlich variierendes Merkmal*, *Polygenie* und *Polyphänie*.

1.2 Machen Sie unter Einbeziehung von Abb. 34.1 verständlich, wie das Merkmal Hautpigmentierung von Genen und Umwelt beeinflußt werden kann. Erläutern Sie in diesem Zusammenhang Bau und Funktion von Enzymen und die Proteinbiosynthese (Schemazeichnungen!).

2.1 Geben Sie eine Definition des Begriffes Intelligenz. Erläutern Sie, wie Intelligenztests aufgebaut sind und was sie leisten sollen.

2.2 Geben Sie die in Tabellen 34.1 und 34.2 zusammengefaßten Daten in eigenen Worten wieder. Diskutieren Sie diese Ergebnisse eingehend.
Erörtern Sie, ob die in den Tabellen zusammengefaßten Befunde Ihrem im Unterricht erworbenen Wissen über die Abhängigkeit von Intelligenz von Genen und Umwelt entsprechen.

2.3 Stellen Sie das IQ-Problem der unterschiedlichen Rassen in den USA dar. Erörtern Sie, ob die Ihnen vorgelegten Tabellen zur Lösung dieses Problems beitragen können.

3.1 Erläutern Sie, von Ihren Ausführungen zu 2. ausgehend, daß Aussagen zur Abhängigkeit der Intelligenz von Genen und Umwelt für die Öffentlichkeit von erheblicher Bedeutung sind.

3.2 Was sollen Eltern über den Zusammenhang Intelligenz - Gen - Umwelt wissen und beherzigen? Beziehen Sie Tabellen 34.1 und 34.2 in Ihre Antwort mit ein.

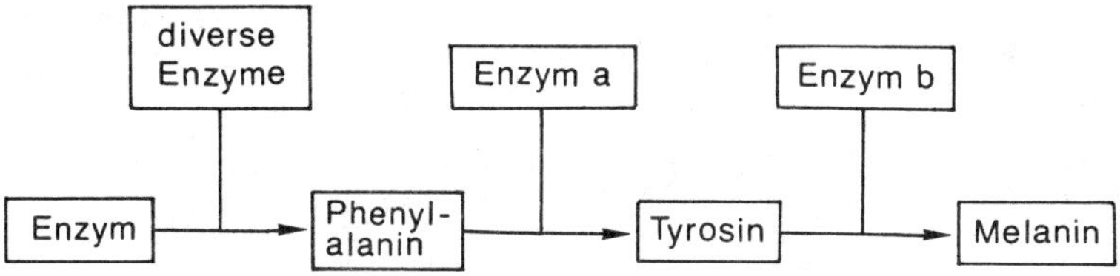

Abb. 34.1: Bildung des Hautpigments Melanin

Tab. 34.1: Korrelation des IQ zwischen Adoptivkindern und den leiblichen Kindern sowie den Eltern andererseits

	Korrelationen mit		Kinderzahl	
	Adoptiv-kindern	leiblichen Kindern	Adoptiv-kinder	leibliche Kinder
Väter	0,15	0,39	176	145
Mütter	0,23	0,35		

Tab. 34.2: Intelligenzquotienten von Adoptivkindern und eigenen Kindern der Adoptiveltern, getrennt nach der Hautfarbe

	mittlerer IQ
schwarze Adoptivkinder	103,6
weiße Adoptivkinder	111,5
leibliche Kinder	116,7
Adoptiveltern	ca. 120

(Tabellen 34.1 und 34.2 aus: *Vogel/Propping:* Ist unser Schicksal mitgeboren? Severin u. Siedler 1981)

Erwartete Lösung zu Vorschlag 34

1.1 Merkmale in klar unterschiedenen Ausprägungen bzw. mit kontinuierlichen Übergängen; Merkmal von mehreren Genen beeinflußt bzw. ein Gen beeinflußt mehrere Merkmale.

1.2 Schema: DNA, Transkription, Translation; Text. Mehrere Enzyme katalysieren die Melaninsynthese; Primär- und Tertiärstruktur, aktives Zentrum; Erniedrigung der Aktivierungsenergie (Diagramm). Einwirken der Gene über Proteinbiosynthese; Einwirken der Umwelt über Genregulation und Enzymregulation.

2.1 Intelligenz als Fähigkeit, Beziehungen und Zusammenhänge zu erkennen usw.; Einzelaufgaben erfassen unterschiedliche Merkmale; auf IQ = 100 Punkte = Schnitt der Bevölkerung geeicht; Objektivität, Reliabilität, Validität.

2.2 Korrelation zwischen Eltern und leiblichen Kindern enger; stärkere Korrelation mit den Müttern bei Adoptivkindern, hinreichend großes Untersuchungsmaterial; niedriger IQ der schwarzen Adoptivkinder: Kinder direkt nach der Geburt adoptiert? Durchschnittlicher IQ der weißen Kinder höher als der der schwarzen Kinder: Einfluß der Umwelt, Problem der Kulturfreiheit von IQ-Tests.

2.3 Frage, ob der im Durchschnitt niedrigere IQ der Schwarzen genetisch bedingt ist, bisher ungelöst; Angaben der Tabellen liefern keine eindeutige Lösung. Der Unterschied in den IQ-Werten könnte durch die Testkonstruktion bedingt sein.

3.1 Bedeutung z.B. im Hinblick auf Errichtung von Kindergärten und Vorschulen.
Bedeutung für das Verhältnis der weißen und schwarzen Bevölkerung in den USA.

3.2 Intelligenz zwar von Genen abhängig, jedoch in starkem Maße (s. Tabellen) durch Erziehung modifizierbar; Bedeutung emotionaler Zuwendung (Tabelle Unterschied Vater/Mutter); Bedeutung der frühkindlichen Erziehung.

(aus: *von Falkenhausen, E.*: Wissenschaftspropädeutik im Biologieunterricht. Aulis Verlag, Köln 1985)

VORSCHLAG 35 - EVOLUTION/GENETIK

Thema: Stammbäume / Artbildung

Aufgabe

1 In Abb. 35.1 sehen Sie 13 Kärtchen, die Sie ausschneiden sollen. Jedes Kärtchen kennzeichnet einen Organismus; die verschiedenen Zeichen symbolisieren jeweils verschiedene Eigenschaften der Organismen.

1.1 Ordnen Sie die Kärtchen so an, daß ein Stammbaum entsteht. Zeichnen Sie diesen nur mit Zahlenangaben auf. Begründen Sie Ihre Anordnung.

1.2 Von welchen Annahmen hinsichtlich der natürlichen stammesgeschichtlichen Entwicklung sind Sie bei der Erstellung Ihres Stammbaum-Modells ausgegangen?

1.3 Um zu einem echten Stammbaum zu kommen, muß die Zeitachse vorhanden sein. Angenommen, die Formen 1 und 2 seien rezent, die übrigen fossil. Alle Formen sollen geologischen Schichten I - VII angehören (I = älteste Schicht).
Wie müßten sich nun die Formen auf die 7 Schichten verteilen, damit der Stammbaum eindeutig wird?

2.1 Stellen Sie mit den aufgeführten Arten aus Abb. 35.3 (dazu Text 35.1, Abb. 35.2) einen Stammbaum der Grünkleidervögel auf. Erläutern Sie die von Ihnen getroffene Entscheidung, und zeigen Sie, daß verschiedene Anordnungen möglich sind.

2.2 Bei der Lösung der Aufgabe 1.1 wurden Probleme der Stammbaumableitung deutlich. Bei welchen Vertretern der Kleidervögel treten ähnliche Zuordnungsprobleme auf?

2.3 Nennen und erläutern Sie die Evolutionsfaktoren, die zur Entwicklung dieser verschiedenen Kleidervögelarten (A - H) geführt haben könnten.

3.1 Zeigen Sie, welche der hier abgebildeten Kleidervögel sympatrisch sind.
Alle Artschranken sympatrischer Arten sind letztlich genetischer Natur. Belegen Sie diese Aussage, indem Sie verschiedene Faktoren nennen, die zu sympatrischer Artbildung füh-

ren können, und klären Sie, wieso den von Ihnen genannten Faktoren genetische Ereignisse zugrunde liegen müssen. Evolutionsbiologen sprechen aber auch von genetischen Schranken. Was meint dieser Begriff? Auf welchen genetischen Ereignissen können diese Schranken beruhen?

3.2 Erläutern Sie unter Benutzung Ihrer Ausführungen zu 3.1, weshalb Diploidie und sexuelle Fortpflanzung eine Evolution begünstigen.

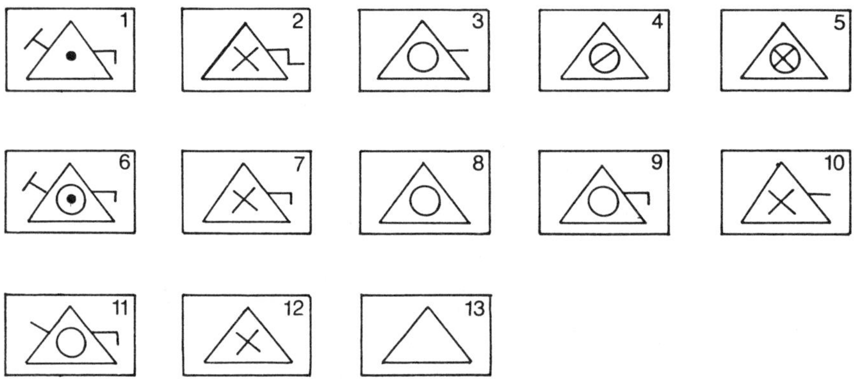

Abb. 35.1: Kärtchen zum Erstellen eines Stammbaumes (nach: *Knodel*, *H.*, *Bäßler*, *U.*, u. *Haury*, *A.*: Biologiepraktikum. Metzler, Stuttgart 1973)

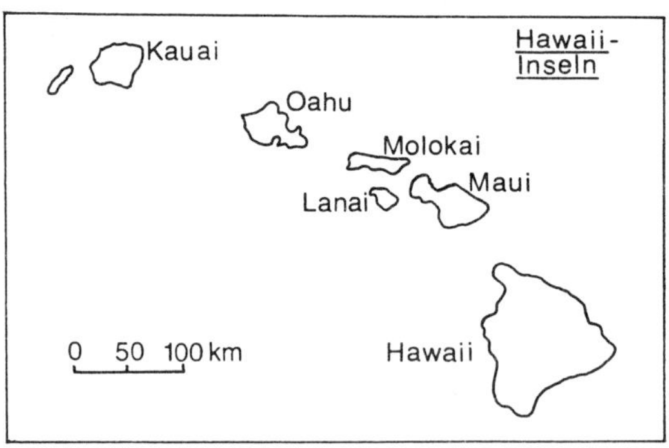

Abb. 35.2: Hawaii-Inseln

Text 35.1

Auf den Hawaii-Inseln gibt es 70 bekannte Landvogelarten. Rund 40 davon gehören zu einer Familie, zu den Kleidervögeln, die nur hier vorkommen. Die Inselgruppe ist vulkanischen Ursprungs und hat tropisches Klima. Fast alle Kleidervögel leben in den üppigen Bergwäldern, die auf allen Inseln ungefähr gleich sind. Aus der Vielzahl der Arten wurden 8 Vertreter der Grünkleidervögel (Unterfamilie) ausgewählt und ihre Hauptmerkmale und Verbreitungsgebiete in Abb. 35.3 wiedergegeben.

Art	Färbung	Gesamtlänge	Verbreitung
 A	breiter gelber Augenstreif Körper olivgrün	14 cm	Maui, früher auch auf anderen Inseln
 B	olivgrün	18,5 cm	nur auf Kauai
 C	gelber Kopf	16 cm	Hawaii, Kauai, Maui, Oahu
 D	olivgrün	14 cm	Kauai; auf Oahu und Hawaii ausgestorben
 E	olivgrün	11 cm	auf allen Inseln sehr häufig
 F	Kopf und Brust gelb	21 cm	Hawaii
 G	olivgrün	18 cm	Oahu, Lanai, Hawaii
 H	Kopf und Brust gelb	16 cm	Hawaii

Abb. 35.3 Kleidervögel der Hawaii-Inseln (nach Grzimeks Tierleben, Bd. 3. Kindler, München)

Erwartete Lösung zu Vorschlag 35

1.1 Aufstellen eines Stammbaumes in Form von Verwandtschaftsreihen; hierbei sind mehrere Möglichkeiten denkbar.
Kriterien des Vergleichs der Organismen: Merkmale, Merkmalsgruppen und ihre Gewichtung.

1.2 Die Evolution erfolgt schrittweise und kontinuierlich, mit Aufspaltung und zunehmender Komplexität. Eine Tendenz zur Entwicklung analoger Strukturen wird sichtbar.

1.3 Günstig wären hier: Schicht I:13, II: 12/8, III: 5/10/(4)/3, IV: (4)/7/9, V: 11, VI: 6, VII: 2/1. Alternativen sind möglich! Form 4 kann beiden Ästen zugeordnet werden.

2.1 Wertung und Einordnung der allgemeinen und speziellen Kriterien der Vogeltypen. Stammbaum mit mindestens zwei Möglichkeiten; bei der Beschränkung auf 8 Vertreter und der Analyse von nur 4 Merkmalen ist eine eindeutige Zuordnung nicht möglich. Folgende Möglichkeiten sind denkbar:

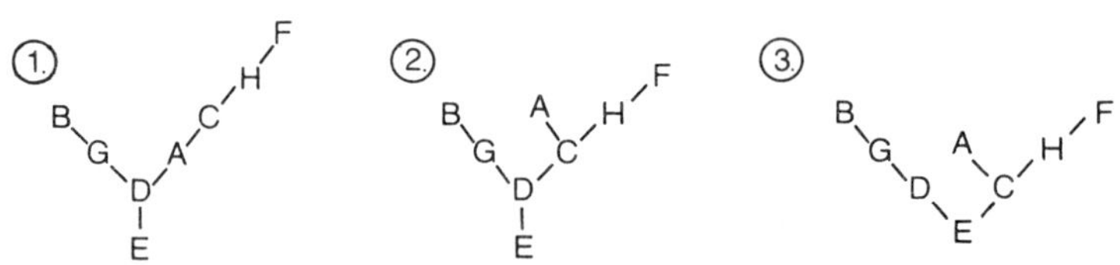

2.2 Probleme treten bei E, D sowie C, A auf.
Vergleich mit 1.1 (z.B. Verlust oder Erwerb von Eigenschaften).

2.3 Adaptive Radiation; Nennen der einzelnen Evolutionsfaktoren.

3.1 Sympatrisch leben C, E, G.
Isolierung der Arten durch unterschiedliches Verhalten, unterschiedliche ökologische Nischen, veränderte Gestalt und physiologische Unterschiede. Diese Phänomene beruhen auf veränderter Erbinformation wie Genmutationen oder auch Chromosomenmutationen, bei denen ein Strukturgen in Beziehung zu einem anderen Operator gerät. Genetische Schranken beruhen auf Störungen im Bereich des mitotischen oder des meiotischen Geschehens nach Verschmelzung von Ei- und Samenzelle. Grundlage: Genom- oder Chromosomenmutationen.

3.2 Rezessive Mutationen möglich; Rekombination und Crossover führen zu vielfältigen Genkombinationen.

VORSCHLAG 36 - EVOLUTION/STOFFWECHSELPHYSIOLOGIE

Thema: Pflanzen auf den Kanarischen Inseln

Aufgabe

1 Der Tagesverlauf der Nettophotosynthese wurde an einem sonnigen Frühlingstag auf Teneriffa an einem Verwandten des europäischen Gagelstrauches (Myrica gale) Myrica faya bestimmt.

1.1 Erläutern Sie den Begriff Nettophotosynthese, und beschreiben Sie den Tagesgang der Nettophotosynthese von Myrica faya anhand von Abb. 36.1 A.

1.2 Wie verläuft der Tagesgang der Nettophotosynthese in Mitteleuropa in der Regel?
Zeichnen Sie einen entsprechenden Graph in Abb. 36.1 A ein, und begründen Sie Ihr Vorgehen.
Erklären Sie nun den Tagesgang der Nettophotosynthese von Myrica faya. Ziehen Sie dabei auch die Graphen Abb. 36.1 B, C, D heran.

2 Die Gattung Aeonium

2.1 Zeigen Sie, von der Photosynthesegleichung ausgehend, wieso Pflanzen mit fleischigen Blättern Klimaten mit gelegentlicher Trockenheit angepaßt sind.
Inwiefern ist auch der Tagesgang der Photosynthese bei Myrica faya solchem Klima angepaßt?

2.2 Text 36.1 stellt die vielen Arten der Gattung Aeonium auf den Kanarischen Inseln heraus. Aber kann man da wirklich von Arten sprechen? Erörtern Sie diese Frage ausführlich anhand des Textes. Erklären Sie in diesem Zusammenhang auch den Begriff Art.

2.3 Versuchen Sie nun unter Rückgriff auf Ihr Wissen über das Evolutionsgeschehen möglichst eingehend zu erklären, wie die Formenfülle der Gattung Aeonium auf den Kanarischen Inseln entstanden sein könnte.

Text 36.1 Die Kanarischen Inseln

Die nordwestlich vor der afrikanischen Küste gelegene Gruppe der Kanarischen Inseln besteht aus 7 größeren und 6 kleineren Inseln mit der Hauptinsel Teneriffa. Die Inseln sind weitgehend vulkanischen Ursprungs - der höchste Vulkanberg erreicht eine Höhe von 3.716 m.

Das ozeanisch-subtropische Klima wird vom trockenen Nord-Ost-Passat beherrscht, der der Nordküste im Winter genügend Regen zuführt, während die Südküste nur sehr geringe Niederschläge erhält.

Durch unterschiedliche Niederschläge, unterschiedliches Gestein sowie die Höhenzonierung von Klima und Vegetation ergibt sich eine Fülle sehr verschiedener Landschaften mit steilen Felsen, reizvollen engen Tälern, tropfnassem Nebelwald und dürrer Halbwüste.

Die Gattung Aeonium

Die Gattung Aeonium gehört zur Familie der Dickblattgewächse (Crassulaceae) und ist wie alle Dickblattgewächse an Klima mit gelegentlicher Trockenheit angepaßt.

Von den 38 bekannten Aeonium-Arten kommen 32 auf den Kanarischen Inseln vor, während sich in Afrika nur jeweils eine Art im östlichen Marokko und eine in Ostafrika findet.

Alle Aeonium-Arten haben die gleiche Anzahl von Chromosomen, n = 18. Oft entstehen Hybride.

Man nimmt an, daß schon im mittleren Tertiär eine Art der Gattung Aeonium die Kanarischen Inseln erreichte und sich dort ausbreitete. Seitdem wurden bei stabilem Großklima die lokalen Standortverhältnisse unter dem Einfluß von Vulkanausbrüchen mehrfach verändert. Wahrscheinlich wurde auch die Vegetation durch den Vulkanismus gelegentlich stark reduziert.

Heute besiedeln die durch ihre aparten Blattrosetten kenntlichen Aeonium-Arten auf den Kanarischen Inseln ganz unterschiedliche Standorte. So wächst Aeonium holochrysum mit verzweigtem Stamm und Hochrosetten vor allem an der feuchten Nordseite von Teneriffa in tieferen Lagen.

Aeonium tabulaeformae lebt wie Aeonium canariense auf windexponierten Felsen der Lorbeerwaldstufe. Diese beiden Arten leben miteinander vergesellschaftet: Aeonium tabulaeformae wächst auch

in kleinsten Felsspalten, während Aeonium canariense dort nicht mehr genügend Substrat findet, weil diese Art flach dem Boden aufliegt und so das Licht besonders gut nutzt.
Nicht nur Aeonium liefert auf den Kanarischen Inseln so vielerlei Arten, vielmehr treten auch die Gattungen Echium (Natterkopf) und Sonchus (Gänsedistel) in vielen Arten auf. Echium ist wiederum in Mitteleuropa nur mit einer Art vertreten. Auch Myrica faya findet sich nur auf den Kanarischen Inseln und Madeira.

(nach *Kull, U.*: Artbildung durch geographische Isolation bei Pflanzen - die Gattung Aeonium auf Teneriffa. Natur und Museum 112, S. 2. Senckenbergische Naturforschende Gesellschaft, Frankfurt 1982)

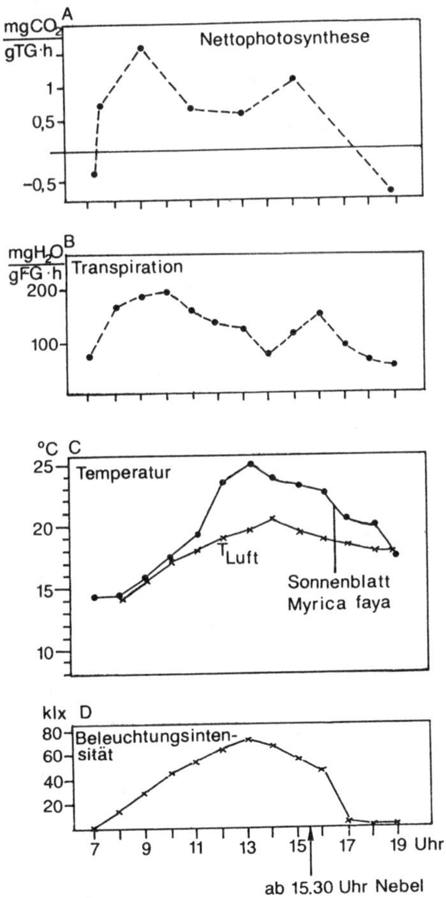

Abb. 36.1: Tagesgang der Photosyntheserate von Myrica faya und einiger metereologischer Größen

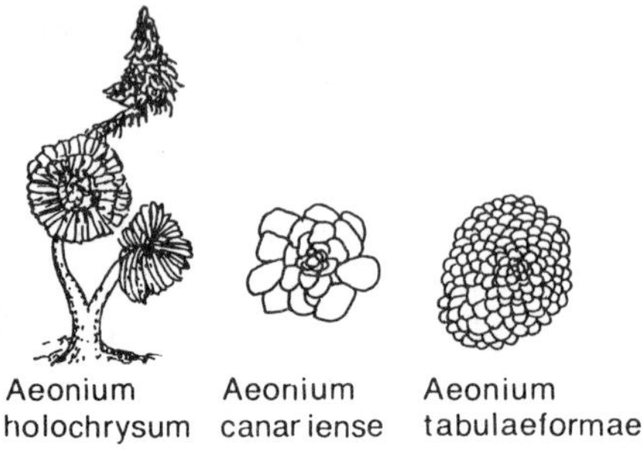

Abb. 36.2: Einige Aeonium-Arten (nach *Kull, U.*: Artbildung durch geographische Isolation bei Pflanzen - die Gattung Aeonium auf Teneriffa. Natur und Museum 112, S. 2. Senckenbergische Naturforschende Gesellschaft, Frankfurt 1982)

Erwartete Lösung zu Vorschlag 36

1.1 Nettophotosynthese = Bruttophotosynthese - Atmung; die Photosynthese steigt bis kurz vor 9.00 Uhr an, fällt dann stark ab, erreicht gegen 15.00 Uhr ein neues Maximum, fällt dann ab und liegt ab 17.00 Uhr unter Null.

1.2 Nettophotosyntheserate mitteleuropäischer Pflanzen zeigt um die Mittagszeit eine weit geringere Depression.
Der Anstieg entspricht der Zunahme der Beleuchtungsintensität. Der Abfall der Photosyntheserate ab 9.00 Uhr ist biologisch sinnvoll, weil dadurch zu große Wasserverluste vermieden werden, s. Transpiration. Sofort nach dem Beleuchtungsmaximum steigt die Photosyntheserate wiederum an, fällt dann mit Rückgang der Beleuchtung ab, geht wegen der nun überwiegenden Atmung unter Null.

2.1 Photosynthesegleichung. Dicke Blätter speichern Wasser. Myrica faya schließt mittags die Spaltöffnungen, verliert dann weniger Wasser, reduziert aber auch die Photosynthese.

2.2 Art als Gesamtheit der Individuen, die untereinander fruchtbar kreuzbar sind; Arten als geschlossene genetische Systeme. die Artbildung auf den Kanarischen Inseln ist nicht vollständig abgeschlossen.

2.3 Adaptive Radiation wie bei den Galapagosfinken. Faktoren wie Selektion, Isolation, Gendrift werden anhand des Textes belegt. Nutzung unterschiedlicher ökologischer Nischen bei gleichem Standort.

VORSCHLAG 37 - EVOLUTION/VERHALTENSLEHRE

Thema: Evolution einer Stichlingsrasse

Aufgabe

1.1 Definieren Sie den Mutationsbegriff. - Erörtern Sie die verschiedenen Genmutationstypen unter dem Aspekt der jeweiligen Bedeutung für die Evolution.

1.2 Erörtern Sie kurz, welche Evolutionsfaktoren die Entstehung der schwärzbäuchigen Stichlingsrasse bewirkten.

1.3 Begründen Sie, daß es sich hier im Vergleich zu den rotbäuchigen Stichlingen um die Bildung einer neuen Rasse, nicht aber einer neuen Art handelt. - Welcher Evolutionsschritt hätte vollzogen werden müssen, damit es zu einer geschlechtlichen Isolation und somit zur Bildung einer neuen Art gekommen wäre?

1.4 Begründen Sie, daß die schwarzbäuchige Rasse nur in bestimmten Gebieten des Chehalis-Flusses vorkommt.

2.1 Die in dem Text genannte Bevorzugung der rotbäuchigen Männchen durch die Weibchen aus der schwarzbäuchigen Population wird auf das verschiedene Prachtkleid der Männchen zurückgeführt. Zur Absicherung dieser Hypothese sind Attrappenversuche erforderlich. - Begründen Sie dies.

2.2 Inwiefern spielt die Berücksichtigung der reiz- und aktionsspezifischen Ermüdung bei Attrappenversuchen eine wichtige Rolle? - Erläutern Sie Ihre Ausführungen anhand eines Beispiels.

3 Gehen Sie davon aus, daß a) das Allel für schwarze Färbung rezessiv ist, b) in einem Gebiet sowohl rot- als auch schwarzbäuchige Stichlinge vorkommen, c) die Häufigkeit des rezessiven Allels $q = 0,25$ ist und d) die relative Fitness der homozygot rezessiven 0,05 beträgt.

3.1 Berechnen Sie die Häufigkeit der beiden Allele für die Nachfolgegeneration.

3.2 Ist mit dem Aussterben der schwarzbäuchigen Rasse zu rechnen? - Begründen Sie Ihre Antwort.

3.3 Inwiefern sind mathematische Modelle und somit Ihre Berechnungen kritisch zu betrachten? - Beziehen Sie Ihre Ausführungen auf die vorliegende Stichlingspopulation.

Text 37.1

Im Gebiet des Chehalis-Flusses (westliches Nordamerika) lebt ein kleiner Raubfisch, der Blaue Hundsfisch, der sich u.a. von jungen Stichlingen ernährt. Die Stichlingspopulation dieses Flußbeckens war während der letzten Eiszeit isoliert und in dieser Periode der Isolation haben die Stichlingsmännchen ein pechschwarzes Prachtkleid erworben, während bekanntlich die Männchen in allen anderen Populationen dieser Art ein rotbäuchiges Prachtkleid haben. Die schwarzbäuchige Stichlingspopulation findet sich nur dort, wo auch der Raubfisch vorkommt. In der Brackwasserzone dieses Flußgebietes, in die der Raubfisch nicht eindringt, haben die Stichlingsmännchen das normale rote Prachtkleid.
Was diesen Fall so interessant macht, ist das Verhalten des Stichlingsweibchens. Innerhalb des Gebietes der schwarzen Rasse lassen sich die Weibchen von den schwarzbäuchigen Männchen dazu anleiten, in ihren Nestern zu laichen. Aber wenn man den Weibchen der schwarzen Population im Aquarium die Wahl zwischen einem schwarz- oder einem rotbäuchigen Männchen gibt, so ziehen sie im Verhältnis von 5:1 ein rotbäuchiges Männchen vor. Wenn keine rotbäuchigen Männchen vorhanden sind, laichen die Weibchen in den Nestern der schwarzbäuchigen Männchen.

(*Mayr, E.*, 1971; in *Knoll, J.*: Evolution; Westermann 1980)

Erwartete Lösung zu Vorschlag 37

1.1 Mutation = sprunghafte, zufällige, richtungslose Änderung des Erbgutes. Sinnmutation = Veränderung einer Base, ohne daß eine andere Aminosäure eingebaut wird, für die Evolution zunächst ohne Wirkung. Fehlsinnmutation = Veränderung einer Base, so daß eine andere Aminosäure eingebaut wird, kann Effekte im Phänotyp und somit Effekte für die Evolution bewirken (vgl. Sichelzellanämie). Nichtsinnmutation = Veränderung einer Base, so daß das Codogen zu einem Terminator mutiert; kann Letalfaktor sein, dann unerheblich, ggf. neues Enzym und somit phänotypische Konsequenzen (fast auszuschließen). Rastermutation (Baseneinschub/Basenverlust): phänotypische Auswirkungen möglich durch Bildung neuer Enzyme, ggf. neue Merkmale, für Evolution bedingt interessant (bei Letalfaktor nicht).

1.2 Geographische Isolation durch Eiszeit /Selektion durch Freßfeinde / Genmutation zur Schwarzfärbung / Gendrift bei Mutation bzw. Vorhandensein von Freßfeinden.

1.3 Anwendung der Definition "Art" als "Fortpflanzungsgemeinschaft mit fruchtbaren Nachkommen" und "Rasse" als "Teilpopulation, die sich in einem oder mehreren Merkmalen reinerbig unterscheidet von anderen Populationen derselben Art". Schwarzbäuchige Population ist homzygot bzgl. Farbmerkmal, da sonst auch rotbäuchige Nachkommen aus Paarung hervorgehen.
Schwarzbäuchige Stichlinge bilden mit rotbäuchigen Stichlingen Fortpflanzungsgemeinschaft: in Gefangenschaft auch Paarung von Stichlingsweibchen aus rotbäuchigen Populationen mit Stichlingsmännchen aus schwarzbäuchigen Populationen; nicht erwähnt, ob fruchtbare Nachkommen hervorgehen: muß gefordert werden (vgl. Def.).
Schwarzer Bauch als Schlüsselreiz nicht mehr wirksam, bei Weibchen Ausbildung eines neuen AAM (Co-Evolution von Sender und Empfänger/Progame Isolation).

1.4 Im Gebiet des Raubfisches Selektionsvorteil gegenüber rotbäuchigen Stichlingen, da diese von Raubfisch gefressen werden, sie selbst aber nicht - schwarz wird Tarnfarbe sein -. Selektionsnachteil in Brackwasserzone durch geschlechtliche Auslese: für Stichlingsweibchen ist roter Bauch ein stärkerer Schlüsselreiz als schwarzer Bauch, so daß rotbäuchige Stichlingsmännchen bevorzugt werden.

2.1 Hypothese erfolgt aus Beobachtung im Aquarium; Attrappenversuche entsprechen systematischer Reduktion der Umweltreize zur Eingrenzung mögl. Schlüsselreize für spez. Verhalten. Selektive Wahrnehmung des Beobachters kann zu Nichterkennen des Schlüsselreizes führen: optisch nicht wahrnehmbare chem. Signale, Druckveränderungen im Wasser oder best. Schwimmverhalten könnten ebenfalls Auslöser für Weibchen sein.

2.2 Selbstgewähltes Beispiel: reizspez. Ermüdung führt zur Fehlinterpretation: Abnahme der Antwortbereitschaft auf best. Reiz (Habituation) kann zu Fehlinterpretation bzgl. Wirksamkeit des Schlüsselreizes führen; entsprechendes gilt für aktionsspez. Ermüdung aufgrund der negativen Rückkoppelung der Endhandlung auf die Handlungsbereitschaft.

3.1 Berechnung mit entsprechenden Erläuterungen; Anzahl der Homozygot-Dominanten vor/nach der Selektion 56,25; Anzahl der Heterozygoten vor/nach der Selektion 37,5; Anzahl der Homozygot-Rezessiven vor/nach der Selektion 6,25/0,3128; Häufigkeitsverteilung nach der Selektion: $q = 0{,}2027$ u. $p = 0{,}7973$.

3.2 Trotz Abnahme von q kein Aussterben, da rezessives Allel bei Heterozygoten auftritt und dort nicht der Selektion unterliegt.

3.3 Umweltverhältnisse oft komplexer als es ein mathematisches Modell erfassen kann: bei vorliegender Berechnung werden z.B. Neumutationen u. Gendrift nicht erfaßt, nicht vorhandene Panmixie sowie ethologische Isolation könnten in der relativen Fitness mit erfaßt sein, darüber keine Aussage.

VORSCHLAG 38 - EVOLUTION/ÖKOLOGIE

Thema: Der Neandertaler

Aufgabe

1 Zeichnen Sie eine Stammbaumskizze, die Ramapithecus, Australopithecus, Homo sapiens sapiens, Homo erectus, Homo sapiens neandertalensis und Homo habilis einordnet und eine Zeitskala enthält. Machen Sie jeweils auch kurze Angaben zu Schädelinhalt und Kultur bzw. Werkzeugen.

2.1 Weisen Sie in Text 38.1 drei Stellen nach, die Beobachtungen wiedergeben und drei Stellen, die Deutungen enthalten. Weisen Sie auch in Abb. 38.1 exakte Daten und daneben Deutungen und damit subjektive Einflüsse nach.

2.2 Geben Sie die wesentlichen Aussagen von Text 38.2 in eigenen Worten wieder. Erörtern Sie, wie es zu so unterschiedlichen Auffassungen über den Neandertaler kommen konnte.

3 Erläutern Sie die in Text 38.1 erwähnte Radiokarbonmethode. Zeigen Sie dabei auch Grenzen dieser Methode.

4 Träubelhyazinthen

4.1 Der Standort der Träubelhyazinthe Muscari racemosum ist durch folgende Werte charakterisiert: Licht 7, Temperatur 7, Feuchte 3, Reaktionszahl 8, Stickstoff 2. Was besagen diese Zahlen? Stellen Sie die Besonderheiten des so charakterisierten Standortes deutlich heraus.

4.2 Für die Erforscher der Stammesgeschichte des Menschen sind die Blumenfunde wichtig. Begründen Sie diese Aussage.

5 Wissenschaft bringt keine wahren, aber verläßliche Aussagen, diese These lernten Sie im Unterricht kennen. Die hier vorliegenden Materialien belegen sehr unterschiedliche Aussagen von Wissenschaftlern. Läßt sich auch hier noch von verläßlichen Aussagen sprechen? Ziehen Sie bei Ihrer Antwort auch Ihre Antwort unter 2 heran.

Text 38.1 Die Shanidarhöhle

Während der Jahre 1951 - 1960 untersuchte *R.S. Solecki* die im nördlichen Irak gelegene Höhle von Shanidar. Die folgenden Abschnitte entstammen einem zusammenfassenden Grabungsbericht von *Solecki*.

"Schicht B unmittelbar unter Schicht A ist eine recht dünne, braun gefärbte Ablagerung ... Sie enthält die primitiven Artefakte eines Volkes, das weder Ackerbau noch Haustierhaltung noch Töpferei kannte. Es gibt nicht einmal Anzeichen dafür, daß eßbare Nüsse gesammelt worden wären. Anscheinend bestand ein beträchtlicher Teil der Nahrung dieser Menschen aus Schnecken; denn es fanden sich verstreut Haufen von Schneckenhäusern. Tierknochen sind in dieser Schicht relativ selten: Es gibt keine Haustiere und nur wenige wilde. Vielleicht war es eine Zeit der Wildknappheit im Shanidar-Tal.

Trotzdem scheint es den Vorzeitmenschen der Schicht B gut gegangen zu sein, und sie hatten anscheinend sogar etwas Muße. Sie stellten hervorragend abgeschlagene Wurfspitzen her und knöcherne Ahlen, die zum Nähen oder Verschnüren verwendet worden sein müssen. Darüber hinaus finden sich Schieferstücke mit Gravierungen und stark abgeriebene Farbsteine, aus denen man schließen kann, daß diese Leute vielleicht Zeichnungen oder Verzierungen angefertigt haben. ...

In Schicht D der Höhle, einer 9 m dicken Reihe von Ablagerungen, die sich von 5 m unter der Oberfläche bis zum anstehenden Gestein in 14 m Tiefe erstrecken, kamen wir zu einem deutlichen Bruch in der menschlichen Reihe. Die Leute darüber waren vermutlich alle Homo sapiens ... (nun fanden wir darunter) den ausgestorbenen Homo neandertalensis. Wir erkennen nicht nur seine groben Werkzeuge, sondern durch unwahrscheinliches Glück erbringt die Shanidarhöhle nicht weniger als drei Skelette von Neandertalern, darunter das erste Neandertaler Kind!"

Mit Hilfe der Radiokarbonmethode ermittelte *Solecki*, daß die Neandertaler in der Shanidarhöhle von etwa 70.000 bis 40.000 Jahren vor unserer Zeitrechnung lebten. In der Erde dieser Höhle, direkt an einem Skelett, wies man Reste vieler Blumen nach, darunter auch Verwandte unserer Träubelhyazinthe.

Text 38.2

M. Boule (1861 - 1942), ein angesehener Anthropologe und großer Kenner von Neandertaler-Fossilien, kennzeichnete den Neandertaler folgendermaßen:
"das tierische Erscheinungsbild dieses muskulösen und ungeschlachten Körpers und dieses Schädels mit seinen massigen Kieferknochen, das eindeutig die Vorherrschaft eines triebhaften oder sinnlichen Wesens über die Funktion des Geistes erkennen läßt ... Welch ein Kontrast zu den Menschen der nächsten Periode ..., die einen schöneren Körper, einen besser ausgebildeten Kopf mit gerader und geräumiger Stirn hatten und uns so zahlreiche Beweise ihrer Geschicklichkeit, ihres künstlerischen und religiösen Tuns und ihrer geistigen Fähigkeiten hinterließen - sie waren die ersten, die den ehrenvollen Namen Homo sapiens wirklich verdienen!"
Boule trug seine Deutung der Neandertalerfunde mit großem Eifer und großer Autorität vor, so daß seine Arbeiten die Ansichten über den Neandertaler bis heute stark beeinflussen. Da er ausschloß, daß ein solches äffisches Wesen als Vorfahre des Menschen in Frage komme, hielt er den Neandertaler für eine Seitenlinie der menschlichen Entwicklung, die ohne Nachfahren ausgestorben sei.
In den 30er Jahren wurden aus Israel interessante Funde bekannt, die erneute Diskussionen der Frage des direkten Vorfahren des Menschen auslösten.
Diese Funde deuten darauf hin, daß in Kleinasien menschliche Populationen lebten, die Menschen mit neandertalerähnlichen Merkmalen und solche mit modern erscheinenden Merkmalen umfaßten. Danach könnten die Neandertaler eine Rasse von Homo sapiens gewesen sein, die teilweise durch andere Menschenrassen verdrängt wurde (Westeuropa), sich aber teilweise auch mit anderen Populationen vermischt hat (Kleinasien).
Heute sieht man die Neandertaler in einem ganz anderen Lichte als *Boule*; denn man fand Hinweise auf Kulturstätten und Bestattung von Toten.
Auch das Erscheinungsbild des Neandertalers beurteilt man jetzt ganz anders. So schrieben Fachwissenschaftler nach gründlicher Untersuchung eines der Skelette, das auch *Boule* vorgelegen hatte: "Wenn es möglich wäre, daß er wieder auferstände und in einer New Yorker Untergrundbahn führe, würde er - vorausgesetzt man hätte

ihn gebadet, rasiert und in moderne Kleidung gesteckt - vermutlich kaum mehr Aufsehen erregen als manch anderer Mitbürger."

(beide Texte nach *Kattmann, U.*, u. *Pinn, H.*: Die Suche nach dem missing link. Verlag Barbara Franzbecker 1984 und nach *Constable, G.*: Die Neandertaler. Time Life 1975)

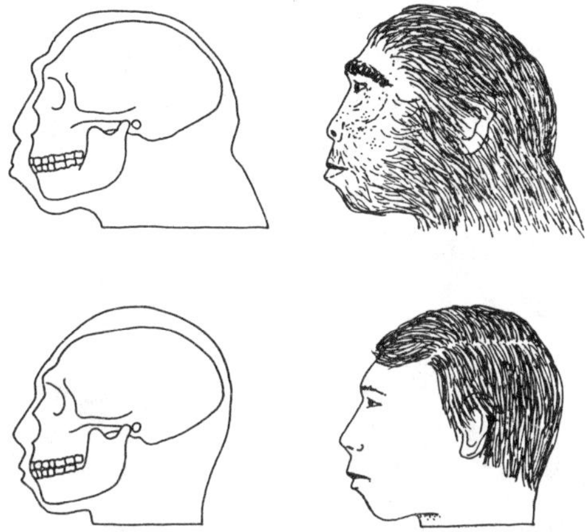

Abb. 38.1: Zwei unterschiedliche Rekonstruktionen des Neandertaler-Gesichtes auf der Grundlage desselben Schädels. (Nach *Constable, G.*: Die Neandertaler Time-Life 1973)

Erwartete Lösung zu Vorschlag 38

1 Stammbaumskizze

2.1 Beobachtungen: braungefärbte Ablagerung, Haufen von Schnekkenhäusern, Skelettfunde; Deutungen: weder Ackerbau noch Töpferei, Schnecken-Nahrung, etwas Muße.
In der Abbildung entspricht der Schädel der Beobachtung, hingegen ist die Ausformung des Gesichtes von Deutungen und damit von subjektiven Momenten durchsetzt.

2.2 Einerseits ungeschlachter, triebhafter, zum anderen der dem Menschen unserer Zeit gar nicht so ferne Neandertaler; dazu nun die Möglichkeit von Übergangsformen oder Mischung modernerer Formen mit Neandertalern, also müßte der Stammbaum Querverbindungen zwischen Homo sapiens sapiens und Neandertaler enthalten.
Veränderung der Auffassung durch zusätzliche Funde, aber auch durch "Sinneswechsel" (Paradigmenwechsel).

3 Bestimmung des Verhältnisses von ^{12}C zu ^{14}C; Zerfall des ^{14}C; Halbwertzeit 5.700 Jahre. Nur geeignet für Funde, die organischen Kohlenstoff enthalten und nicht älter als 70.000 Jahre sind.

4.1 Hohe Ansprüche an Licht, Temperatur, Neutralität, leichten alkalischen Boden, geringen Anspruch hinsichtlich Niederschlägen und Stickstoffgaben, also eine Pflanze des warmen, hellen, trockenen Klimas, evtl. kalkigen Bodens.

4.2 Reste von Blumen geben Hinweise über Biotop und Biozönose, in der die betreffenden Menschen lebten; sie weisen evtl. aber auch auf Kulte hin vor allem, wenn hier in der Höhle, nahe beim Skelett, große Pollenfunde geamcht werden.

5 Wissenschaftliche Aussagen sind nach wie vor verläßlich, aber sie sind von subjektiven Momenten durchsetzt.

VORSCHLAG 39 - EVOLUTION/STOFFWECHSELPHYSIOLOGIE

Thema: Bioenergetische Prozesse unter evolutionärem Aspekt

Aufgabe

1.1 Beschreiben Sie die Idee, die *Miller* zum Aufbau der in Abb. 39.1 dargestellten Versuchsapparatur veranlaßte. Erläutern Sie die Versuchsergebnisse auch aus energetischer Sicht.

1.2 Erläutern Sie am Vorgehen *Millers* experimentelles Vorgehen und die Bedeutung von Experimenten für die Naturwissenschaften.

2.1 Lesen Sie Text 39.1. Beschreiben Sie dann die lichtabhängigen Reaktionen anhand von Abb. 39.2, und ergänzen Sie das Schema durch Einzeichnen der zyklischen Photophosphorylierung. Stellen Sie die Bedeutung der nichtzyklischen Photophosphorylierung auch für den lichtunabhängigen Prozeß heraus.

2.2 Klären Sie den vermeintlichen Widerspruch in Text 39.2.

2.3 Eine Hypothese zur Evolution der Stoffwechselwege lautet, daß die Atmung nicht nur später als die Photosynthese entstanden ist, sondern daß sich auch die "Maschinerie" der Atmung aus jener für die Photosynthese gebildet hat. Für diese Hypothese spricht die außerordentliche Ähnlichkeit zwischen den Grundprinzipien von Photosynthese und Atmung. Erörtern Sie diese Gemeinsamkeiten!

2.4 Diskutieren Sie die Evolution der Stoffwechselwege wie in Abb. 39.3 dargestellt. Was spricht für eine Entwicklung in dieser Reihenfolge?

Text 39.1

Die ersten Organismen, die Licht für ihren Energiestoffwechsel nutzbar machten, waren photosynthetische Bakterien. Solche Organismen spielen in der gegenwärtigen Biosphäre nurmehr eine geringe Rolle, da die später entstandenen Pflanzen mit ihnen in Konkurrenz stehen.
Die ursprüngliche Funktion der bakteriellen Photosynthese dürfte die Bereitstellung von ATP gewesen sein. Auch jetzt kann man unter bestimmten Bedingungen beobachten, daß als einziges Produkt einer bakteriellen Photosynthese ATP entsteht.
Zur Gewinnung von Energie genügt den Bakterien vorerst die zyklische Photophosphorylierung. Die nichtzyklische Photophosphorylierung war ein späterer Erwerb und ermöglichte erst die Bildung organischer Substanzen.

Text 39.2

Die Blaualgen waren außerordentlich erfolgreich und spielen in der Biosphäre noch immer eine Hauptrolle.
Wegen der einfachen Anatomie ihrer Zellen werden sie von *Stanier* auch als "blaue Bakterien" bezeichnet. Jedenfalls müssen sie mit den Bakterien zu der Gruppe der "Prokaryonten" zusammengefaßt und von den "Eukaryonten", also sämtlichen anderen Lebewesen, scharf unterschieden werden.
Andererseits ist der Mechanismus der Photosynthese bei den Blaualgen mit jenem in sonstigen Algen oder in noch höheren Pflanzen identisch.

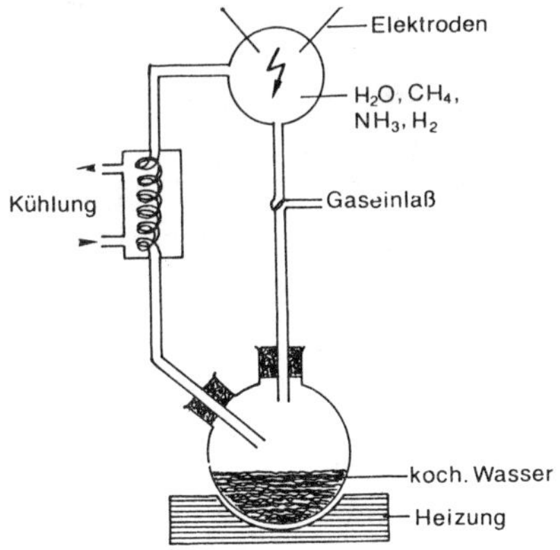

Abb. 39.1: *Miller*sche Versuchsanordnung

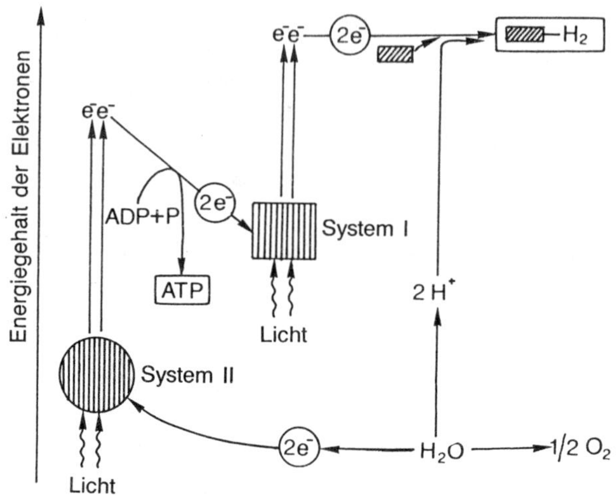

Abb. 39.2: Schematische Darstellung des lichtabhängigen Reaktionskomplexes bei der Photosynthese (nach *Furch, K.*: Physiologie. Diesterweg, Frankfurt, 1974)

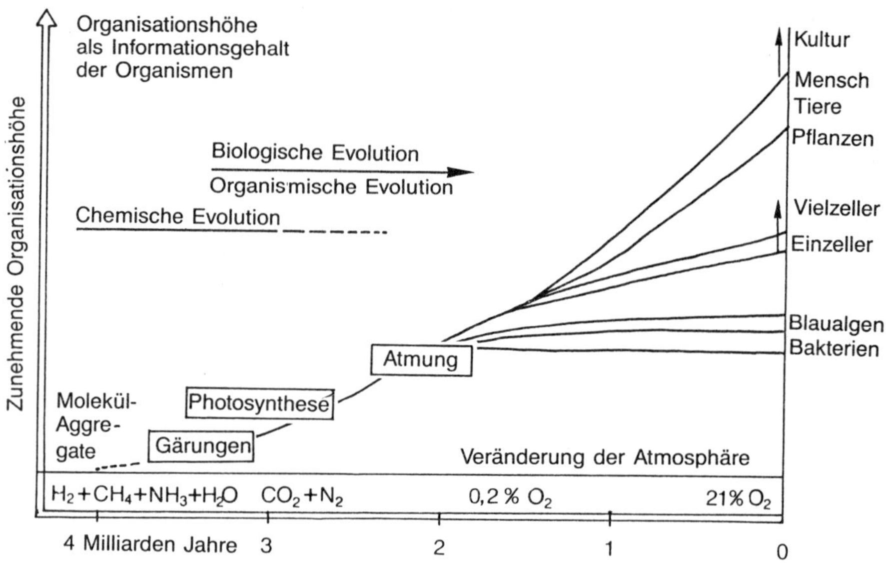

Abb. 39.3: Evolution des Stoffwechsels (nach *Knodel, H.* (Hrsg.): Linder, Biologie. Metzler, Stuttgart 1978)

Erwartete Lösung zu Vorschlag 39

1.1 Idee: Wenn Lebewesen auf der Erde entstanden sind, muß Evolution energiereicher, hochmolekularer Substanzen vorangegangen sein. Können unter Bedingungen der Uratmosphäre Substanzen entstanden sein, die Voraussetzung für Lebensprozesse sind?
Ergebnis: Entstehung eines Gemischs organischer Substanzen, u.a. Aminosäuren, org. Säuren, Aldehyde; in endergonischen Prozessen wird physikalische in chemische Energie umgewandelt.

1.2 Experimente als gezielter Eingriff in das Naturgeschehen in der Absicht, das Verhalten eines Systems (Forschungsgegenstandes) unter kontrollierter Konstanthaltung bzw. Variation seiner Eigenschaften (Zustandsgrößen) zu ermitteln. Überprüfung von Hypothesen durch Experimente führt zu verläßlichen, d.h. intersubjektiven Aussagen über Naturerscheinungen.

2.1 Lichtabhängige Reaktionen: Spaltung des Wassers, Lichtanregung der beiden Photosysteme, Elektronentransport; Bildung von ATP und $NADPH+H^+$ für den lichtunabhängigen Prozeß; Einzeichnen der zykl. Phosphorylierung zwischen P_{700} und P^*_{700}.

2.2 Chloroplasten aus endosymbiotischen Ur-Blaualgen.

2.3 In beiden Fällen ATP als Energiespeicher; Enzyme und Art des Elektronentransportes sehr ähnlich.

2.4 Photosynthese verbraucht das durch Gärung angereicherte Kohlendioxid und produziert Sauerstoff als Voraussetzung der Atmung.

VORSCHLAG 40 - EVOLUTION/STOFFWECHSELPHYSIOLOGIE

Thema: Stickstoffexkretion

Aufgabe

1.1 Interpretieren Sie die in Tabelle 40.1 zusammengestellten Befunde.

1.2 Interpretieren Sie den Stammbaum (Abb. 40.1) unter Berücksichtigung der Exkrete in der Evolution der Wirbeltiere.

2 Information: Die Kaulquappe des Grasfrosches scheidet Stickstoff als Ammoniak, der adulte Grasfrosch dagegen als Harnstoff aus.
Diskutieren Sie diesen Sachverhalt unter Berücksichtigung der in Aufgabe 1 gewonnenen Erkenntnisse.

3 In Abb. 40.2 finden Sie die Formeln der bei der Harnstoffsynthese vorkommenden bzw. entstehenden Stoffe.

3.1 Ordnen und verbinden Sie diese Stoffe so, daß ein vollständiges Schema des Harnstoffzyklus entsteht.

3.2 Diskutieren Sie die einzelnen Syntheseschritte; gehen Sie dabei auch auf Querverbindungen zu anderen Stoffwechselprozessen ein.

3.3 Machen Sie deutlich, bei welchen Umsetzungen energetische Veränderungen stattfinden, und stellen Sie anschließend die Energiebilanz der Harnstoffbildung auf.

4 Definieren Sie den Begriff Homologie. Zeigen Sie an Abb. 40.1, wo homologe Formen und wo analoge Formen der Stickstoffexkretion vorliegen.

Tab. 40.1: Exkretstickstoff bei Schildkröten in Prozent der gesamten Stickstoffexkretion und Abhängigkeit vom Wassergehalt des Lebensraumes

Art	Lebensraum	Ammoniak	Harnstoff	Harnsäure	Summe der anderen Ausscheidungen
Kinosternon subrubrum	fast vollständig aquatisch	24,0	22,9	0,7	52,4
Emys orbicularis	halb aquatisch	14,4	47,1	2,5	36,0
Kinixys erosa	feuchte Ufer	6,1	61,0	4,2	28,7
Testudo denticulata	feucht, sumpfig	6,0	29,1	6,7	58,2
T. graeca	sehr trocken	4,1	22,3	51,9	21,7
T. elegans	sehr grocken	6,2	8,5	56,1	29,2

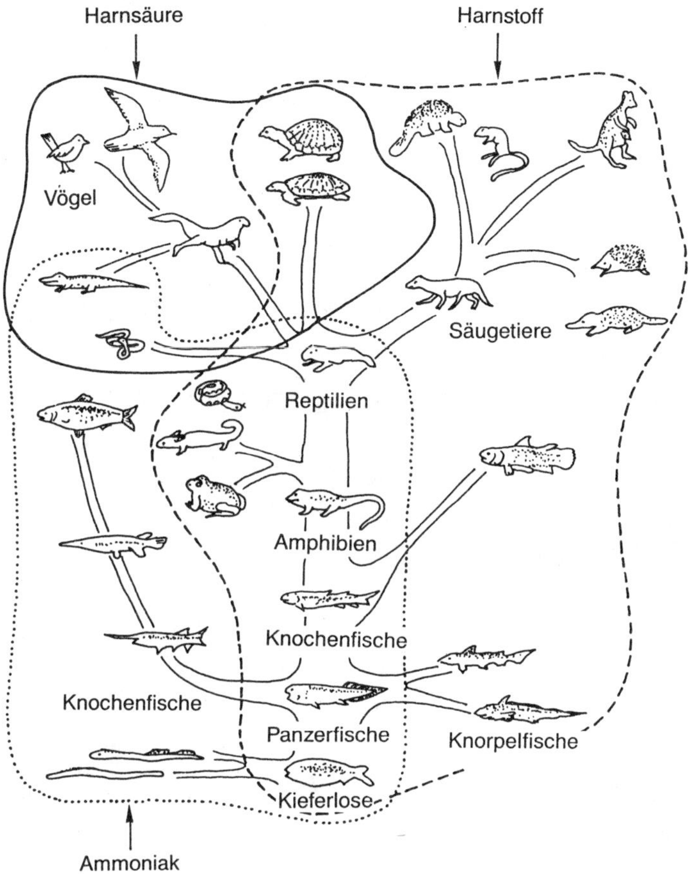

Abb. 40.1: Stickstoffexkretion der Wirbeltiere (nach *Cleffmann, G.*: Stoffwechselphysiologie der Tiere, 2. überarb. Auflage. Verlag Eugen Ulmer, Stuttgart 1986)

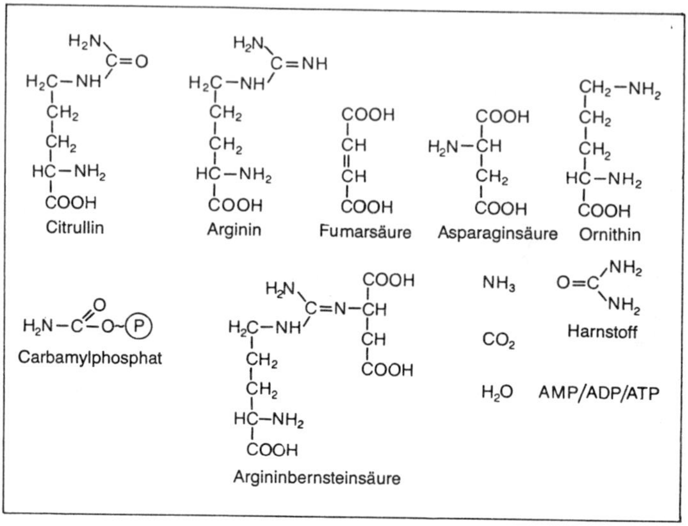

Abb. 40.2: Formeln einiger zur Harnstoffsynthese wichtiger Stoffe

Erwartete Lösung zu Vorschlag 40

1.1 Abhängigkeit der Art der Ausscheidung von dem jeweiligen Biotop.

1.2 Gründliche Interpretation des Stammbaumes; Erwerb eines nichttoxischen Exkretstoffes trat im Laufe der Evolution als Selektionsvorteil auf (wichtig für den Übergang vom Wasser- zum Landleben).

2 Biogenetisches Grundgesetz (mit entsprechenden Erläuterungen)

3.1 Erstellung des Harnstoffzyklus

3.2 Kurze Erklärung der Molekülveränderungen bei den einzelnen Syntheseschritten; Verbindung zum Citratzyklus; Herkunft des Ammoniaks.

3.3 NH_3 und CO_2 zu Carbamylphosphat; 2 ATP ⟶ 2 ADP + 2 P_i; Citrullin ⟶ Argininbernsteinsäure; ATP ⟶ AMP + PP_i; Für die Beseitigung von 2 Molekülen NH_3 werden drei Moleküle ATP benötigt. Die Harnstoffbildung arbeitet insgesamt mit Energiegewinn für die Zelle: Fumarat im Citratzyklus; NADH + H^+ (≙ 3 Moleküle ATP in der Atmungskette); bei NH_3-Bildung während der oxidativen Desaminierung NADH + H^+ (≙ 3 Moleküle ATP in der Atmungskette).

4 Die Harnstoffexkretion von Säugetieren ist homolog. Die Harnstoffausscheidung einiger Knochenfische ist der der Säugetiere analog usw.

VORSCHLAG 41 - EVOLUTION/STOFFWECHSELPHYSIOLOGIE/ÖKOLOGIE

Thema: Evolution einer Foraminiferen-Gruppe

Aufgabe

1 Stellen Sie in knapper Form die Tatsachen dar, die für einen stammesgeschichtlichen Zusammenhang aller Organismen sprechen.

2 Foraminiferen sind einzellige Urtierchen mit einem meist vielkammerigen Kalkgehäuse. Sie kommen in großer Formenfülle im Meeresschlamm vor. Fossil findet man die Gehäuse dieser Einzeller zahlreich in marinen Ablagerungen, so daß man sie z.B. zur Gliederung erdölführender Schichten verwenden kann.
Die in Abb. 41.1 dargestellten Foraminiferen mit einer Gehäuselänge von 0,4 - 1,8 mm sind in der zeitlichen Reihenfolge ihres Auftretens in 14 Schichten (I - XIV) der Unterkreide angeordnet. Der gesamte betrachtete Zeitraum umfaßt 7 Millionen Jahre. Die Buchstaben in Abb. 41.1 stellen Artsymbole dar; die römischen Ziffern geben die Schicht an.

2.1 Schneiden Sie die Foraminiferen einzeln aus. Ordnen Sie die Foraminiferen so an, daß sie abschließend den mutmaßlichen Abstammungszusammenhang der 16 Formen in der Art eines Stammbaumschemas darstellen können.

2.2 Nennen Sie die Merkmale, die sich für die Feststellung des mutmaßlichen Abstammungszusammenhanges verwenden lassen.

2.3 Welcher allgemeinen Erkenntnisse aus der Paläontologie haben Sie sich bei dem Aufstellen des Foraminiferen-Stammbaums bedient?

2.4 Nennen Sie die Ihnen bekannten Möglichkeiten der Artentstehung. Erläutern Sie anhand geeigneter Schemata die Voraussetzungen und Faktoren, die zu dem jeweiligen Prozeß der Artentstehung führen. Zeigen Sie entsprechende Vorgänge an dem von Ihnen aufgestellten Foraminiferenstammbaum.

2.5 Stellen Sie dar, auf welche prinzipiellen Schwierigkeiten die Erkenntnisgewinnung im Bereich der Evolutionsforschung stößt.

3 Das Erdöl, dessen Entstehung wahrscheinlich auf die Zersetzung organischer Stoffe marinen Ursprungs zurückgeht, zählt wie die Kohle zu den natürlichen Brennstoffen. Nennen Sie Organismengruppen und Erdzeitalter, die für die Entstehung dieser beiden Brennstoffe in Frage kommen.

3.1 Den genannten Brennstoffen liegt das Element Kohlenstoff zugrunde. Erläutern Sie den Kreislauf des Kohlenstoffs im Ökosystem anhand eines geeigneten Schemas.

3.2 Werten Sie Abb. 41.2 aus.
Geben Sie eine mögliche Erklärung für die jahreszeitlich bedingten Schwankungen der Kohlenstoffdioxid-Konzentration der Atmosphäre unter Zuhilfenahme einer Vegetationskarte der Erde (Atlas).

3.3 Nennen Sie Ursachen für die in 3.2 beschriebene Veränderung des CO_2-Gehaltes der Luft.
Welche Auswirkungen kann dieser Vorgang auf das zukünftige Klima der Erde haben, wenn Sie berücksichtigen, daß das Kohlendioxid Strahlungsenergie im infraroten Wellenbereich absorbiert? Geben Sie denkbare Maßnahmen an, um eine solche Entwicklung zu verhindern.

Hilfsmittel: Atlas, Schere, Klebstoff

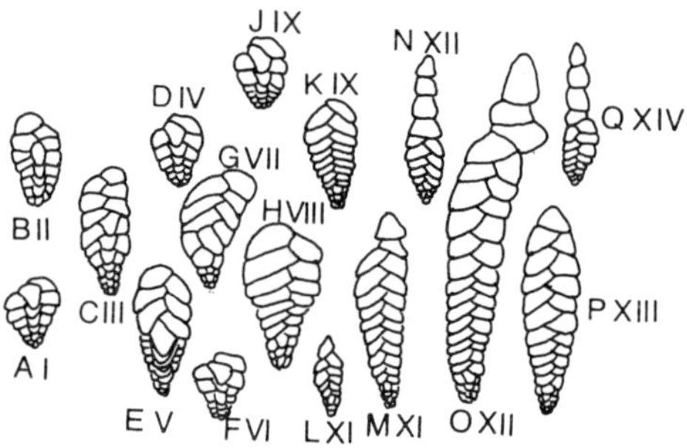

Abb. 41.1: Foraminiferen aus der Unterkreide

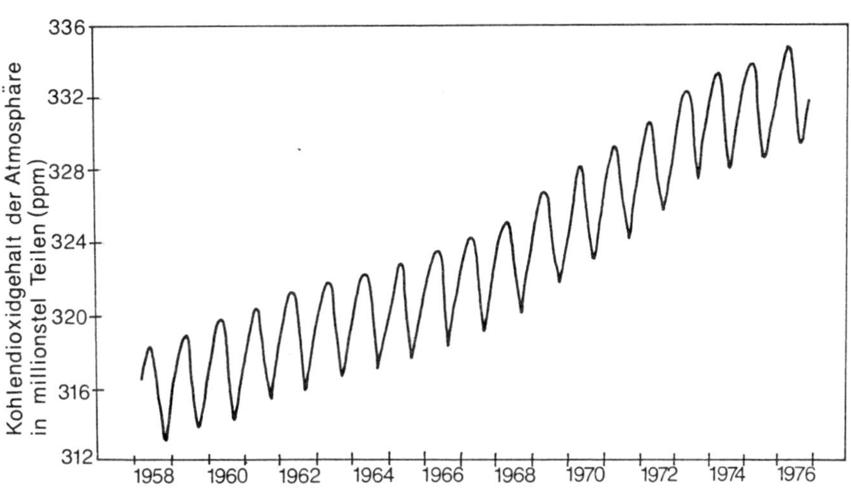

Abb. 41.2: Entwicklung des Kohlendioxidgehalts der Atmosphäre seit 1958, aufgezeichnet im Mauna-Loa-Observatorium auf der Insel Hawaii.

Erwartete Lösung zu Vorschlag 41

1 Tatsachen aus dem Bereich der Paläontologie, der Morphologie (Analogie, Homologie), der Biochemie, der Keimesentwicklung, der Tier- und Pflanzenzüchtung.

2.1 Aufstellen möglicher Stammbäume.

2.2 Schalengröße, Abnahme der Dreizeiligkeit bzw. Zunahme der Zwei- und der Einzeiligkeit.

2.3 Die Entwicklung innerhalb einer Formengruppe verläuft ohne auffallende Sprünge; zwischen zwei zeitlich aufeinanderfolgenden fossilen Gruppen gibt es Übergangsformen, die Merkmale beider Gruppen vereinen; die Entwicklung ist irreversibel.

2.4 Artumwandlung, Artaufspaltung;
Voraussetzung: die durch Mutation und Rekombination entstandene Variabilität einer Population;
die transformierende Selektion führt zur Artumwandlung; die spaltende Selektion führt zur Artaufspaltung; die Artumwandlung in der Zeit entspricht dem 'Wachstum', die Artaufspaltung im 'Raum' entspricht den Gabelungsstellen des Stammbaumschemas.

2.5 Die Evolution als historischer Prozess kann nicht in ihrem realen Verlauf unmittelbar beobachtet und nachvollzogen werden; die Wirkung von Evolutionsfaktoren läßt sich nur auf indirektem Wege erschließen; dabei geht man davon aus, daß Erfahrungen und Kenntnisse über heutige Lebewesen auf die Vergangenheit übertragen werden können (Aktualitätsprinzip).

3 Kreide, Karbon; tierliches und pflanzliches Plankton, Holzpflanzen.
C-autotrophe Assimilation, Dissimilation der Produzenten, C-heterotrophe Assimilation (Destruenten), Dissimilation von Konsumenten und Destruenten, Verbrennung; festgelegter Kohlenstoff in Form von Kohle, Erdöl und Erdgas.
Kontinuierliche Zunahme der CO_2-Konzentration über den Zeitraum von 1958 - 1976; jahreszeitlich bedingte Schwankung der CO_2-Konzentration; die jahreszeitlich bedingten Schwankungen gehen Hand in Hand mit der wechselnden Intensität der Photosynthese (Wälder) in den mittleren Breiten beider Hemisphären.
Zunahme der Verwendung fossiler Brennstoffe; Abholzen von Wäldern und die sich daran anschließende Oxidation der Humusschicht; zunehmende Erwärmung; Begrenzung des Verbrauchs fossiler Brennstoffe, Aufforstung.

(sehr umfangreiche Aufgabenstellung!)

5 Erstellung, Korrektur und Bewertung von Abituraufgaben

5.1 *Die Erstellung der Aufgaben*

Die Einheitlichen Prüfungsanforderungen stellen das Material in den Mittelpunkt der Abituraufgaben. Deshalb beginnt die Arbeit an Abituraufgaben häufig mit der Suche nach geeignetem Material. Der Lehrer sieht vielleicht auch schon eine Problemstellung vor sich und sucht nun Materialien in Gestalt von Texten, Abbildungen, Experimenten und dergl., an denen er seinen Ansatz realisieren kann.

Welche Abbildungen und Texte sind nun geeignet? Vor allem müssen die Materialien den Ansatz zu Transfer bzw. zu problemlösendem Denken bieten, daneben aber auch Möglichkeiten zu Reproduktion und Reorganisation von Wissen eröffnen. Material unterschiedlicher Struktur fordert vom Schüler unterschiedliche Fertigkeiten und ist deshalb günstig. Material, das ergänzt, umgearbeitet oder auf Fehler hin durchgesehen werden muß, überprüft das Verständnis besonders gründlich. Die Texte und Tabellen dürfen aber auch nicht zu umfangreich sein.

Die unter 5.5 wiedergegebene Musteraufgabe "Ökosystem Fischteich" entspricht einem Teil dieser Forderungen. Sie hat die richtige Länge und ergibt Ansätze zu einer Vielfalt von reproduktiven Aufgaben und Transfer-Fragen, die Kenntnisse ganz unterschiedlicher Sachgebiete, wie Stickstoffkreislauf, trophische Ebenen, aber auch das Manifestwerden rezessiver Gene bei Inzucht verlangen. Der Text enthält Fehler und erlaubt auch von diesem Ansatz her, das Verständnis des Schülers zu überprüfen.

Andererseits verlangt die Bearbeitung dieses Materials ausschließlich Textverständnis. In dieser Hinsicht sind andere Vorschläge überlegen. So erlaubt z.B. Vorschlag 33 (Züchtungserfolge und Züchtungsprobleme) dem Schüler ganz unterschiedliche Fertigkeiten anzuwenden, weil das dazugehörige Material Blockdiagramm, Kurven und Text umfaßt.

Der Vorschlag 36 (Pflanzen auf den Kanarischen Inseln) verlangt die Ergänzung von Graphen. Mit solchen Aufgabenstellungen läßt sich Verständnis besonders gut beurteilen.
Ist in diesem Sinne gutes und ergiebiges Material gefunden, so werden Teilaufgaben - in Niedersachsen auch das Thema - formuliert. Die Teilaufgaben sollten das Material gründlich und von verschiedenen Seiten her aufarbeiten. Klar formulierte Aufgaben zeigen dem Schüler deutlich, was von ihm erwartet wird. Keinesfalls darf die Schwierigkeit der Aufgabenstellung in unklarer Fragestellung begründet sein.
Setzt die Aufgabenstellung mit Reproduktion und Reorganisation von Wissen ein und schreitet dann erst zu abstrakten Gedankengängen und Transfer fort, so überwinden die Schüler ihre Prüfungsängste leichter. Weniger begabte Schüler erhalten durch reproduktive Aufgaben eine faire Chance. Diese einfachen reproduktiven Aufgaben führen selten zu einer deutlichen Differenzierung von Schülerleistungen. Sie sind jedoch auch im Sinne der Leistungsmessung wichtig, denn sie unterscheiden, wie weit Lernziele im reproduktiven Bereich abgedeckt wurden bzw. ob nur der später folgende Transfer nicht geschafft wurde. Das heißt: Solch differenzierende Aufgaben dienen der formativen Evaluation.
Selbstverständlich dürfen Aufgaben, in denen Materialien anhand komplexer und zusammenhängender Fragen bearbeitet werden, den Schülern nicht erst im Abitur begegnen. Vielmehr sollten solche Aufgaben den Charakter der Klausuren in der gymnasialen Oberstufe bestimmen. Außerdem sollten die Klausuren schon Aufgaben enthalten, die inhaltlich aus anderen Semestern stammen, sich aber zwanglos in das Schwerpunktthema eingliedern. Dadurch wird die Komplexität biologischer Systeme deutlich und das angemessene vernetzte Denken geschult.
Noch ein Vorschlag für die Klausurvorbereitung: Es ist günstig, den Schülern etwa eine Woche vor der Klausur eine Zusammenstellung aller in irgendeiner Form berührten Lernziele zu geben. Anhand solcher Lernzettel (siehe S. 209) lernen die Schüler gründlicher und freudiger. Sie können jetzt nämlich, wenn ihnen ein Sachverhalt unklar blieb, gezielt nachfragen und fühlen sich fair behandelt.

Lernziele zum Leistungskurs Ökologie (Lernzettel)

- Fichte, Waldkiefer, Eiche, Rotbuche, Hainbuche, Spitzahorn, Bergahorn, Esche, Linde, Vogelbeere (= Eberesche) erkennen können;
- vorgelegte Blüten bzw. Pflanzen systematisch einordnen können: Monokotyle bzw. Dikotyle; Liliengewächse, Hahnenfußgewächse, Rosengewächse, Lippenblütler, Kreuzblütler, Korbblütler und Schmetterlingsblütler;
- blühende Pflanzen anhand von *Pareys* Blumenbuch bestimmen können;
- Kennen: Bodenart, Bodentyp, Austauschkapazität, Basensättigung, Wasserkapazität, Wasserdurchlässigkeit, Zersetzerkette, Nahrungskette (Produzent, Konsument, Destruent), Kohlenstoffkreislauf, Stickstoffkreislauf, Energiefluß in Ökosystemen, Biomasse, Nettoprimärproduktion, Bruttoprimärproduktion;
- die Begriffe Klimax und Sukzession kennen und in Verbindung mit der Waldgeschichte Mitteleuropas erläutern können;
- die Bedeutung ökologischer Gruppen krautiger Pflanzen erläutern können (zum Erfassen von Faktorenkomplexen; als Zeigerpflanzen; zu Aussagen über die Wüchsigkeit z.B. von Buchenwäldern);
- Eichenwickler und Borkenkäfer kennen (Aussehen, Entwicklung, Nahrung, Feinde);
- die komplexen Beziehungen in der Biozönose Eichenwald zeichnerisch darstellen können;
- ökologisches Gleichgewicht und ökologische Nische definieren und erläutern können;
- Eigenheiten chemischer, biologischer und integrierter Schädlingsbekämpfung anhand von Beispielen erläutern können;
- die komplexen Beziehungen zwischen Fichtensterben und saurem Regen darstellen können;
- Mischwald und Monokultur, altersgleichen und altersungleichen Wald, Hochwald und Niederwald unterscheiden können;
- das Prinzip "standortgemäßer Waldbau" erläutern können;
- Rolle der Vogelbeere (Eberesche) im Oberharz - jetzt - erklären können.

Entsprechende Lernzettel erhalten die Schüler vor jeder Klausur. Für das Abitur werden diese Zettel vom Lehrer durchgesehen und ergänzt. Da diese Papiere den Schülern die dem Unterricht zugrunde liegenden Lehrziele verdeutlichen, können die Schüler so ihre Vorbereitung auf Klausur und Abitur besser organisieren.

Die Teilaufgaben eines größeren Aufgabenkomplexes sollten aufsteigende Schwierigkeitsgrade zeigen. Beispielsweise beginnt auch die Musteraufgabe "Ökosystem Fischteich" mit Reproduktion. Gut ist die Fragenfolge in Teilaufgabe 4, denn sie verlangt exakte Grundlagen, ehe die letzte Frage die Einordnung des Beispiels fordert.
Jedoch belegt die Aufgabenfolge auch einen Fehler dieses Vorschlages: Material und die ihm zugeordneten Fragen ergeben kein größeres Problem, sondern mehrere Problemchen - eine Schwäche vieler Abiturvorschläge.
Vorschlag 26, das "Verhalten von Löwen in der Sicht unterschiedlicher Theorien", ist in diesem Sinne günstiger, denn hier wird das Thema Theorie von verschiedenen Seiten her angefaßt und steht ganz im Mittelpunkt.

Aufgaben für Grund- und Leistungskurse

Die Unterscheidung von Abituraufgaben für Grund- und Leistungskurse ist schwierig: Die Einheitlichen Prüfungsanforderungen geben keine klar faßbaren Unterschiede an. Die Empfehlung zur Arbeit in der gymnasialen Oberstufe (Beschluß der KMK vom 2.12.1977) setzt mit der Forderung nach verstärkter wissenschaftspropädeutischer Erziehung in Leistungskursen einen deutlichen Akzent. Darüber hinaus betont diese Empfehlung Unterschiede zwischen Grund- und Leistungskursen im Hinblick auf
- die Zahl der Wochenstunden,
- die Komplexität des Unterrichtsstoffes,
- den Grad der Differenzierung und der Abstraktion der Inhalte und Begriffe,
- den Anspruch an die Methodenbeherrschung,
- die Forderung nach Selbständigkeit bei der Lösung von Problemen.

Es besteht also kein grundsätzlicher, wohl aber ein gradueller Unterschied zwischen den Anforderungen in Grund- und Leistungskursen. Deshalb sollte die Aufgabenstellung für das Abitur im Grundkursfach auch in den Materialien einen geringeren Komplexitätsgrad aufweisen und geringere inhaltliche Differenzierung verlangen als die Aufgaben für Leistungskurse. Im Grundkurs könnten andererseits auch verstärkt Arbeitsanweisungen gegeben werden, die dem Schüler helfen, seine Arbeit zu strukturieren.

Die vorgesehene Arbeitszeit (Niedersachsen: Leistungskurs 300 Min., Grundkurs 180 bzw. 210 Min.) verdeutlicht den gedanklich-inhaltlichen Unterschied beider Aufgabenstellungen.
Entsprechendes zeigt ein Vergleich der Vorschläge 1 (Grundkurs) und 2 (Leistungskurs): Beide Vorschläge setzen mit Reproduktion von Wissen ein. Dabei sollen nur die Leistungskursschüler, entsprechend dem wissenschaftspropädeutischen Bildungsauftrag der gymnasialen Oberstufe, den Modellbegriff anwenden und erläutern. Aufgabe 3.4 in Vorschlag 2 nimmt diesen Aspekt noch einmal auf. In Abb. 2.2 fehlt ein Graph, den die Leistungskursschüler einzeichnen und im Verlauf begründen sollen. Solche Leistung fordert mehr Verständnis als die von den Grundkursschülern verlangte Beschreibung und Erklärung des Verlaufs eines Graphen. Außerdem sollen die Leistungskursschüler in Aufgabe 2 herausfinden und begründen, daß es sich um die Injektion des Hormones Adrenalin handelt, während die Grundkursschüler diese Information in ihrem Text erhalten.
Aufgabe 3.3 schließlich verlangt von den Leistungskursschülern zusätzliche Überlegungen zum Wirkungsmechanismus von Hormonen.
Beide Vorschläge beziehen sich auf dasselbe Stoffgebiet. Das Anspruchsniveau der Aufgaben für den Leistungskurs ist jedoch deutlich höher, denn die Schüler müssen über differenzierteres, abstrakteres Wissen verfügen, sie müssen mehr Transfer leisten und zusätzliche Aspekte berücksichtigen.
Vorschlag 32 (Weizen und Koevolution) und Vorschlag 15 (Ökosystem Forst) wurden für Leistungskurse erstellt. Auch hier sind die zu bearbeitenden Sachverhalte differenzierter und komplexer als die in Grundkursvorschlägen wie Vorschlag 28 (Bluterkrankheit bei Hunden) und Vorschlag 19 (Reflexe).

5.2 *Die Korrektur*

Die Korrektur muß vollständig und eindeutig sein. Sie soll sinnvoll auf die Endnote hinführen. In diesem Sinne kennzeichnet der Lehrer im Text und am Rande Sachfehler, Fehler der Fachsprache und des Ausdrucks sowie Mängel in Rechtschreibung und Zeichensetzung, überflüssige Aussagen und Fehlstellen der Argumentation. Er erläutert die Eigenart der Fehler in kurzen Randbemerkungen und macht auch Vorzüge der Arbeit deutlich. Am Ende jeder Teil-

aufgabe notiert er noch einmal stichwortartig zusammenfassend die wichtigsten Fehlstellen und Vorzüge. Diese Bemerkungen zu den einzelnen Teilaufgaben gehen später in das Gutachten ein.
Nur mit Hilfe der eben skizzierten sorgsamen Korrektur kann der Lehrer Schülerleistungen angemessen erfassen und beurteilen.
Auch dem Koreferenten erleichtert eine sorgfältig durchgeführte und kommentierte Korrektur die Durchsicht erheblich. Gründliche Korrektur mit kurzen Kommentaren ist auch in den Klausuren wichtig, denn sie zeigt und erklärt dem Schüler Vorzüge und Fehler seiner Arbeit und bereitet ihn auf die Ansprüche des Abiturs vor.

5.3 *Bewertung*

Grundlage von Korrektur und Bewertung ist die Erwartete Lösung.
Sie wird schon beim Erstellen der Aufgaben in Umrissen festgelegt und enthält auch Aufgaben zur Verteilung von Bewertungseinheiten bzw. zur Gewichtung von Teilaufgaben. Gewichtung oder Verteilung von Bewertungseinheiten berücksichtigt die Schwierigkeit der einzelnen Teilaufgaben. Auch Überlegungen zur Art der Vorbereitung und damit zur subjektiven Schwierigkeit der Aufgaben für die jeweilige Schülergruppe gehen in die Bewertung ein.
Nach Durchsicht einiger Arbeiten präzisiert der Lehrer seine Erwartungen und teilt einzelnen Abschnitten der Lösungen Bewertungseinheiten zu. Das heißt, er erarbeitet ein exaktes Bewertungsschema. Einige Lehrer legen ihre Bewertung vor der Durchsicht von Arbeiten in allen Einzelheiten fest. Solch Vorgehen verzichtet auf jegliche Korrektur der Lehrererwartung und wirkt damit objektiv. Die Erfahrung lehrt jedoch: Erst die Arbeiten decken die leider fast immer vorhandenen Schwächen der Aufgabenstellung auf. Außerdem offenbaren die Arbeiten auch im Abitur noch Defizite des Unterrichtes, die nicht unbedingt den Schülern angelastet werden sollten.
Die präzisierte Erwartete Lösung ist die Grundlage der Korrektur.
Die anschließende Bewertung der Arbeiten wird durch das detaillierte Bewertungsschema wesentlich erleichtert.
Da hier Bewertungen in Zahlen erfaßt, dann addiert und schließlich in eine Endnote umgerechnet werden, stößt diese Form der Bewertung gelegentlich auf Skepsis. Dieses Mißtrauen ist unberechtigt! Denn was geschieht eigentlich bei der Vergabe von Bewer-

tungseinheiten? Kleine Teilabschnitte von Schülerarbeiten werden nach definierten Kriterien bewertet. Diese Bewertung erfolgt in Bewertungseinheiten (Rohpunkten). Selbstverständlich, man könnte diese Teilabschnitte - es handelt sich schon um Einzelabschnitte von Teilaufgaben - auch direkt mit gut oder befriedigend benoten. Nur müßten diese Noten je nach Bedeutung der Einzelabschnitte gewichtet werden. Dabei ergäben sich mühselige rechnerische Verfahren.

Das hier dargestellte Verfahren stützt und sichert also die Bewertung. Da es an definierten Kriterien, der präzisierten Erwarteten Lösung, orientiert ist, macht es die Bewertung vergleichbar und, da es kleine Abschnitte der Arbeiten erfaßt, macht es die Bewertung nachvollziehbar.

Das Bewertungsschema darf aber immer nur Knecht und nicht Herr sein, d.h. der Lehrer muß immer den Überblick darüber behalten, wie er nun eigentlich bewertet. Deshalb muß er im Hinblick auf die Teilaufgaben und auf die Arbeit insgesamt überlegen, welcher Note die hier erteilten Bewertungseinheiten entsprechen und ob sich diese Note mit dem Eindruck der erbrachten Leistung deckt. Ergibt sich bei solchen Überlegungen eine Diskrepanz zur errechneten Note, dann trügt der Gesamteindruck, oder aber das Bewertungsschema wurde nicht sinnvoll konstruiert oder angewendet. Das sollte nun geprüft werden.

Das eben skizzierte Vorgehen mit sorgfältig ausgearbeiteter Erwarteter Lösung und differenziertem Bewertungsschema bereitet oft Schwierigkeiten, denn die Vielfalt unterschiedlicher Schülerleistungen kann ein Lehrer nicht voraussehen und ein Schema nicht erfassen.

Grundsätzlich sollten nur ungewöhnlich gute und hervorragende Leistungen die volle Menge an Bewertungseinheiten erhalten, denn nur sie verdienen die damit erteilte Note "sehr gut mit Sternchen", also 15 KMK-Punkte. Außerdem sollte der korrigierende Lehrer bedenken, daß die präzisierte Erwartete Lösung die vollkommene Lösung nur unvollständig widerspiegelt: Sie erfaßt die geforderten Sachaussagen relativ genau, sagt aber über Argumentation und das Erfassen von Zusammenhängen wenig aus.

Beim Korrigieren von Klausurarbeiten fehlt häufig die Zeit zur Erstellung einer vollständigen Erwarteten Lösung: Hier ist es für den Lehrer zweckmäßig, die Erwartete Lösung stichwortartig zu notieren, mit Bewertungseinheiten zu gewichten und auf dieser Basis zu bewerten. Eine zusammenfassende Tabelle, die im Kopf stichwortartig Lösung samt Bewertungseinheiten (BE) enthält und in deren Zeilen die erteilten BE eingetragen werden, erleichtert die Übersicht auch bei Abiturkorrekturen. Bei den Klausurarbeiten notiert der Lehrer die in den Teilaufgaben erreichten Bewertungseinheiten. Er gibt außerdem bei Rückgabe der Arbeit die erreichbaren Bewertungseinheiten und den Bewertungsschlüssel bekannt.

Dieses transparente Verfahren kann dem Schüler Vertrauen in die faire Bewertung seiner Leistungen vermitteln. Darüber hinausgehend macht die Verwendung desselben Korrektur- und Bewertungsverfahrens bei Klausur- und Abiturarbeiten mit den Anforderungen des Abiturs vertraut. Beispielsweise ist es wichtig, daß die Schüler auch schon bei der Bewertung von Klausuren erfahren, daß es für Ausführungen, die von den Aufgaben nicht gefordert werden und die nicht zur Sache gehören, keine Punkte gibt, ja, daß solche Leistungen negativ bewertet werden können.

Die Bewertungstabelle veranschaulicht das eben Gesagte. Sie verdeutlicht aber auch Schwierigkeiten, die sich im Umgang mit dem Bewertungssystem ergeben, und zeigt, wie differenziert und situationsgerecht hier vorgegangen wird (vgl. S. 223 - 224).

In dieser Tabelle sind die Bewertungseinheiten, die die perfekte Lösung erhalten kann - oberste Zeile - oder die jeweilige Lösung erhält, eingekreist. Die jeweils in der oberen Reihe stehenden Zahlen geben die detaillierte Bewertung an, die Zahlen darunter entsprechen Zwischensummen.

Teilaufgabe 1 zeigt ein modifiziertes Bewertungsverfahren. Die perfekte Lösung ergibt 10 Bewertungseinheiten. Für Fehler werden jeweils 2 BE abgezogen.

Die vollkommene Lösung von Teilaufgabe 2.3 ergibt 6 Bewertungseinheiten. Geringere Leistungen erhalten pauschal weniger Bewertungseinheiten. Solche pauschale Zuweisung von Bewertungseinheiten bedeutet eine verkappte direkte Benotung. Diese direkte und undifferenzierte Benotung ist nur bei kurzen Teilaufgaben oder betont vager Aufgabenstellung angebracht.

Die Schülerin *Feitsch* (Name geändert) liefert eine fast vollständige Darstellung des Stickstoffkreislaufs und bekommt dafür 8 von 10 BE. Die Lösung zu Teilaufgabe 2 ist richtig, aber fachsprachlich nicht einwandfrei. Das ergibt 7 von 8 BE. Unter 2.2 bringt *Feitsch* im letzten Teil alle nötigen Details, aber die Argumentation ist unvollständig und brüchig, deshalb fehlen an dieser Stelle detaillierte Angaben über Bewertungseinheiten. Die Schülerin erhält 4 von 10 BE; denn ihre Leistung ist an dieser Stelle knapp ausreichend. Entsprechender Umgang mit dem Bewertungsschema findet sich im Hinblick auf den letzten Abschnitt von Teilaufgabe 2.2 auch bei *Stahl* und *Schmidt* (Namen geändert).
Diese Beispiele zeigen, wie sich das hier propagierte Bewertungssystem situationsgemäß anwenden läßt. Darüber hinaus verdeutlichen sie ein wichtiges Prinzip: Sachlich vollständige Lösungen, die fachsprachliche Mängel oder Lücken in der Argumentation aufweisen, dürfen nie voll bewertet werden.

5.4 *Gutachten und Endnote*

Die Gutachten zu den einzelnen Abiturarbeiten übernehmen aus der korrigierten Arbeit Hinweise auf Lösungen und Fehlstellen der einzelnen Teilaufgaben sowie die jeweils erteilten Bewertungseinheiten und verdeutlichen auf diesem Wege die konsequente Folge von Korrektur, Bewertung und Endnote. Mit den abschließenden Bemerkungen zeigen die Gutachten, daß die Beurteilung nicht ausschließlich nach einem starren Punktsystem erfolgt, sondern daß jede Arbeit auch als Ganzes gesehen und gewürdigt wird. S. 225 zeigt solch ein Gutachten.
Die Endnote ergibt sich durch Umrechnung der Bewertungseinheiten nach dem üblichen Umrechnungsschlüssel.
Der Fachlehrer wird, wie oben erörtert, reflektieren, ob der Gesamteindruck der Arbeit der errechneten Note entspricht.

Bewertungseinheiten und Endnote

Bewertungseinheiten (Prozent)	Notenpunkte	Note
0 - 19	0	ungenügend
20 - 26	1	mangelhaft
27 - 33	2	
34 - 40	3	
41 - 45	4	ausreichend
46 - 50	5	
51 - 55	6	
56 - 60	7	befriedigend
61 - 65	8	
66 - 70	9	
71 - 75	10	gut
76 - 80	11	
81 - 85	12	
86 - 90	13	sehr gut
91 - 95	14	
96 - 100	15	

5.5 *Musteraufgabe*

VORSCHLAG 42 - ÖKOLOGIE/GENETIK

Thema: Ökosystem Fischteich

Aufgabe

1 Erläutern Sie den Stickstoffkreislauf anhand einer Schemazeichnung.

2.1 Veranschaulichen Sie das im Text vorgestellte Verfahren mit Hilfe einer Schemazeichnung.

2.2 Erklären Sie die Funktion der einzelnen Teile des Fischteich-Hydrokultur-Systems. Untergliedern Sie Ihre Darstellung hier nach folgenden Gesichtspunkten:
- trophische Ebenen
- Sauerstoff- bzw. Kohlenstoffhaushalt
- Stickstoffhaushalt (detaillierter Vergleich mit dem unter 2.1 gezeichneten Schema)

2.3 Was meint die Aussage "die Menge (des ausgefaulten Dungs) bemißt sich nach dem Sauerstoffgehalt des Wassers"?

3 Bringen Sie Ihre genetischen Kenntnisse ein: Läßt sich diese Anlage durch viele Jahre so weiterführen?

4 Der Text erwähnt im letzten Teil "Vermeidung von Schimmelbildung durch Hydrokultur".
Erläutern Sie kurz den Begriff Hydrokultur.
Zeigen Sie kurz, wie Pilzkrankheiten, wie z.B. Schimmel, Organismen schädigen können.
Stellen Sie die verschiedenen Formen der Schädlingsbekämpfung anhand je eines Beispiels vor, erläutern Sie kurz Vor- und Nachteile der einzelnen Verfahren.
Erörtern Sie, wie sich die Bekämpfung von Schimmelpilz mit Hilfe von Hydrokulturen einordnen läßt.

5 Erläutern Sie anhand Ihrer bisherigen Ausführungen den Begriff System. Weshalb redet man gerade im Bereich der Ökologie immer wieder von Systemen?

6.1 Dem Verfasser des Textes mangelt es an exakten biologischen Kenntnissen. Erörtern Sie diese These anhand einzelner Textstellen (drei Beispiele).

6.2 Gehen Sie noch einmal auf den letzten Absatz des Textes ein, und erläutern Sie die Vorteile des im Text vorgestellten Verfahrens aus Ihrer Sicht.

Text 42.1 *Franz Peter Leibig*: Kurzschluß im Fischteich

Ein Berliner Institut produziert aus Kuhmist Energie, einen Speisefisch und Gemüse.

Lang und verlustreich ist der Weg von den Anfängen organischen Seins bis zu einer verzehrfähigen Form. Im Schnitt erreichen nur 10 Prozent der Nahrungsenergie das nächsthöhere Glied der Kette. Natürlich hat es nicht an Versuchen gefehlt, durch Kurzschließen der Nahrungskette den Eiweißbedarf der Menschheit möglichst verlustarm zu decken, z.B. durch "Kopplung eines höheren Glieds der Nahrungskette" - wenn schon nicht des höchsten - "an den Primärproduzenten (Alge) zur Nutzbarmachung eines unerschöpflichen Proteinreservoirs".

Das höhere Kettenglied heißt *Tilapia nilotica*, ein Buntbarsch und Speisefisch, der in Ostafrika seine Heimat hat. Er ist in der Lage, einzellige Algen aus dem Wasser zu filtrieren und als Nahrung zu verwerten. Diese Eigenschaft macht ihn zum Mittelpunkt eines Systems, das an der Technischen Universität Berlin von der "Interdisziplinären Projektgruppe für angepaßte Technologie" (IPAT) entwickelt wurde und das auf eindrucksvoll einfache Art Viehhaltung, Teichwirtschaft, Pflanzenproduktion und Energieerzeugung miteinander verbindet. Im einzelnen sieht das so aus:

Aus einem Kuhstall wird Schwemmist für den Betrieb einer kleinen Biogasanlage genutzt. Eine Tonne Mist produziert 80 m^3 Gas. Zur Ernährung einer natürlichen Algenflora werden täglich ca. 15 - 20 l des angefaulten Dungs in einen mit Styropor (gegen Wärmeverluste) und Plastikplanen ausgekleideten Teich (45 m^3) gekippt. Die Menge bemißt sich nach dem Sauerstoffgehalt des Wassers. Unter dem Einfluß von Sonnenlicht und Wärme - der Teich ist überglast - entsteht eine Algenflora, die zur Ernährung von ca. 60 *Tilapia*-Buntbarschen ausreicht. Bei Zufütterung (gemahlene Haushaltsabfälle, Fischfutter) läßt sich der Besatz erheblich stei-

gern. Weil die Tiere im Jugendstadium nicht in der Lage sind, Algen zu filtrieren, werden sie bis zur Fingerlingsgröße im Aquarium (Forellenfutter, Fischmehl, Weizenschrot) gehalten. In den Wintermonaten leisten ihnen einige Zuchtpaare Gesellschaft; denn während dieser Zeit bleibt der Teich für die kälteempfindlichen Algenfresser geschlossen.
Sobald im Frühjahr die Wassertemperatur 17 °C überschreitet, werden die Buntbarsche in zwei Netzen, nach Geschlechtern getrennt, in den Teich eingehängt. Die schmerzliche Trennung ist nötig, weil die Weibchen in der Brutphase nicht wachsen. Unter optimalen Bedingungen erreichen die Tiere nach einem 3/4 Jahr Portionsgröße (200 - 300 g). Über die Marktfähigkeit der Buntbarsche liegen in Mitteleuropa noch keine Erfahrungen vor. In einigen Ländern der Dritten Welt, für die das System in erster Linie entwickelt wurde, gilt *Tilapia* als vorzüglicher Speisefisch.
Zur Reinigung des Teichwassers von den Ausscheidungen der Fische wird ständig ein kleiner Strom durch eine Pumpe in einen höher liegenden Sammelbehälter gefördert, von wo sich das Wasser über ein Schlauchsystem auf verschiedene Gemüsehydrokulturen (Gurken, Bohnen, Tomaten) verteilt. Die Unterbringung von Pflanze und Tier unter einem gemeinsamen Glasdach (Gesamtfläche: 100 m^2) gewährleistet den für das Wachstum wichtigen Gasaustausch. Saugheber, die nach dem System der kommunizierenden Röhren arbeiten, sorgen dafür, daß die Hydrokulturgefäße periodisch gefüllt und wieder in den Teich entleert werden, so daß Fäulnis und Schimmelbildung vermieden werden.
Der Fischteich-Treibhaus-Komplex ermöglicht bei minimaler Energiezufuhr und ohne Aufwand von Rohstoffen eine hohe Tier- und Pflanzenproduktion und ist deshalb besonders für Länder der Dritten Welt geeignet.

(Quelle: *F.P. Leibig*: Kurzschluß im Fischteich. Flur und Furche, Nov./Dez. 1977, leicht verändert)

Erwartete Lösung zu Vorschlag 42

Aufgabe	Erwartete Lösung	Lernzielstufe
1	Schema: Pflanzen, Tiere; Mikroorganismen, Nitrifikation, Denitrifikation; bakterielle Stickstoffbindung.	I
2.1	Schema: Ausgefaulter Dung, Algen; Fische, Gemüsekultur.	II
2.2	Primärproduzent: Alge und Gemüse; Konsument 1. Ordnung: Fisch; Atmung und Photosynthese-Gasaustausch; Stickstoffzufuhr durch Dung; Reduktion durch Mikroorganismen; Aufnahme durch Pflanzen; Fische als Eiweißkonsumenten; Output durch Fisch- und Gemüseernete; keine geschlossenen Kreisläufe.	III
2.3	Zuviel der energiereichen organischen Substanz könnte zu Sauerstoffmangel bei den Fischen führen.	II
3	Auftreten von Mutationen, die nicht selektiert werden; erhöhte Anfälligkeit; Inzucht.	II
4	Verzicht auf das Substrat Erde; Benutzung geeigneter Mineralsalzlösungen; Pilze nutzen organische Substanz der Organismen. Chemische Schädlingsbekämpfung, z.B. DDT, billig.	I
	Biologische Schädlingsbekämpfung teuer. Beispiel: Schildlaus-Schlupfwespe. Integrierte Schädlingsbekämpfung durch gezielte Kombination verschiedener Verfahren, verlangt genaue Kenntnis des Systems.	II
	Integriertes Verfahren vergleichbar mit Fruchtfolge in der Landwirtschaft.	III
5	Systeme erfassen eine endliche Menge von Elementen und deren Beziehungen. Bei Ökosystemen eine Fülle von Wechselbeziehungen wichtig, deshalb linearkausaler Ansatz ungeeignet.	I
6.1	Keine Energie aus Kuhmist; jede Rinderhaltung genau so kurzgeschlossen; Reinigung des Teichwassers naiv.	II
6.2	Nutzung von Sonnenenergie; hohe Nahrungsmittelproduktion/qm; kein Bedarf an mineralischem Dünger.	III

(aus *von Falkenhausen, E.*: Wissenschaftspropädeutik im Biologieunterricht. Aulis Verlag, Köln 1985)

Präzisierte Erwartete Lösung zu Vorschlag 42

		BE
1	Schema berücksichtigt: Eiweißsynthese der Pflanzen: Aufnahme pflanzlichen Eiweißes durch Tier und Mensch; Abbau durch Mikroorganismen und Freisetzung von Ammoniumionen durch Mikroorganismen; Nitrifikation; Denitrifikation; bakterielle Stickstoffbindung; pro Fehler 2 BE Abzug.	10
2.1	Schema berücksichtigt: Ausgefaulten Dung, Algen, Fische, Gemüsekultur; evtl. schon Ernte von Fisch und Gemüse.	8
2.2	Primärproduzenten: Algen, Gemüse (2 BE); Konsument 1. Ordg. Fisch für Algen, Mensch für Gemüse; Konsument 3. Ordg. Mensch (je 2 BE); Gaswechsel (2 BE); eingeführte organische Substanz (1 BE); organische Substanz Alge zum Barsch (1 BE); Fisch abgeführt (2 BE); organische Substanz Gemüse abgeführt (1 BE). Stickstoffzufuhr durch Dung (2 BE); mineralisiert durch Mikroorganismen (1 BE); Aufnahme von Ammoniumionen und Nitraten durch Algen und Gemüse (2 BE); Aufbau von pflanzlichem Eiweiß in Alge und Gemüse; pflanzliches Eiweiß an Fisch (1 BE); Abgang von Fisch (1 BE); Abgang von Gemüse (1 BE); "aufgeschnittene" Kreisläufe (2 BE):	22
2.3	Zufuhr organischer Substanz führt zur Vermehrung atmender Bakterien (4 BE); ergibt Sauerstoffmangel beim Fisch (2 BE).	6
3	Einengung des Genpools durch wenige Zuchtpaare (3 BE); ergibt Paarung verwandter Tiere, führt zu reinerbigen Tieren (3 BE); rezessiv vererbte Anlagen für Defekte werden manifest (4 BE).	10
4	Substrat Erde durch Wasser und Mineralsalze ersetzt (2 BE); Parasit Pilz nutzt organische Substanz der befallenen Organismen (1 BE); chemische Schädlingsbekämpfung nutzt ungezielt chemisch erstellte Substanzen wie DDT (1 BE); Vorteil billig und leicht zu handhaben (1 BE); Nachteile: Anreicherung in Nahrungskette (1 BE); schädigt auch Nützlinge wie andere Insekten (1 BE); führt zu resistenten Schädlingen (1 BE); biologische Schädlingsbekämpfung als gezielter Einsatz von Organismen, Beispiel Schildlaus/Schlupfwespe (2 BE); Vorteil geringer Eingriff ins Ökosystem (1 BE); Nachteile mühsam, meist fehlen geeignete Organismen (1 BE). Integrierte Schädlingsbekämpfung als gezielter Einsatz kulturtechnischer, biologischer und chemischer Verfahren z.B. ökologisch orientierter Waldbau (2 BE). Vorteil: Geringer Eingriff ins Ökosystem (1 BE); Nachteil: Erfordert subtile Sachkenntnis; arbeitsaufwendig (2 BE); Behandlung des Schimmelpilzes unter biologischer, evtl. unter integrierter Schädlingsbekämpfung eingeordnet (5 BE).	22

5 Systeme erfassen eine endliche Menge von Elementen und deren Beziehungen, haben als Ganzes andere Eigenschaften als die Summe der Elementareigenschaften (2 BE); bei Ökosystemen immer eine Fülle von Wechselbeziehungen wichtig, deshalb monokausaler Ansatz ungeeignet (2 BE); Beziehung zum Beispiel (2 BE). 6

6.1 Drei Beispiele: z.B. Aussage über Gefühle von Fischen sind nicht falsifizierbar, also im naturwissenschaftlichen Sinne nicht korrekt (4 BE); jede Rinderhaltung genauso kurz geschlossen (3 BE); Ausdruck "Reinigung" von Teichwasser unzutreffend, dafür Aufnahme von Mineralstoffen (3 BE). 10

6.2 Nutzung von Sonnenenergie effektiv (2 BE); hohe Nahrungsmittel- bzw. Eiweißproduktion (wichtig in Entwicklungsländern) pro m^2 (2 BE), kein Bedarf an mineralischem Dünger (2 BE). 6

Bewertungstabelle zu Vorschlag 42

Stahl	Schmidt	---	Feitsch	Engel	Name / BE		
(6)	(5)		(8)	(8)	(10)		1 Eiweißsynthese Tier Mensch Abbau Nitrifikation Denitrifikation bakt. Stickstoffbindung
(7)	(7)		(7)	(6)	(8)		2.1 Dung, Algen Fische, Gemüse
	1		1	1		1	2.2 Primärproduzenten
1	2		2	1		2	Konsumenten I
	2		2	1		2	Konsumenten II/III
	2		2			2	Gaswechsel
1	1					1	eingef. organ. Substanz
2	1			1		1	Alge/Barsch
1	2		2			2	Fisch abgeführt
				1		1	Gemüse abgeführt
						2	Dung-Stickstoff
						1	Mineral. Mikroorgan.
5	4		4	1		2	Aufnahme Ammonium u. Nitrat
				1		1	pflanzl. Eiweiß Fisch
						1	Abgang Fischeiweiß
				1		1	Abgang Gemüseeiweiß
(10)	(15)		(13)	(11) 2	(22)	2	aufgeschnittene Kreisläufe
(0)	(0)		(5)	(5)	(6)		2.3 Zufuhr organ. Substanz Vermehrung aerober Bakt.; Sauerstoffmangel bei Fischen
1				1		3	3 Einengung des Genpools;
						3	reinerbige Tiere;
(1)	(0)		(0)	(1)	(10)	4	Defekte
1	2		2			2	4 Erde ersetzt
	1		1			1	Pilz nutzt organ Substanz
1						1	chem. Schädlingsbekämpfung
	1					1	Vorteile
	1					1	Nachteile: Nahrungskette
	1					1	Nachteile: Nützlinge
	1					1	Nachteile: Resistenz
							biolog. Schädlingsbekämpfung

Fortsetzung Bewertungstabelle zu Vorschlag 42

2 (4)	2 1 1 (12)		2 1 2 5 (13)	1 1 2 5 (8)	(22)	2 1 1 2 1 2 5	Beispiel Vorteil Nachteil integrierte Schädlings-bek. Beispiel Vorteil Nachteil Schimmelpilz
(0)	1 1 (2)		2 2 1 (5)	1 2 2 (5)	(6)	2 2 2	5 Systeme monokausaler Ansatz Bez. zum Beispiel
1 (1)	3 (3)		3 2 2 (7)	(0)	(10)	4 3 3	6.1 Beispiel 1 Beispiel 2 Beispiel 3
(0)	1 (1)		2 2 (4)	1 1 (2)	(6)	2 2 2	6.2 Sonnenenergie Produktion hoch kein Bedarf an min. Dünger
29	45	---	62	46	100		BE
02	04	---	08	05	15		Noten- punkte

Gutachten zur schriftlichen Abiturarbeit im Fach Biologie

Name: *Corinna Engel* (Name geändert)

Teilaufgabe	Lösung / Fehlstellen	BE erreicht	BE erreichbar
1	Denitrifikation fehlt, sonst vollständig	8	10
2.1	Zeichnung ungeschickt angelegt, Gemüse nicht berücksichtigt.	6	8
2.2	Zahlreiche Fehler deuten auf mangelndes Fachwissen hin. Daneben wird Wesentliches richtig gesehen. Zusammenhänge werden korrekt dargestellt.	11	22
2.3	In allen wesentlichen Aussagen richtig; kleine Mängel in Fachsprache und Argumentation.	5	6
3	Der wichtige Begriff Genpool taucht auf, doch sonst fehlen alle hier wichtigen Fachbegriffe; die Argumentation ist verworren und bezeugt Unverständnis.	1	10
4	Die integrierte Schädlingsbekämpfung wird richtig gesehen. Auch die Einordnung des Schimmelpilzes ist korrekt und sorgfältig begründet. Alle anderen Aussagen zeugen von einem bemerkenswerten Mangel an Fachwissen.	8	22
5	Systembegriff richtig, aber nicht klar genug; Ökosystem richtig erfaßt.	5	6
6.1	Einige wirre Angaben, die sich nicht bewerten lassen.	-	10
6.2	Die Begriffe Sonnenenergie und hohe Produktion werden genannt, jedoch fehlt eine sachlich fundierte Darstellung der Zusammenhänge.	2	6
		46	100

Corinna argumentiert geschickt und zeigt bei der Bearbeitung der Teilaufgaben 2.2, 4 und 5 Verständnis der anstehenden Probleme. Da ihr aber fast überall Sachkenntnisse fehlen, kommt es zu einer schwach ausreichenden Leistung.

...................., den .... Endnote: 05 Punkte

Referent(in)

Koreferent(in)

5.6 *Objektivität, Reliabilität, Validität*

Das hier vorgestellte Verfahren ist durch klare und präzise Aufgabenstellung, durch eine an Kriterien orientierte Bewertung sowie durch eine geschlossene Folge von Korrektur, Bewertung und Endnote charakterisiert. Gegenüber den Gewohnheiten vergangener Zeiten bedeutet das einen gewaltigen Fortschritt (*Eschenhagen, Kattmann, Rodi* 1985, S. 398 ff). Jedoch entspricht der hier geschilderte Umgang mit Abituraufgaben und Abiturarbeiten nicht den Anforderungen der Testtheorie (*Ingenkamp* 1973, *Mertens, Strittmater* 1977) in bezug auf Objektivität, Reliabilität und Validität.

Zur Objektivität: Würden verschiedene Beurteiler der gleichen Arbeit zum selben Ergebnis kommen? Lehrer beurteilen die Qualität von Sachfehlern und in viel stärkerem Maße noch Fehler in der Argumentation sowie in der Darstellung von Zusammenhängen durchaus unterschiedlich. Das sah ich in meiner Funktion als Fachberaterin bei der Durchsicht von zensierten Abiturarbeiten in jedem Jahr von neuem. Die Länder mit Zentralabitur benutzen, um mit diesem Problem zurande zu kommen, ein kompliziertes System von Erst-, Zweit- und Drittkorrekturen. Bewertung und Benotung sind also nicht objektiv. Jedoch erlaubt das hier vorgestellte, an Kriterien orientierte und transparente Verfahren eine vergleichbare Beurteilung von Arbeiten einer Schülergruppe. Es läßt sich deshalb als objektiviertes Verfahren bezeichnen.

Zur Reliabilität: Führen wiederholte Bewertungen der gleichen Schülerarbeit durch dieselbe Person zum selben Ergebnis? Erfahrene Lehrer korrigieren einzelne Aufgabenkomplexe oder auch alle Arbeiten einer Lerngruppe in einem Zuge, oft bis tief in die Nacht hinein. Denn sowie die Korrektur durch eine Nacht und einen Vormittag voller Unterricht durchbrochen wird, besteht die Gefahr, daß gleiche Lösungen unterschiedlich bewertet werden. Diese Erfahrung belegt: Die hier dargestellten Verfahren sind nur in einem sehr eingeschränkten Sinne reliabel.

Zur Validität: Mißt das Abiturverfahren das, was es zu messen vorgibt? In Ländern mit Zentralabitur gehen die Erfahrungen von Lehrern mit vorangegangenen Abituraufgaben in das Unterrichtsgeschehen mit ein. Unterricht und Prüfungsaufgaben orientieren

sich an den Richtlinien. Damit bereitet der Unterricht die Schüler hinreichend auf die Abituraufgaben vor. Andersherum gesagt: Die Abituraufgaben messen wirklich, wie weitgehend die Schüler die in den Richtlinien vorgesehenen Lernziele abdecken bzw. erreichen, sie sind also valide.
Für die Länder ohne Zentralabitur gilt Entsprechendes: Auch hier orientieren sich Abituraufgaben und Unterricht an den geltenden Richtlinien. Darüber hinaus bereitet der Lehrer in *seinem* Unterricht auf die Bewältigung *seiner* Abituraufgaben vor und trägt auf diesem Wege zur Validität des Verfahrens bei. Jedoch sind Unterricht und Abituraufgaben nie deckungsgleich; denn Unterricht umfaßt sehr viel mehr als nur Abiturvorbereitung. Die Validität ist also begrenzt.
Das gegenwärtige Vorgehen beim Abitur läßt sich also nicht als streng objektiv, reliabel und valide bezeichnen.
Vielleicht ist jedoch ein sinnvolles Maß an Objektivität, Reliabilität und Validität bereits erreicht. Selbstverständlich: Im Sinne einer gerechten Auswahl von Bewerbern für einen Ausbildungsplatz wäre eine genormte und exakte Bewertung der Leistungen aller Bewerber wünschenswert. Wenn das Abitur jedoch die Funktion eines genormten Tests übernehmen sollte, müßten alle Abiturienten dieselben objektiv und reliabel bewertbaren Testaufgaben - multiple-Choice-Aufgaben und ähnliches - bearbeiten. Um Chancengleichheit zu gewährleisten, müßte ebenso standardisierter Unterricht mit Hilfe genormter Medien zur Ausschaltung der Fehlerquelle Lehrerindividualität vorangehen. Jeder Unterricht, der nicht auf *den* Test ausgerichtet wäre, besäße in Schüleraugen geringen Wert. Hingegen verlangen die Lösungen der heute üblichen Abituraufgaben Sachwissen, Auswertung von Texten und Graphen, Diskussion von Ergebnissen und sorgfältige Darstellung größerer Zusammenhänge. Unterricht, der auf dieses Abitur hinzielt, muß all das einbeziehen. Da der heute übliche Unterricht eben nicht linear auf das Abitur hinführt, bleibt Zeit für ruhiges Beobachten von Goldhamstern, für Diskussionen über die Verantwortung einzelner oder über die Bedeutung der Evolutionslehre, also für all die wichtigen Elemente des Unterrichts, die objektive, reliable, valide Leistungsmessung nicht berücksichtigen kann.

6 Die mündliche Abiturprüfung

6.1 *Der äußere Rahmen*

In Niedersachsen erbringt der Prüfling die mündliche Leistung nach halbstündiger Vorbereitung während des kurzen Zeitraumes von 20 min. im Schülervortrag und im anschließenden Zwiegespräch mit dem Prüfenden. Für den Prüfer kommt es darauf an, sich aus den unmittelbaren Äußerungen des Schülers ein Urteil zu bilden, das der Protokollant anhand seiner Notizen ergänzt und bestätigt oder korrigiert. Zusammen mit dem Prüfungsvorsitzenden legt die Prüfungskommission die Note fest.
Damit unterscheidet sich die mündliche Prüfung schon in den äußeren Bedingungen erheblich von der schriftlichen Prüfung: Mit der schriftlichen Abiturarbeit produziert der Schüler eine dauerhafte Unterlage. Dadurch können Leistungen nebeneinander gelegt und ohne Zeitdruck bewertet werden. In der mündlichen Prüfung sind hingegen die vom Protokollanten nur notdürftig festgehaltenen Schüleräußerungen vergangen, ehe der Prüfer seine Note vorschlägt und dann innerhalb weniger Minuten mit den übrigen Mitgliedern der Prüfungskommission erörtert.

6.2 *Anforderungen*

Die *Einheitlichen Prüfungsanforderungen* besagen, daß die mündliche Prüfung folgendes feststellt:
- sichere Verfügbarkeit von Wissen
- Überblick über Zusammenhänge
- Verständnis für fachspezifische Arbeitsweisen
- Reaktionen auf Fragen und Einwände
- fachgerechte freie Darstellung

Wissen, Zusammenhänge und fachspezifische Arbeitsweisen verlangt schon die schriftliche Prüfung. Hingegen treten mit der Nennung von "Reaktionen auf Fragen und Einwände" sowie "fachgerechte freie Darstellung" neue Anforderungen auf.

Horcht man während der Urteilsfindung nach der mündlichen Prüfung auf die vorgebrachten Argumente, so finden sich zwar auch Äußerungen wie "A wußte einfach gar nichts". Vorherrschend sind jedoch Aussagen wie "B hatte überhaupt keinen Durchblick", "C zeigte enormes Wissen, aber mit den Fragen des Prüfers wußte er nichts anzufangen" oder "Die klare und umfassende Darstellung machte einen vorzüglichen Eindruck". Das heißt: Die mündliche Prüfung setzt einerseits mit der Betonung von Zusammenhängen und Verknüpfungen andere Akzente als die schriftliche Prüfung, zum anderen kommen mit der Forderung nach freier Darstellung und nach Reaktion auf Fragen und Einwände neue Momente hinzu.
Die Kunst des Prüfenden sollte darin bestehen, in der Aufgabenstellung und im Gespräch Kenntnisse zu erfragen, Einsicht in Zusammenhänge zu überprüfen und Denkprozesse zu initiieren. Das Prüfungsergebnis hängt auch vom Geschick des Prüfers ab!
Im folgenden untersuche ich anhand verschiedener Abituraufgaben, welche Möglichkeiten unterschiedliche Aufgaben dem Prüfling, dem prüfenden Lehrer und schließlich der urteilenden Prüfungskommission bieten.

6.3 *Vier Musteraufgaben für das mündliche Abitur*

Aufgabe 1 Nervenphysiologie
Thema: Muskelspindelreflex

1 Erläutern Sie: graue Substanz; weiße Substanz; Spinalganglion; Motoneuron; Pyramidenbahn!

2 Welche in der Abb. 1.1 dargestellten Nervenbahnen verlaufen in der vorderen und welche in der hinteren Wurzel des entsprechenden Rückenmarksegments?

3 Erläutern Sie die verschiedenen Eingänge bei einem Alpha-Motoneuron und ihre Wirkung auf die Erregungsleitung des Alpha-Motoneurons! (s. Abbildung).

4 Zeigen Sie in einem Schema den Einfluß eines Gamma-Motoneurons auf ein Alpha-Motoneuron!

5 Welche Funktion würden Sie dem Sehnenorgan zuschreiben?

6 Entwerfen Sie ein Schema, in dem die Einflüsse von Muskelspindeln und Sehnenorganen eines Streckmuskels auf je ein Alpha-Motoneuron des Streck- und des Beugemuskels dargestellt sind.

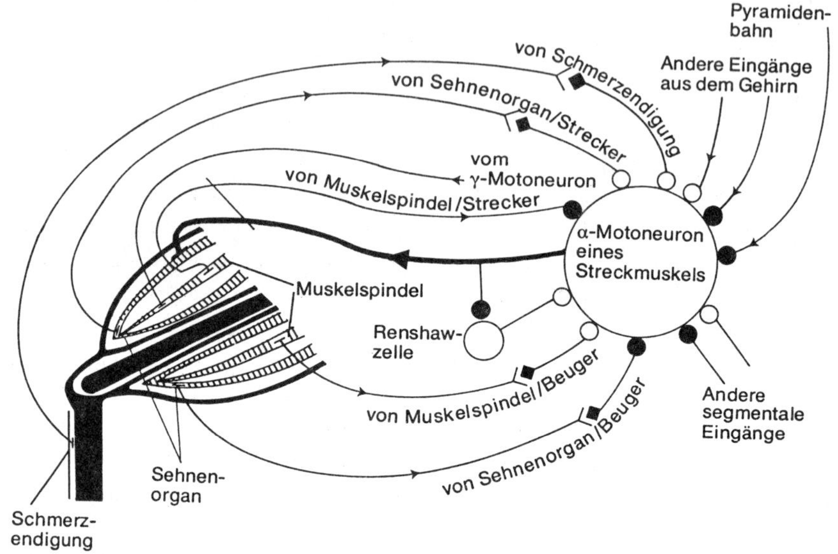

Abb. 1.1: Die verschiedenen Eingänge bei einem α-Motoneuron, schematisch. —● erregende Synapse; —○ hemmende Synapse; —≪◆— = Interneuron (aus *Bäßler, W.*: Sinnesorgane und Nervensystem. Metzler, Stuttgart 1975)

Erwartete Lösung zu Aufgabe 1

1 Erläuterungen nach Lehrbuch/Unterricht.

2 Alle sensorischen Bahnen verlaufen in der hinteren, alle motorischen Bahnen in der vorderen Wurzel.

3 Darlegung der verschiedenen Regelmechanismen; Antagonistenhemmung bei Beuger und Strecker; Eingangs- und Ausgangsbeziehungen des Alpha-Motoneurons.

4 Erwartet wird etwa die Lösung lt. Abbildung auf Seite 231.

5 Dehnungsempfindliches Organ, wirkt dem Muskelspindelregelkreis entgegen! Erläuterung an der Abbildung.

6 Erwartet wird etwa die Lösung lt. Abbildung auf Seite 231.

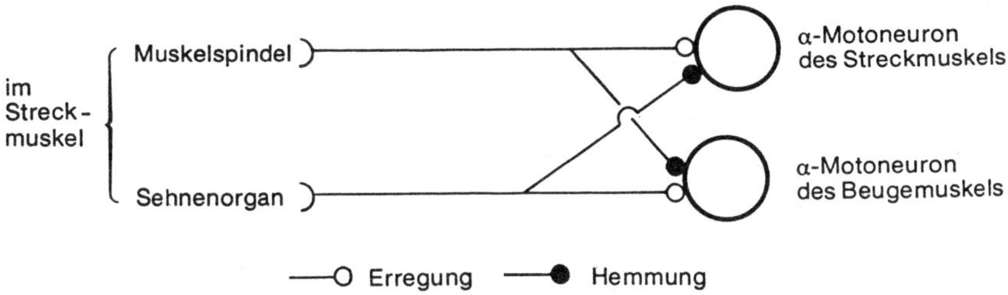

Lösung zu Aufgabe 1.4
(aus *Bäßler, W.*: Sinnesorgane und Nervensystem. Metzler, Stuttgart 1975)

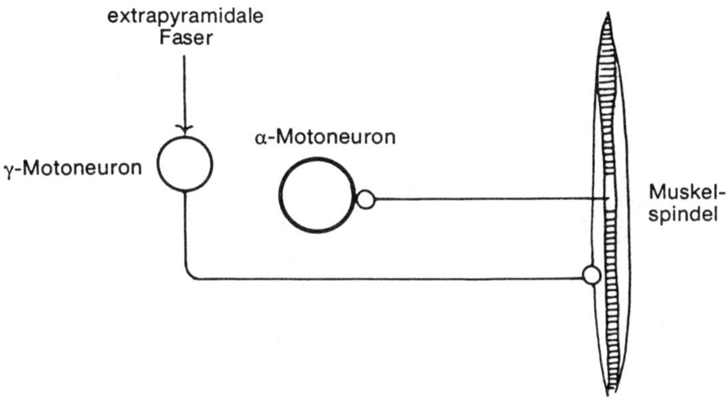

Lösung zu Aufgabe 1.6
(aus *Bäßler, W.*: Sinnesorgane und Nervensystem. Metzler, Stuttgart 1975)

Aufgabe 2 Ökologie/Verhaltenslehre/Stoffwechselphysiologie
Thema: Seekühe als Haustiere

1 Geben Sie den Text in wesentlichen Punkten wieder.

2 Äußern Sie sich - vom Text ausgehend - über den Körperbau der Tiere.

3 Gehen Sie auf den Stoffwechsel der Tiere ein. Berücksichtigen Sie dabei vor allem den Eiweißstoffwechsel!

4 Welche verhaltensbiologischen Fragen müssen geklärt werden, bevor der Plan, die Tiere als Haustiere zu halten, realisiert werden kann?

Zusatzfragen (erst in der Prüfung)

1 Wodurch kommt es zur Zunahme der Wasserpflanzen?
2 Welternährung

Text 2.1

Seekühe als Haustiere?
Haltung als Fleischtiere und zur Vertilgung von Wasserpflanzen

Die Sirenen der Odyssee, die Seekühe - ihr zoologischer Name ist Sirenia - sollen zum Haustier und zum "Umweltschützer" werden. Wissenschaftler aus zehn Ländern trafen sich kürzlich in Georgetown, Guayana, um Möglichkeiten zu erörtern, die diese bisher wenig bekannten Wassertiere bieten (New Scientist, Bd. 63, S. 238). Das einwöchige Symposion endete mit der Empfehlung, ein Zentrum zur Erforschung der Biologie der Lamantina oder Buntschwanzseekühe in Guayana zu errichten; die Familie der Lamantina (Manatidae) lebt in drei Arten an den Küsten und in den Flüssen Westafrikas, in der Karibik und in Brasilien. Wie alle Seekühe sind sie gesellige Huftiere, die den Elefanten nahe verwandt sind. Sie haben durch die Anpassung an ihren Lebensraum jedoch viele Körpermerkmale entwickelt, die an die der Wale erinnern. So sind ihre Vorderfüße flossenartig, die Hintergliedmaßen fehlen, der Schwanz ist als Horizontalflosse ausgebildet, und sie haben eine dicke Fettschicht am ganzen Körper. Seekühe ernähren sich von Sumpf- und Wasserpflanzen, haben ein saftiges, wohlschmeckendes Fleisch und eine freundliche "Wesensart".
Wegen dieser drei Eigenschaften hofft man, Seekühe in Zukunft in tropischen Gewässern als Haustiere halten zu können. Zur Beseitigung von Wasserpflanzen sind Lamantina in Guayana schon seit vielen Jahren genützt worden, zur Reinigung von Zierbecken im Botanischen Garten von Georgetown bereits seit 1885. Einen etwa 600 Meter langen Kanal, der als Frischwasserreservoir benutzt wird, halten seit Jahren nur zwei Seekühe von Wasserpflanzen frei - eine Arbeit, mit der früher im Abstand von mehreren Wochen zwei Männer zehn Tage lang beschäftigt waren.
Die Zunahme von Wasserpflanzen bereitet in tropischen Ländern ernste Schwierigkeiten. Im Sudan beispielsweise sind etwa 400 km des Nils mit einer dichten Schicht von Wasserhyazinthen bedeckt.

Im Kongo wurden weite Gebiete von der Bevölkerung verlassen, weil die Boote den "Dschungel" der Wasserpflanzen auf dem Fluß nicht mehr durchdringen konnten.
Seekühe vertilgen täglich ein Viertel ihres Eigengewichtes an Wasserpflanzen und setzen diese in Fleisch um. Sie würden somit gleichzeitig ein guter "Verwerter" von Rohstoffen, die dem Menschen dann in Form von Eiweiß und Fetten zugute kommen könnten. Außer dem wohlschmeckenden Fleisch sind auch ihre Häute und Knochen zu verwerten.
Ob es gelingen wird, die Seekühe als "Wasserreiniger" und Fleischlieferanten zu benutzen, wird vor allem davon abhängen, wie bald Näheres über ihre Lebensweise bekannt wird. Bisher kennt man weder die Dauer der Tragzeit, das Alter der Geschlechtsreife, die Häufigkeit der Würfe noch ihre Lebenserwartung. Auch über ihr Sozialverhalten - ob es beispielsweise möglich sein wird, sie in großen Herden zu halten - weiß man nichts. Fragen dieser Art sollen nun an dem in Guayana vorgesehenen Forschungsinstitut untersucht werden. Auch die Haltung der Bevölkerung gegenüber den Seekühen soll durch Anthropologen zunächst festgestellt und, wenn nötig, positiv beeinflußt werden, um unnötigen Tötungen vorzubeugen.
(F.A.Z. 1974)

<u>Erwartete Lösung zu Aufgabe 2</u>

Vgl. Anm. S. 241.

<u>Aufgabe 3</u> Stoffwechselphysiologie/Evolution
<u>Thema</u>: Der Eisfisch

In den antarktischen Meeren gibt es ein einzigartiges biologisches Phänomen: Fische mit weißem Blut. Wegen ihrer Durchsichtigkeit tragen sie u.a. den Namen "Eisfische". Ihre Existenz stellt die Biologen vor beträchtliche Probleme: Wie leben diese bis zu 60 cm langen Fische ohne rote Blutkörperchen?
Text 3.1 beschreibt die bisher erzielten Erkenntnisse zur Lebensweise und Anatomie der Eisfische.

1. Erläutern Sie anhand der Abbildung, wie der O_2-Transport im Blut der Wirbeltiere normalerweise gewährleistet ist.

2. Werten Sie den Text 3.1 aus.
   Zeigen Sie dabei zunächst mit Bezug auf die Abbildung das Problem, das sich für die O_2-Versorgung dieser Fische ergibt. Gehen Sie dann auf die Faktoren ein, die den Eisfischen vermutlich das Überleben in ihrer Umwelt ermöglichen. Verwenden Sie dabei auch die Aussagen, die sich aus dem *Hagen-Poiseulle*schen-Gesetz (Information 3.1) ableiten lassen.

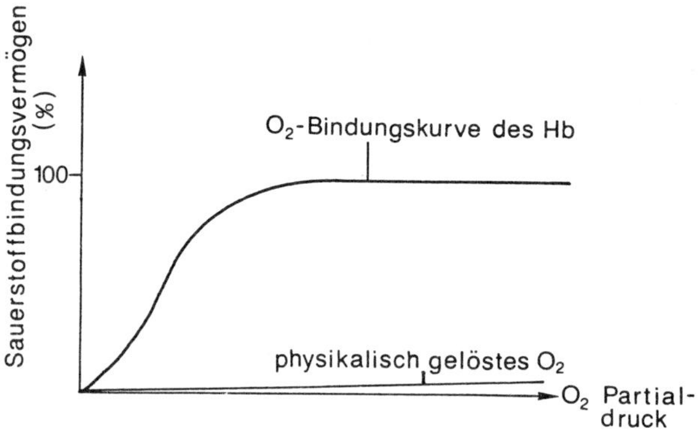

Sauerstofftransport im Blut von Wirbeltieren mit Hämoglobin

Information 3.1

*Hagen-Poiseulle*sches Gesetz: Abhängigkeit des Flüssigkeitsvolumens, das in einer bestimmten Zeit durch eine Röhre fließt, von verschiedenen Faktoren

$$V = \frac{\Delta p \cdot \pi \cdot r^4}{\eta \cdot \varrho \cdot 8}$$

Δp = Druckunterschied
V = Volumen der strömenden Flüssigkeit
r = Radius
η = Viskosität
ϱ = Dichte

Text 3.1 Der Eisfisch

Der Eisfisch, auch Weißblutfisch genannt, hat erstaunlicherweise die antarktischen Gewässer mit 16 bekannten Arten besiedelt. Die Eisfische leben dort u.a. in Bereichen, wo das Wasser gut belüftet und nahrungsreich ist und die Temperatur im Laufe des Jahres nur zwischen 2 bis 3 °C und 1,7 °C schwankt.
Dem Blut dieser Fische fehlen die roten Blutkörperchen und das O_2-transportierende Hämoglobin. Das Fehlen des Hämoglobins verleiht dem Blut Transparenz, ein schwach gelblicher Farbton wird durch weiße Blutkörperchen hervorgerufen. Wie Tests ergaben, ist die im Blut gelöste O_2-Menge nicht größer als die, welche normalerweise im Blutplasma gelöst werden kann.
Es gelang bei einigen der Eisfischarten, geringe Mengen von roten Blutkörperchen nachzuweisen, diese zerfallen jedoch bald nach ihrer Bildung wieder. Die sauerstoffaufnehmende Kiemenfläche unterscheidet sich nicht von der anderer antarktischer Fische. Dagegen sind Innendurchmesser der Blutgefäße und das Herz vergrößert. Der Eisfisch besitzt fast keine Schuppen, und die relativ dünne Haut ist dicht von Blutgefäßen durchzogen.

Erwartete Lösung zu Aufgabe 3 | %

1. O_2-Transport weitgehend an Hb gebunden, Erläuterung der O_2-Bindungskurve des Hämoglobins. — 20
2. Problematik der O_2-Versorgung - der benötigte Sauerstoff kann nur physikalisch gelöst transportiert werden, Sauerstoffkapazität des Blutes unter 10 % des Wertes für Blut mit Hb. — 20

   Gleichmäßig niedrige Temperatur bewirkt hohen O_2-Gehalt des Wassers, (geringe Stoffwechselrate bei den kaltblütigen Fischen), — 10

   erhöhtes Blutvolumen durch erweiterte Blutgefäße und vergrößertes Herz (verminderte Viskosität) - Nachweis am *Hagen-Poiseulle*schen-Gesetz, — 20

   evtl. Hautatmung möglich, (Erythrozyten als Evolutionsrelikte - Hinweis auf Abstammung). — 10

Die in Klammern gesetzten Ergebnisse werden erst im Prüfungsgespräch erwartet. — (+20)

Aufgabe 4 Ökologie/Stoffwechsel/Evolution
Thema: Afrikanische Mistkäfer

1 Stellen Sie die besonderen Formen der Anpassung, die afrikanische Mistkäfer zeigen, zusammen.

2 Erläutern Sie den Zusammenhang zwischen Lebensweise der Käfer, Körpergewicht und Brusttemperatur - ziehen Sie dabei die Graphik heran.

3 Geben Sie für den heimischen Mistkäfer an, welche Planstelle er im Ökosystem Wald innehat.

4 Während sich in Afrika mehr als 2.000 Mistkäferarten nachweisen lassen, gibt es in Mitteleuropa nur etwa ein halbes Dutzend Mistkäferarten.
Versuchen Sie, dieses Phänomen unter Berücksichtigung verschiedener Aspekte zu erklären.

Text 4.1

Mistkäfer
Der einheimische Waldmistkäfer, Geotrupes silvaticus, ernährt sich von Säugetierdung. Zur Fortpflanzung legen Weibchen und Männchen gemeinsam mit Dung gefüllte Gänge an. Das Weibchen legt seine Eier in den Dungvorrat, von dem sich dann die schlüpfenden Larven ernähren. Dem Boden führt unser einheimischer Mistkäfer auf diesem Wege beträchtliche Mengen organischer Substanz zu. Noch wichtiger ist die Rolle solcher Mistkäfer in den Lebensgemeinschaften afrikanischer Steppen- und Savannenbewohner, da diese Mistkäfer die Ausscheidungen der großen Säugetierherden beseitigen.
Die mehr als 2.000 afrikanischen Mistkäferarten unterscheiden sich hinsichtlich ihrer Form, ihrer Größe und ihrer Masse. Unter ihnen herrscht starker Konkurrenzkampf.
Drei Methoden der Mistnutzung lassen sich unterscheiden: Einige Arten vergraben sich in dem Kothaufen und leben darin, bis sie dem Kot alle Nährstoffe entzogen haben oder die Haufen zerfallen. Andere Arten graben unter oder neben dem Haufen Gänge in den Boden, in die sie den Kot hineinziehen. Schließlich gibt es Arten, die aus dem Mist Kugeln, "Pillen", herausschneiden, sie 15 m und

mehr weiterrollen und dann vergraben. Alle Käfer zeigen in ihrer Gestalt Anpassungen an ihre Methode der Mistverwertung. Bei einigen Arten spielen die Pillen eine Rolle im Fortpflanzungsverhalten.
Wegen der harten Konkurrenz ist es wichtig, daß Käfer den Kot möglichst schnell finden und in Besitz nehmen bzw. ihre Pille so rasch wie möglich in Sicherheit bringen. Die Käfer fliegen den Kothaufen immer gegen die Windrichtung an.
Die Körpertemperatur unterscheidet sich beim ruhenden Käfer von der Umgebung höchstens um ein Grad. Die Kraft des Flügelschlages und die Fluggeschwindigkeit hängen, ebenso wie die Beweglichkeit der Beine, von der Muskeltemperatur ab. Die großen Käfer können ihre Flugmuskeln anspannen, während sie am Boden sitzen; die Muskeln zittern und erzeugen dabei Wärme. Auf diese Weise wärmen sich die Käfer vor dem Flug auf und halten sich nach dem Flug warm. Gewöhnlich waren die Käfer mit der höchsten Brusttemperatur am schnellsten mit der Mistpille fertig. Ein Pillendreher ist nur dann in der Lage, eine Kotpille zu drehen und fortzurollen, wenn er sie auch gegen seine Konkurrenten verteidigen kann. Erreicht ein Käfer einen Kothaufen spät, so stiehlt er fertige Pillen, die z.T. heftig vom Besitzer verteidigt werden. Auch bei diesen Kämpfen spielt die Brusttemperatur eine Rolle. In den Kämpfen siegen oft die Angreifer.

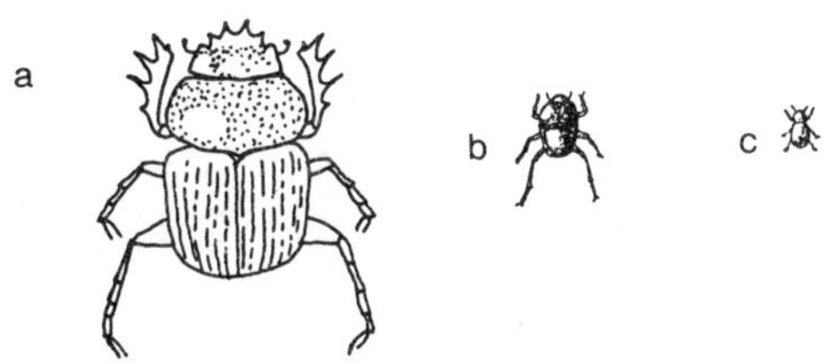

Abb. 4.1: Drei afrikanische Mistkäfer (im gleichen Maßstab gezeichnet), die nebeneinander dieselbe Nahrungsquelle (Elefantenkot) erschließen.
a) *Scarabaeus laevistriatus* dreht den Kot zu tennisballgroßen Kugeln, die er schnell davonrollt und vergräbt;
b) *Gymnopteurus laevicollis* formt die Kugeln nicht nur nachts, sondern schon in der Dämmerung, wobei das Weibchen bei Herstellung und Transport hilft;
c) Die *Endocopriden* vergraben sich blitzschnell in frischem Kot. Sie verlassen ihn erst, wenn er zerfällt.
(Text und Abbildungen zu 4.1 nach *Heinrich, B.*, u. *Bartholomew, G.A.*: Afrikanische Kotkäfer. In: Spektrum der Wissenschaft 1, S. 60 - 67. (c) Spektrum der Wissenschaft, Heidelberg 1980)

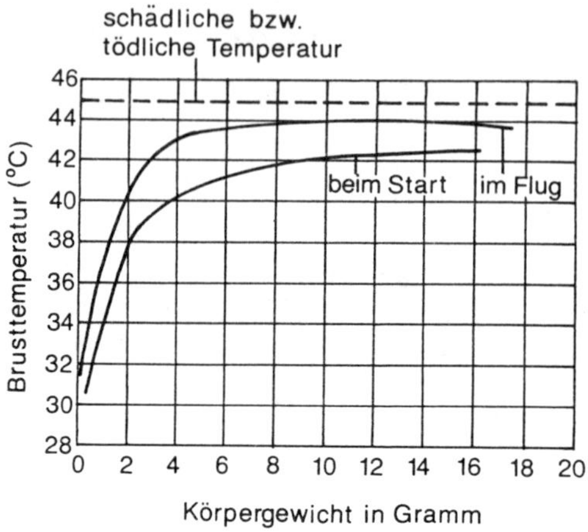

Abb. 4.2: Durchschnittliche Brust-Temperatur verschieden schwerer Käfer beim Start und im Flug

Planung der mündlichen Prüfung zu Aufgabe 4

Bearbeitung der Aufgabe durch den Prüfling	mögliche Gesprächsansätze
Zu 1: Anpassung in Körperbau: Größe und Gewicht, Gestalt; Verhalten: drei Formen der Mistnutzung, Schnelligkeit des Findens, Anflug gegen den Wind;	möglicher evolutiver Ansatz, Anpassung an schnelle Mistnutzung hier mögliche Verknüpfung mit Aufgabe 2 Verbindung zur Sinnesphysiologie
Pillendrehen/Verteidigung;	Frage nach dem letzten Satz, Verknüpfung mit Stoffwechsel
Stoffwechsel: Körpertemperatur, Muskelzittern, Brusttemperatur; Nutzung verschiedener Tageszeiten.	

Bearbeitung der Aufgabe durch den Prüfling	mögliche Gesprächsansätze
Zu 2: Beschreibung der Graphen; Bedeutung: angewiesen auf Mist, d.h. angewiesen auf schnelles Finden; angewiesen auf schnelles Verwerten; daher möglichst hohes Gewicht und hohe Brusttemperatur - Begründung; Phasen hoher Aktivität - Phasen hoher Temperatur (Konkurrenz). Kleine Käfer können bei niederiger Körpertemperatur fliegen. Bedeutung der Schnelligkeit des Findens, der Aktivitäten im Rahmen inter- und intraspezifischer Konkurrenz.	Frage zum Selektionsdruck tödliche Obergrenze der Temperatur: Eiweißdenaturierung - weshalb? Zusammenhang mit Populationsdynamik
Zu 3: Zersetzer von totem organischem Material: Kot von Säugetieren; vom Käfer zum Teil mineralisiert; im Boden als Material für Bodenorganismen.	Fragen zur Planstelle/Stellenplan, Nischenkonzept und seine Problematik, Nahrungsnetz - Ökosystem - Systembegriff
Zu 4: Andere Habitate (Begründung) - größere Säugerherden; verschiedene Formen der Anpassung s. Aufgabe 1; Entstehung der Anpassung: Mutation, Rekombination, Präadaption, Gendrift; Bedeutung der Populationsgröße - Konkurrenz als Selektionsfaktor; Hinweis auf den hypothetischen Charakter dieser Aussagen.	Frage nach genetischer Variabilität und Populationsgröße Konkurrenzausschlußprinzip kritisch hinterfragen

6.4 *Erörterung der Musteraufgaben*

Zum Thema Muskelspindelreflex

Prüfungserfahrung

Diese Aufgabe wurde drei Prüflingen mit unterschiedlichen Vorzensuren vorgelegt. Alle drei Prüflinge scheiterten an dieser Aufgabe. Die Fragen 1 und 2 wurden noch von zwei Prüflingen leidlich bewältigt, in Aufgabe 3 blieben dann alle stecken: Einem fehlten die zur Bewältigung nötigen Vorkenntnisse, die beiden anderen verstrickten sich im Gewirr der gegenseitigen Beeinflussung von Muskel und Neuronen. Frage 4 wurde nur in einem Fall angesprochen. Die beiden letzten Aufgaben blieben fast unerwähnt. Die Prüfungsgespräche mußten sich auf Nachfragen und Einhilfen beschränken.

Zur Aufgabenstellung

Die sinnvoll aufgebaute Folge von Teilaufgaben setzt mit (Fragen 1 und 2) Reproduktion ein. Fragen 3 bis 6 betreffen hochkomplizierte Regelvorgänge, die anhand einer Abbildung erfaßt und beschrieben und schließlich in eine Schemazeichnung umgesetzt werden sollen. Das Ganze ist also ein Schulbeispiel einer sorgfältig geplanten und aufgebauten Aufgabenfolge. Was ließ die Schüler scheitern?
Um die komplexen Fragen zu bewältigen, brauchen die Prüflinge sehr detailliertes Wissen auf einem sehr eng umgrenzten Gebiet. Die Aufgabenstellung ist für eine Prüfung von 20 Minuten zu lang. Das Material, eine komplizierte Darstellung der vielfältigen Verbindungen zwischen α-Motoneuron und Muskel bringt viele Details. Sie überfordert und entmutigt augenscheinlich im Prüfungsstreß stehende Schüler. Verbindungen zu anderen Teilgebieten der Biologie fehlen. Diese Mängel führten schließlich auch zu Schwierigkeiten bei der Notenfindung, denn den Schülern war keine Gelegenheit geboten worden, ihre Fähigkeiten zu entfalten.

Zum Thema Seekühe als Haustiere

Prüfungserfahrung

Die Prüfung verlief erfreulich: Die Schülerin brachte zum Eiweißstoffwechsel detaillierte Kenntnisse und nutzte dann die Möglichkeiten der weit gestellten Aufgabe zu Aussagen über trophische

Ebenen, Nahrungsnetz und Düngung. Hingegen blieben die Aussagen zur Verhaltensbiologie dürftig. Die Prüfungskommission einigte sich aufgrund des erfreulichen Prüfungsverlaufes schnell auf eine gute Note.

Zur Aufgabenstellung

Die Stärke dieser Aufgabenstellung liegt in dem originellen, anregenden Text, der Verbindungen zu ganz verschiedenen Sachgebieten ergibt. Im Sinne der Prüfungssituation sind auch die weit gestellten Fragen günstig. Die Zusatzfragen erweitern das ohnehin schon breite Spektrum möglicher Antworten erheblich.
In dieser Weite liegt aber auch schon die Schwäche der Aufgabe. Bezeichnenderweise fehlt die Erwartete Lösung. Der Schüler kann hier eben vielerlei anbringen. Solange er nichts Falsches sagt, ist er fast unangreifbar. Aus diesem Grunde ist eine auch nur einigermaßen korrekte Benotung schwierig. Zu welch divergierenden Noten solch offene Prüfungsgespräche führen können, belegten *Hartog* und *Rhodes* (1977).

Zum Thema Eisfisch

Prüfungserfahrung

Die Schülerin wertete die Graphen der Abbildung sicher aus und konnte, von dieser Basis ausgehend, die Problematik "Wirbeltier ohne rote Blutkörperchen" überzeugend darstellen. Dabei erfaßte sie auch die Bedeutung der stark durchbluteten Haut. Schwierigkeiten machte die Wassertemperatur. Deren Bedeutung konnte nur mühsam unter Einhilfe geklärt werden. Aussagen zum *Hagen-Poiseulle*schen-Gesetz fehlten ganz.
Im locker geführten, aber an präzisen Fragen orientierten Prüfungsgespräch reagierte die Schülerin schwerfällig und zögernd. Nach kurzer, an der Bewältigung der Materialien orientierter Diskussion bestand Einigkeit über die Note.

Zur Aufgabenstellung

Die Stärke dieser Aufgabenstellung liegt im Material, das durch entsprechenden Text, einfachen Graph und komplizierte Formel dem Schüler erlaubt, unterschiedliche Fertigkeiten und Denkansätze zu erbringen. Mit Hilfe dieses Materials kann die Problematik "Wirbeltier ohne rote Blutkörperchen" ganz vom Anschaulichen her oder auch mathematisch-abstrakt erfaßt und bearbeitet werden. Wegen des ergiebigen Textes kann das Prüfungsgespräch je nach Situation auf Abstammung, ökologische Nische u.a. eingehen. Auf dieser Basis, auch wegen der sorgfältig eingeplanten Zusatzfragen, läßt sich die Schülerleistung, ja sogar die sprachliche Kompetenz des Schülers, relativ gut beurteilen.

Zum Thema Afrikanische Mistkäfer

Prüfungserfahrung

Der Prüfling bearbeitete die Fragen 1 bis 3 fast vollständig, benötigte dann aber bei Frage 4 Einhilfe. Im Gespräch bewies der Schüler gedankliche Flexibilität: Fragen zum Selektionsdruck, aber auch zu Ökosystem und Nahrungsnetz beantwortete er sachlich und fachsprachlich korrekt und stellte dabei geschickt Beziehungen zum Beispiel Mistkäfer her.
Der Prüfling konnte also Fragen aufnehmen und dabei auch die eigene Gedankenkette überprüfen und schließlich Fehler korrigieren.
Referent und Koreferent basierten bei ihren Ausführungen auf der schriftlichen Planung. Im sachlichen Gespräch wurde die Endnote schnell festgelegt.

Zur Aufgabenstellung

Das Material, Graph, Abbildung und Text erlauben es, verschiedene Fertigkeiten zu überprüfen. Jedoch liegt die Stärke dieser Aufgabe nicht so sehr in der unterschiedlichen Schwierigkeit des Materials, sondern in dem anschaulichen, sehr informativen und viele sehr unterschiedliche Aspekte einbeziehenden Text und der den Text ergänzenden Abbildung.
Interessant ist Aufgabe 4: Sie verlangt Beachtung komplexer Gegebenheiten, ist jedoch in der Aussage offen.
Mit Hilfe der eingeplanten Gesprächsansätze gelang es, neben dem Wissen auch die sprachliche Kompetenz und die geistige Flexibilität des Schülers zu überprüfen, ohne das Prüfungsgeschehen durch die Planung einzuengen.
Aufgrund der schriftlich niedergelegten Erwarteten Lösung mit Hinweisen zu möglichen Querfragen des Prüfers können Koreferent und Fachprüfungsleiter den Verlauf der Prüfung klar einschätzen.

6.5 *Ergebnis*

Die Erfahrungen mit den vier Aufgaben für das mündliche Abitur unterstreichen das vorab Gesagte: Die Aufgabenstellung muß zwar auch solides Wissen erfassen, darüber hinaus aber dem Schüler Freiraum zur Entfaltung seiner Möglichkeit bieten. Deshalb sind, wie die Aufgabe 1, Muskelspindelreflex, zeigt, systematisch aufgebaute Aufgabenfolgen, die anhand nur einer komplizierten Graphik ein sehr enges Sachgebiet erfassen, ungünstig. Das Beispiel Seekühe lehrt hingegen, daß auch der ganz andere Ansatz - anschaulicher, viele Probleme ansprechender Text, weite Fragestellung - zwar zur erwünschten Entfaltung von Schülermöglichkeiten im Hinblick auf Wissen, Erkennen von Zusammenhängen und gedanklicher Flexibilität im Gespräch führt. Jedoch erlaubt solche Aufgabenstellung eben durch die Fülle der Möglichkeiten keine sichere Beurteilung der Schülerleistung.
Die beiden anderen Aufgabenbeispiele weisen einen Ausweg aus diesem Dilemma zu enger bzw. zu weiter Aufgabenstellung: In Aufgabe 3, Eisfisch, ermöglicht es die Kombination dreier unterschiedlicher Materialien mit klarer, aber nicht zu enger Aufgabenstellung dem Schüler, seine Fähigkeiten zu entfalten, die dann anhand des gut differenzierenden Materials unterschieden werden können. Dabei sollte allerdings die hier vorhandene Prozentgewichtung einzelner Lösungen keine exakte Notenfindung vortäuschen: Sie erleichtert nur die Übersicht über die Bedeutung einzelner Lösungsschritte.
Aufgabe 4, Mistkäfer, nutzt zwar auch verschiedenartiges Material. Die Stärke dieser Aufgabe liegt jedoch im informativen, viele Aspekte berührenden Text. In Verbindung mit klaren Fragen, vor allem aber mit einem sorgfältig durchdachten Prüfungsverlauf, kommt es auch hier zu einer die Schülerleistung gut differenzierenden Prüfung.
Mündliche Abituraufgaben mit unterschiedlichem und sehr informativem Material sowie sorgfältige Planung führen also zu relativ korrekt beurteilbaren Prüfungen, in denen auch die von den *Einheitlichen Prüfungsanforderungen* verlangte Reaktion auf Fragen und Einwände beachtet wird. Wie sich aber die resultierende Note nun eigentlich zusammensetzt, welcher Stellenwert also Komponenten wie Fachwissen, Einsicht in Zusammenhänge, fachsprachliche Kompetenz oder Flexibilität im Gespräch bei der Festlegung der Note zukommt, bleibt auch hier ungeklärt.

Leider liegen bislang kaum Veröffentlichungen zum mündlichen Abitur im Fache Biologie vor. Für die Fächer Erdkunde (*Börsch, van der Ruhren* 1987) und Gemeinschaftskunde (*Schrembs, Wolf* 1985) zeigen vor kurzem veröffentlichte Aufgaben vergleichbare Tendenz im Hinblick auf Material und Fragestellung. *Göppner* (1987) macht wesentliche Aussagen zum Prüfungsgespräch. Im Fach Mathematik (*Kittler* 1983) wird zwar auch die Entfaltung von Schülerfähigkeiten angestrebt, jedoch widersprechen die an dieser Stelle veröffentlichten, relativ eng gefaßten Aufgaben den oben wiedergegebenen Erfahrungen.
Die Problematik des mündlichen Abiturs bedarf dringend weiterer Untersuchungen!

6.6 *Vier weitere Aufgaben zum mündlichen Abitur*

Aufgabe 5 Evolution/Genetik
Thema: Leguanpopulationen

1 Im westlichen Nordamerika ist der Seitenfleckenleguan in zahlreichen Populationen verbreitet. Die Tiere sind normalerweise braun gefärbt und haben hellere Flecken auf dem Rücken. Auf den Vulkaninseln im Golf von Kalifornien leben kleine Populationen, die durch eine andere Färbung auffallen: auf einigen Inseln schiefergraue und schwarze Leguane, die sich kaum vom dunklen Lavaboden unterscheiden, auf anderen Inseln leuchtend grüne, die sich deutlich vom Untergrund abheben.

1.1 Deuten Sie die Entstehung der Festlandpopulation mit Hilfe der Evolutionsfaktoren, und beurteilen Sie die Folgegeneration.

1.2 Erklären Sie die Tatsache der Entstehung neuer unterschiedlicher Formen auf den Inseln sowie deren Entwicklungschancen.

2 Wie könnte das Auftreten einer stark radioaktiven Strahlung sich in einem bestimmten Gebiet auf die Evolution der Organismen auswirken?

3 In einigen Bundesstaaten der USA versucht man zu erreichen, daß die biblische Schöpfungsgeschichte im Unterricht denselben Stellenwert bekommt wie die Evolutionslehre. Beziehen Sie aus der Sicht der Biologie zu diesen Tendenzen Stellung.

Erwartete Lösung zu Aufgabe 5

1.1 Selektionsfaktoren richtig angewendet, Konkurrenz, ökologische Nische, stabilisierende Selektion heute; Rassenbildung möglich (Separation).

1.2 Geographische Separation als Initialvorgang; Gründerindividuen; Mutationen anders; Gendrift stark; graue Individuen: dynamische Evolution;
ohne Konkurrenz: rasche Einnischung, adaptive Radiation möglich;
grün: Zufallseffekt, bei Feinden entwickeln sich nur geringe Populationen (evtl. disruptive Selektion).

2 Aussterben von Arten.
Besetzung der ökologischen Nischen durch weniger geschädigte Arten, hohe Mutationsrate, Defektmutationen, nur wenig positive, Überlebende mit reduzierter Fitness, nach Selektionstod steigt Evolutionsgeschwindigkeit.

3 Die Evolutionslehre ist eine gut belegte biologische Theorie. Nur sie gehört in den Biologieunterricht, denn die Aussagen der Bibel liegen auf einer anderen Ebene.

Aufgabe 6 Genetik/Physiologie/Evolution
Thema: Galactosämie

1 Werten Sie den gegebenen Stammbaum unter Verwendung Ihrer Kenntnisse aus der Humangenetik aus.
Nennen Sie den zugrunde liegenden Erbgang, und begründen Sie Ihre Entscheidung.
Geben Sie die Genotypen der für das Verständnis wichtigen Personen an.
A für dominantes Allel
a für rezessives Allel

2.1 Erläutern Sie mit Hilfe des angegebenen Lactose-Abbau-Schemas (Text 6.1), wie es zum Entstehen dieser Krankheit kommt.

2.2 Erklären Sie die allgemeine genetische Erscheinung, die dieser wie auch anderen Erbkrankheiten zugrunde liegt.

3 Diskutieren Sie anhand von Text 6.2 die Auswirkungen des medizinischen Fortschritts im Hinblick auf die mögliche Evolution des Galactosämie-Allels.

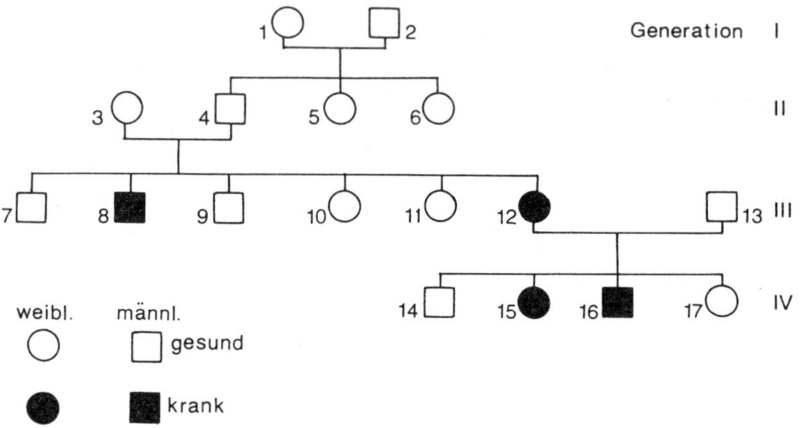

Stammbaum zur Galactosämie

Text 6.1

Galactosämie ist eine erbliche Stoffwechselkrankheit. Sie geht auf einen genetischen Block im Stoffwechsel des Lactose-Abbaus zurück. Galactose-1-phosphat reichert sich im Blut an und führt schon in kurzer Zeit zur Schädigung der Leber, der Niere, der Augenlinsen und des Gehirns. Bei normaler Ernährung, d.h. galactosehaltiger Kost, wirkt sich die Galactosämie tödlich aus.

Lactose-Abbau

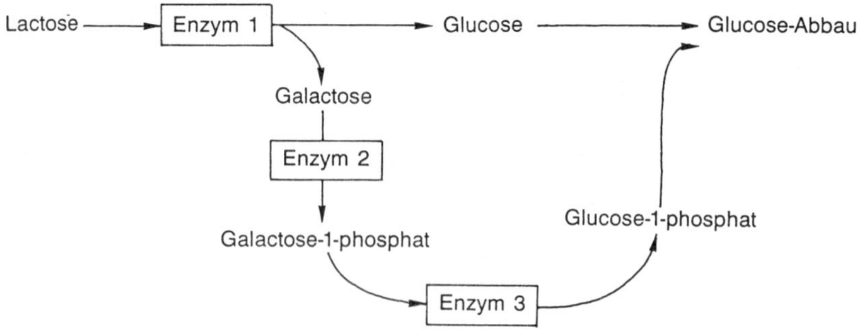

Text 6.2

In den letzten Jahren hat die Medizin große Fortschritte in der Behandlung Galactosämie-Kranker erzielt. Galactosämie kann bereits aus dem Nabelschnurblut von Neugeborenen diagnostiziert werden. Die Therapie besteht aus einer galactose- und milchzukkerfreien Diät, die bei frühem Beginn zur normalen Entwicklung der Kinder führt. Unbehandelt sterben die Säuglinge binnen weniger Monate.

Erwartete Lösung zu Aufgabe 6

1 Autosomal rezessiver Erbgang, richtige Begründung aufgrund der Individuen in der 2., 3. und 4. Generation. Angabe der Genotypen für die entscheidenden Personen.

2.1 Fehler im Enzym 3, damit keine Umwandlung in Glucose-1-Phosphat möglich.

2.2 Mutationen (Punkt-, Gen-, evtl. Chromosomenmutation) verändern Information für Eiweiße (Enzyme); werden die Fehler im Aufbau zu groß, werden diese Enzyme inaktiv.

3 Reinerbig-rezessive Merkmalsträger bleiben am Leben, rezessives Allel bleibt verstärkt im Genpool, es besteht die Möglichkeit der Zunahme von Heterozygoten (Überträgern); mögliche Maßnahmen positiver Eugenik; schwierige Wertung aus biologischen und ethischen Gründen.

Aufgabe 7 Genetik/Nervenphysiologie
Thema: Intelligenz

1 Stellen Sie die Aussagen zusammen, die sich hinsichtlich der Abhängigkeit der Intelligenz von Erbinformation und Umwelt einerseits anhand des Textes 7.1 und andererseits anhand des Stammbaumes machen lassen. Versuchen Sie dann, die sich aus den Materialien insgesamt ergebenden Aussagen zusammenzufassen. Erläutern Sie in diesem Zusammenhang auch, was der Intelligenzquotient besagt.

2 Gehen Sie den Methoden nach, mit denen diese Aussagen gewonnen wurden. Erscheinen Ihnen die sich aus Text und Stammbaum ergebenden Aussagen verläßlich?

3 Erörtern Sie, von Ihrem Wissen über Gehirn bzw. Nervensystem ausgehend, wieso Intelligenz genetisch bedingt und von der Umwelt beeinflußbar sein kann.

Text 7.1

"So wurden 13 Kinder von ausgesprochen schlechten sozialen Verhältnissen im Alter von weniger als 3 Jahren in einem Heim auf Stationen für ältere geistig zurückgebliebene Mädchen verteilt, die sie stark verwöhnten. Der durchschnittliche IQ der 13 Kinder stieg von einem Anfangswert von 64 (Variationsbreite: 39 - 89) innerhalb einer Zeitspanne, die bei den einzelnen Individuen zwischen 5 und 52 Monaten lag, auf 92 (79 - 113). Nachdem 11 der Kinder zu Adoptiveltern gekommen waren, betrug ihr Durchschnitts-IQ im Alter von 6 Jahren sogar 96. Eine Nachuntersuchung im Erwachsenenalter ergab, daß alle 13 Individuen einen guten sozialen Status erreicht hatten und ihre insgesamt 28 Kinder einen durchschnittlichen IQ von 104 (86 - 125) aufwiesen. Als Gegenprobe kann eine Gruppe von 12 Kindern gelten, die im frühen Kleinkindalter in ein überfülltes Waisenhaus mit Personenmangel kamen und einen durchschnittlichen Anfangs-IQ von 90 besaßen. Ihr IQ sank bis zum Alter von 4 Jahren auf einen Durchschnittswert von 60 und hob sich auch nach Schuleintritt nur auf 66 im Alter von 7 Jahren. Mit Ausnahme eines Kindes, das Familienanschluß erhielt, verblieben alle Individuen bis ins Erwachsenenalter auf sehr niedrigem Intelligenzniveau und konnten höchstens einfachste Hilfsarbeiten ausführen."

(aus: *von Falkenhausen, E., Reichenbach, G.*: Genetik. Aulis, Köln 1985)

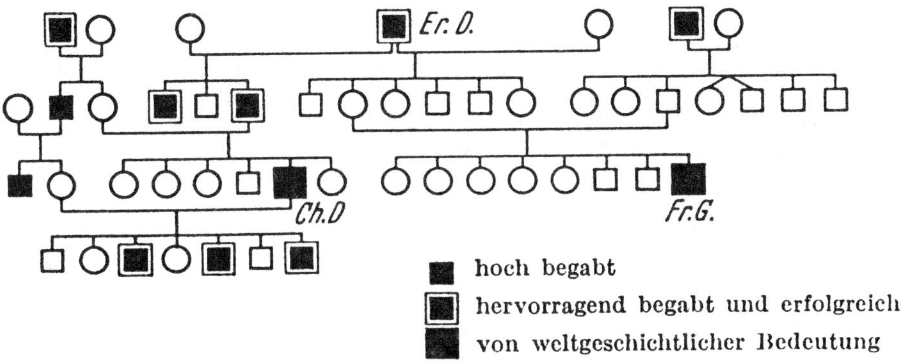

Abb. 1: Die Familie *Darwin-Galton*. Namen: *Er.D. Erasmus Darwin; Ch. D. Charles Darwin; Fr. G. Francis Galton* (aus *Vogel, F.*: Lehrbuch der allgemeinen Humangenetik. Springer-Verlag, Heidelberg 1961)

Erwartete Lösung zu Aufgabe 7

1 Der Text verdeutlicht den Einfluß der Umwelt auf die Intelligenzentwicklung. Dabei zeigt der günstige Einfluß des Umgangs mit geistig zurückgebliebenen Mädchen die Bedeutung der Zuwendung. Der Stammbaum weist durch die relativ hohe Anzahl begabter und hochbegabter Personen auf die Erblichkeit hoher Begabung hin. Insgesamt besagen die Materialien: An der Ausprägung der Intelligenz sind die genetische Information und die Umwelt beteiligt.
Der Intelligenzquotient wird im Intelligenztest ermittelt. Er ist an der Bevölkerung geeicht - Mittelwert bei 100 IQ-Punkten.

2 Die Aussagen des Stammbaumes sind wenig verläßlich, denn diese Anhäufung von Hochbegabten könnte auch auf besonders günstige Erziehungs- und Bildungschancen in der Familie zurückzuführen sein. Die Angaben des Textes sind solider, denn der methodische Ansatz: Zwei Gruppen, davon eine gefördert, die andere nicht gefördert, ist experiment-analog. Allerdings sind beide Gruppen klein und nicht streng parallelisierbar.

3 Gehirnstruktur bzw. Menge der Gehirnzellen und die Eigenart der Verknüpfungen könnte genetisch programmiert sein. Andererseits beeinflussen Reize die Ausbildung des Nervensystems, insbesondere die Menge der sich entwickelnden Synapsen.

Aufgabe 8 Ökologie/Evolution

Thema: Waldentwicklung

1 Im Ölper Holz wächst zur Zeit die vor Ihnen liegende Pflanze. Ihr Standort läßt sich durch folgende Kennzahlen charakterisieren:

L T K - F R N Lebensform

3 x x 6 7 7 G

Bestimmen Sie die Pflanze.

Erklären Sie, was die Kennzahlen über den Standort dieser Pflanze aussagen. Überlegen Sie, ob die charakterisierte Pflanze in Norddeutschland häufig angetroffen werden kann.

2 Die Abbildung stellt die Energetik der Entwicklung eines dem Ölper Holz vergleichbaren Waldes dar. Beschreiben und erläutern Sie den Verlauf der Graphen; erläutern Sie auch die hier auftretenden Fachbegriffe.

Nehmen wir an, der Wald, auf den sich die Graphen in der Abbildung beziehen, bliebe noch über 100 weitere Jahre sich selbst überlassen. Ergänzen Sie die Graphen entsprechend, und begründen Sie Ihr Vorgehen.

3 Würden sich die Lebensbedingungen für die oben bestimmte Pflanze ändern, wenn das Ölper Holz durch 100 Jahre sich selbst überlassen bliebe?

4 Nehmen wir an, wir sollten die oben bestimmte Pflanze im Labor vor dem Aussterben bewahren, weil alle entsprechenden Biotope zur Zeit unbewohnbar wären. Welches Vorgehen schlagen Sie vor? Was wäre bei Ihrem Vorschlag zu bedenken?

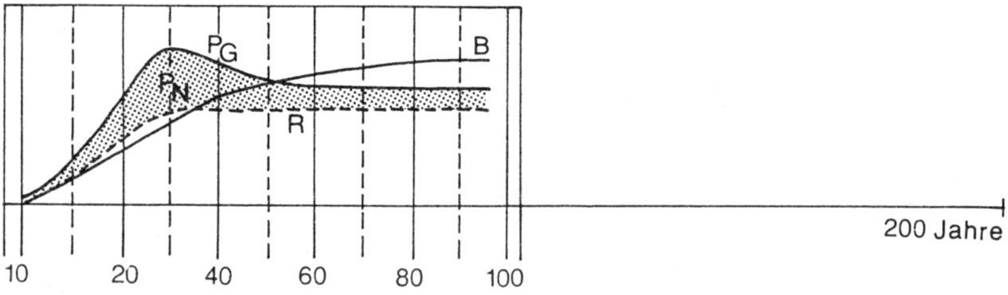

Energetik der Ökosystementwicklung in einem Wald. P_G = Bruttoproduktion; P_N = Nettoproduktion; R = Atmung der gesamten Gemeinschaft; B = gesamte Biomasse

Erwartete Lösung zu Vorschlag 8

1 Einbeere, Paris quadrifolia: Die Einbeere ist Geophyt, überwintert also im Boden. Sie ist wegen der niedrigen Lichtzahl eine typische Waldpflanze, die jedoch nur auf relativ feuchtem, neutralem und gut mit Stickstoff versorgtem Boden wächst, wird also auf den meist sauren und stickstoffärmeren Waldböden Norddeutschlands nicht häufig sein.

2 Die Bruttoproduktion - Produktion pro Zeiteinheit - nimmt während der ersten 30 Jahre stark zu, erreicht ein Maximum bei 30 Jahren, fällt dann etwas ab, bleibt auch über die nächsten 100 Jahre konstant.
Die Nettoproduktion nimmt bis zu 30 Jahren zu, geht dann langsam auf null. Die Biomasse - standing crop - steigt kontinuierlich auf einen Wert an, den sie auch während der nächsten 100 Jahre beibehält.

3 Mit Ausnahme des Lichtfaktors - der Wald wird evtl. dichter und damit dunkler - sind keine Änderungen der hier beachteten Ökofaktoren zu erwarten. Das heißt, die ohnehin durch Lichtfaktor 3 gekennzeichnete Pflanze kann an diesem Standort weiterhin wachsen.

4 Wenn die Pflanze Samen bildet: Genbank; andernfalls Gewebekulturen.
Viele Samen bzw. Gewebe aufbewahren, um die genetische Variabilität zu erhalten. Gewebekulturen sind recht arbeitsaufwendig.

Bemerkung:
Wichtig ist hier, daß die vorgelegte Pflanze leicht zu bestimmen ist.
Während Aufgabe 1 ganz vom Anschaulichen her ansetzt, verlangt Aufgabe 2 Kenntnis recht abstrakter Begriffe, die dann beim Weiterzeichnen der Kurven auf eine neue Situation angewendet werden sollen.

Hilfsmittel: *Pareys* Blumenbuch

Literatur

Baden-Württemberg, Ministerium für Kultus und Sport: Abitur 1986 Grundkurs Biologie, Polykopiertes Expl. 1986

Bayerisches Staatsinstitut für Bildungsforschung: Abiturprüfung 1986 - Biologie als Grundkursfach. Polykopiertes Expl., München 1986

Beckmann, H.-K. (Hrsg.): Leistung in der Schule, Westermann 1978

Bloom, B.S., Hastings, J., Madaus: Handbook on Formative and Summative Evaluation of Student Learning. McGraw-Hill 1971

Börsch, D., van der Ruhren, N. (Hrsg.): Mündliches Abitur. Geographie und Schule 9, H. 45 (1987)

Dumke, D.: Schülerleistung und Zensur. Schroedel, Hannover 1983

Eschenhagen, J., Kattmann, U., Rodi, D.: Fachdidaktik Biologie. Aulis, Köln 1985

von Falkenhausen, E.: Anforderungen und Anspruchsniveau im Biologieunterricht der Sekundarstufe II. Praxis d. Nat.Wiss. Biologie 28, H. 4, S. 97 - 103 (1979)

von Falkenhausen, E.: Zu den EPA Biologie. Praxis d. Nat.Wiss. Biologie 29, H. 3, S. 86 - 95 (1980)

von Falkenhausen, E.: Leistungsmessung im Biologieunterricht. In: *Falkenhan, H.H.* (Hrsg.): Handbuch der praktischen und experimentellen Schulbiologie. Studienausgabe Bd. 1. Aulis, Köln 1981

von Falkenhausen, E.: Abituraufgaben im Vergleich. Praxis d. Nat.Wiss. Biologie 32, H. 3, S. 81 - 89 (1983)

von Falkenhausen, E., u.a.: Abituraufgaben Biologie. Aulis, Köln 1983

Göppner, H.: Überlegungen zur mündlichen Abiturprüfung. Geographie und Schule 9, H. 45, S. 2 - 3 (1987)

Hartog, P., Rhodes, E.C.: Die Beurteilung mündlicher Prüfungen. In: *Ingenkamp, K.* (Hrsg.): Die Fragwürdigkeit der Zensurengebung. Beltz, Weinheim 1977

Hasselberg, D., Meyer, G.: Biologie Arbeits- und Testblätter. Aulis, Köln 1978

Ingenkamp, K.: Tests in der Schulpraxis. Beltz, Weinheim 1975

Ingenkamp, K., (Hrsg.): Die Fragwürdigkeit der Zensurengebung. Beltz, Weinheim 1977

Kittler, H.: Die mündliche Abiturprüfung im Fach Mathematik. NLI-Bericht 12 des Niedersächsischen Landesinstitutes für Lehrerfortbildung, Lehrerweiterbildung und Unterrichtsforschung, Hildesheim 1984

Kultusministerkonferenz: Einheitliche Prüfungsanforderungen in der Abiturprüfung. Biologie. Luchterhand, Neuwied 1982

Kutscher, J., (Hrsg.): Beurteilen oder Verurteilen. Urban & Schwarzenberg, München 1973

Merkens, H., Strittmatter, P.: Realisierungschancen neuer methodischer Ansätze für eine qualifikationsbezogene Schülerbeurteilung. In: *Kutscher, J.* (Hrsg.): Beurteilen oder Verurteilen, S. 86 - 107. Urban & Schwarzenberg, München 1973

Mostler, G., Krumwiede, D., Meyer, G.: Methodik und Didaktik des Biologieunterrichtes. Quelle & Meyer, Heidelberg 1975

Niedersächsischer Kultusminister: Einheitliche Prüfungsanforderungen in der Abiturprüfung im Lande Niedersachsen: Biologie. Berenberg'sche Druckerei und Verlag 1984

Pädagogisches Zentrum Berlin (Hrsg.): Biologie Abituraufgaben. Polykopiertes Expl. 1985

Schrembs, E., Wolf, J.: Die mündliche Abiturprüfung im Fach Gemeinschaftskunde. NLI-Bericht 24 des Niedersächsischen Landesinstitutes für Lehrerfortbildung, Lehrerweiterbildung und Unterrichtsforschung, Hildesheim 1985

Schrooten, G.: Empfehlungen für die schriftlichen Leistungsüberprüfungen im Fach Biologie in der Sekundarstufe II. Der Biologieunterricht 10, H. 3, S. 46 - 59 (1974)